高等院校公共基础课系列教材

大学生心理健康指导

主编：余俊渠

副主编：邓彩霞　吕　欢

电子工业出版社
Publishing House of Electronics Industry
北京·BEIJING

未经许可，不得以任何方式复制或抄袭本书之部分或全部内容。
版权所有，侵权必究。

图书在版编目（CIP）数据

大学生心理健康指导 / 余俊渠主编. —北京：电子工业出版社，2023.7
ISBN 978-7-121-45789-0

Ⅰ. ①大… Ⅱ. ①余… Ⅲ. ①大学生－心理健康－健康教育－高等学校－教材 Ⅳ. ①G444

中国国家版本馆 CIP 数据核字（2023）第 108298 号

责任编辑：贺志洪
文字编辑：杜　皎
印　　刷：三河市华成印务有限公司
装　　订：三河市华成印务有限公司
出版发行：电子工业出版社
　　　　　北京市海淀区万寿路 173 信箱　邮编 100036
开　　本：787×1 092　1/16　印张：12.75　字数：326.4 千字
版　　次：2023 年 7 月第 1 版
印　　次：2024 年 7 月第 3 次印刷
定　　价：49.00 元

凡所购买电子工业出版社图书有缺损问题，请向购买书店调换。若书店售缺，请与本社发行部联系，联系及邮购电话：（010）88254888，88258888。
质量投诉请发邮件至 zlts@phei.com.cn，盗版侵权举报请发邮件至 dbqq@phei.com.cn。
本书咨询联系方式：（010）88254609，hzh@phei.com.cn。

序　言

我校[①]从 1994 年开始在大学生中开设心理健康教育选修课，是全国最早开设心理健康教育课程的高校之一。2009 年，"大学生心理健康指导"作为一门公共必修课纳入我校大学生人才培养计划。经过近三十年的努力，该课程在教学内容、教学方法、教材建设、教学效果和师资队伍建设等方面都有了明显的进步，现已发展成具有独特运行模式的完整的教育、辅导体系，在学生思想政治工作中发挥着不可或缺的作用，也为保障我校学生心理健康和教学秩序的稳定做出了重要贡献。开课单位于 2015 年首次被授予"全国大学生心理健康教育工作优秀机构"称号，2019 年获"广东省首届心理健康教育优秀教学团队"称号，连续二十多年被授予"广东省高校心理健康教育与咨询工作先进团体"称号；2023 年获国家高校思想政治工作精品项目（心理育人）立项。我们的教师团队致力于教学质量的提升，积极推动教学改革，参与教学能力评比并屡获佳绩，荣获全国心理微课一等奖一项，广东省心理拓展训练视频一等奖两项、二等奖两项，以及广东省心理健康教育课教学基本功比赛三等奖两项。近年来，接受课程的大学生对该课程评价的平均分为 93.45 分，对教师评价的平均分为 93.65 分，学生的满意度极高。学生在接受心理健康教育课程后主动前来咨询的人数明显增加，咨询问题的层次也较深。这些都有利于教学团队及时掌握负性情绪明显的人群，并有的放矢地进行心理辅导。可以说，心理健康教育促进了个体咨询的发展，个体咨询的个案又丰富了心理健康教育的内容。

与时代的发展同步，当下的大学生是与互联网共同成长的，他们被称作"互联网原住民"。在数字化时代，受网络虚拟世界的影响，每天接受不同的新鲜资讯与事物，大学生的心理特点也随之发生变化。例如，情绪情感问题、病理性使用互联网、人际关系虚拟化与疏离化、亲子沟通不良等使大学生心理问题更易发生。我们清楚地认识到大学生心理健康教育需要贴近学生的实际需要，符合当下学生心理发展的特点，充分调动学生学习心理健康知识的积极性和主动性。因此，在课程开设近三十年后的今天，我们组织心理健康教研室的一线教师对教材重新进行编订。"大学生心理健康指导"是一门体验性、实验性、互动性、实用性很强的课程。我们通过探索并建立"讲授+实践"的教学法，将课程的重心下放到学生，使学生积极参与课程的管理与设计，将信息多维传导，实现师生互动教学。与以往的教材相比较，新教材增设了心理案例、心理活动、心理测试、心理视窗、新闻回顾等专栏，内容和形式更为丰富，具有以下的特点。

第一，以学生参与体验为主要手段。

在教学中创设活动的情境，以体验性的学习为教学模式，注重唤醒学生的情绪情感体验，激发学生的学习热情，使学生在感悟中达到心理健康发展、提高心理素质的目的。

第二，将主动内化与经验迁移相结合。

在教学中，力求让学生主动内化所学知识，避免简单灌输。教师的主要任务是帮助学生

[①] 佛山科学技术学院——编者注

通过参与活动获得感性经验和即时信息，学习和掌握一些解决心理问题的技巧和必要的心理科学知识，从而有效地促进学生个体心理问题的解决。

第三，与社会热点及常见问题相结合。

教学使用的素材紧扣社会热点及学生常见问题，避免出现学习内容与实际相孤立的情况。以社会热点、常见问题作为例子，有助于学生对知识的迁移学习，帮助其将知识内化。

第四，以学生自主学习为导向的考核机制。

为增强与教学的匹配性，我们改革了教学评价方法，采取将理论考核和实际操作考核相结合、将课内考试与课外实践考查相结合等多种灵活的考试方法。

心理育人，任重道远。值本书出版之际，我们希望新的教材能切实地提升大学生心理健康素质，促进学生全面发展。新的教材意在普及心理健康知识与心理调适的方法，将战线前移，将策略前置，在日常教育教学环节化解学生的心理危机，让学生重视自己的心理健康维护，做自己心理健康的第一责任人。在此，我们衷心感谢广东省教育厅、广东省心理健康教育与咨询专业委员会和使用本书的广大读者。

骆少明
2023 年 3 月

目 录

第一章 大学生心理健康概论 … 1

第一节 大学生心理健康概述 … 2
一、健康 … 2
二、心理健康 … 2
三、大学生心理健康的标准 … 4

第二节 大学生心理特点与心理健康 … 5
一、大学生心理发展的特点 … 5
二、大学生常见的心理问题 … 7
三、影响大学生心理健康的主要因素 … 8

第三节 大学生心理健康教育的意义与培养途径 … 9
一、大学生心理健康教育的意义 … 9
二、大学生心理健康的培养途径 … 11

第二章 自我意识与人格塑造 … 14

第一节 自我意识概述 … 14
一、自我意识 … 14
二、自我意识的特点 … 15
三、自我意识的作用 … 16

第二节 大学生自我意识的发展及存在的问题 … 17
一、自我意识发展的主要理论 … 17
二、自我意识的发展阶段 … 19
三、大学生自我意识的偏差 … 20

第三节 人格概述 … 21
一、人格的定义 … 21
二、人格的结构 … 22
三、人格的理论流派 … 22
四、大学生的人格特征 … 24

第四节 完善自我意识，塑造健全人格 … 25
一、完善自我意识及健全人格的标准 … 25
二、完善自我意识的途径 … 26
三、大学生的人格与心理健康 … 27

第三章 新生适应与心理保健 … 34

第一节 大学生身心特点和学习心理的变化 … 34
一、在心态上适应 … 35
二、用适合自己的方法学习 … 35

三、处理好同学之间的关系 ………………………………………………………… 38
　　四、安排好自己的时间 …………………………………………………………… 38
　　五、人的身体机能与智力 ………………………………………………………… 39
第二节　大学生心理发展的特征及阶段性特点 …………………………………… 39
　　一、大学生心理发展的基本特征 ………………………………………………… 39
　　二、大学生心理发展的阶段性特点 ……………………………………………… 41
第三节　大学生心理保健的基本内容 ……………………………………………… 43
第四节　心理保健的原理 …………………………………………………………… 44
　　一、立志 …………………………………………………………………………… 44
　　二、中庸 …………………………………………………………………………… 44
　　三、放下 …………………………………………………………………………… 45
　　四、勇于挑战，品味幸福 ………………………………………………………… 45
第五节　大学生学习中的常见问题及调适 ………………………………………… 46
　　一、缺乏学习动力 ………………………………………………………………… 46
　　二、学习动机太强 ………………………………………………………………… 46
　　三、学习焦虑 ……………………………………………………………………… 46

第四章　人际交往与沟通技巧 …………………………………………………… 47

第一节　人际交往概述 ……………………………………………………………… 47
　　一、人际交往的定义 ……………………………………………………………… 47
　　二、人际交往的功能 ……………………………………………………………… 48
　　三、人际交往的阶段 ……………………………………………………………… 49
　　四、人际吸引的影响因素 ………………………………………………………… 49
　　五、人际交往的心理效应 ………………………………………………………… 52
第二节　大学生人际交往的特点与困扰 …………………………………………… 53
　　一、大学生人际交往的特点 ……………………………………………………… 53
　　二、大学生常见的人际冲突 ……………………………………………………… 54
　　三、大学生常见的人际交往心理困扰 …………………………………………… 54
第三节　大学生人际交往能力的提升 ……………………………………………… 57
　　一、掌握人际交往原则 …………………………………………………………… 57
　　二、纠正认知偏差 ………………………………………………………………… 58
　　三、正确运用人际交往的技巧 …………………………………………………… 59

第五章　情绪管理与压力调适 …………………………………………………… 67

第一节　认识情绪与情绪的功能 …………………………………………………… 67
　　一、认识情绪 ……………………………………………………………………… 68
　　二、情绪的功能 …………………………………………………………………… 72
第二节　大学生的情绪特点与情绪管理 …………………………………………… 74
　　一、大学生常见不良情绪 ………………………………………………………… 74
　　二、情绪调适的 4A 法 …………………………………………………………… 79
第三节　心理压力的调适与缓解 …………………………………………………… 85

一、压力的定义与概述 85
　　二、压力形成的过程 85
　　三、压力反应 86
　　四、压力的调适与缓解 87

第六章　大学生恋爱与性心理 90

第一节　恋爱心理概述 90
　　一、爱情 90
　　二、爱情的理论 91

第二节　恋爱心理的发展阶段 96
　　一、对异性的敏感期 96
　　二、对异性的向往期 96
　　三、恋爱择偶期 96

第三节　大学生恋爱中的心理问题及调适 97
　　一、大学生常见的恋爱心理问题 97
　　二、恋爱心理调适 99

第四节　性心理概述 100
　　一、性心理的发展阶段 101
　　二、大学生性心理的特点 101
　　三、健康的性心理标准 103
　　四、大学生常见的性心理障碍 104

第五节　性心理的调适 106
　　一、认识性心理 106
　　二、掌握性知识 106
　　三、接受性教育 106

第七章　挫折心理与逆境信念 108

第一节　挫折概述 108
　　一、挫折的含义 108
　　二、挫折心理产生的原因 109
　　三、挫折的种类 111
　　四、挫折的防御机制 112

第二节　逆境信念与逆商 114
　　一、逆境信念的含义 114
　　二、逆商 115

第三节　挫折心理调适与逆境信念的培养 116
　　一、大学生挫折承受力的培养 116
　　二、逆境信念的培养 118

第八章　网络文明与数字素养 122

第一节　病理性互联网使用与游戏障碍 122

一、青少年病理性互联网使用 123
　　　二、病理性互联网使用的解释模型 123
　　　三、游戏障碍的概念与症状 125
　　　四、网络游戏障碍的影响 128
　　　五、大学生健康上网 129
　　第二节　网络欺凌与数字文明培养 130
　　　一、网络欺凌概念界定 131
　　　二、网络欺凌特点与危害 131
　　　三、网络欺凌心理分析 133
　　　四、网络欺凌预防与应对 136
　　第三节　网络信谣传谣与识谣辨谣能力的提升 138
　　　一、社交网络媒体中的信谣传谣现象 138
　　　二、大学生信谣传谣的心理机制 139
　　　三、优化大学生心理环境，提升识谣辨谣的能力 142

第九章　家庭与个人成长 144

　　第一节　认识家庭 144
　　　一、家庭结构 144
　　　二、家庭功能 147
　　　三、家庭沟通方式 148
　　　四、大学生与家庭的关系：分离与联结 149
　　第二节　家庭与大学生的个人成长 151
　　　一、影响大学生个人成长的家庭因素 151
　　　二、家庭因素对大学生个人成长的影响 154
　　　三、克服原生家庭对自己的负面影响 155
　　第三节　共建和谐家庭 156
　　　一、和谐家庭的特征 156
　　　二、建立和谐家庭的艺术 158

第十章　生涯规划与个人发展 164

　　第一节　认识生涯规划 164
　　　一、生涯规划的含义 164
　　　二、舒伯的生涯规划理论 165
　　　三、生涯规划的意义 166
　　第二节　生涯规划与个体发展 167
　　　一、生涯规划与自我认知 167
　　　二、生涯规划与智能发展 168
　　　三、生涯规划与情绪调控 169
　　　四、生涯规划与个体意志 170
　　　五、生涯规划与自我实现 171
　　第三节　怎样做好生涯规划 171

一、坚定生涯规划的信念 ………………………………………………………… 171
　　二、明确人生需求与追求 ………………………………………………………… 171
　　三、做好生涯规划需要具备的能力 ……………………………………………… 172
　　四、制定长期规划与短期目标 …………………………………………………… 172
　　五、动态调整优化方案 …………………………………………………………… 173

第十一章　心理疾病识别与预防 …………………………………………………… 177

第一节　心理疾病及预防途径 ……………………………………………………… 177
　　一、什么是心理疾病 ……………………………………………………………… 177
　　二、关于心理疾病的错误观念 …………………………………………………… 177
　　三、心理咨询与心理治疗 ………………………………………………………… 178

第二节　大学生常见神经症及识别 ………………………………………………… 181
　　一、神经症概述 …………………………………………………………………… 181
　　二、神经症常见症的识别 ………………………………………………………… 181

第三节　大学生常见精神病及识别 ………………………………………………… 186
　　一、精神病概述 …………………………………………………………………… 186
　　二、大学生常见精神病类型 ……………………………………………………… 186

第四节　大学生心理疾病的应对措施 ……………………………………………… 187
　　一、正确认识与看待心理疾病 …………………………………………………… 187
　　二、积极预防心理疾病 …………………………………………………………… 188
　　三、寻求合适资源 ………………………………………………………………… 188
　　四、保障生命安全 ………………………………………………………………… 189
　　五、重新适应，重返校园 ………………………………………………………… 189

参考文献 ………………………………………………………………………………… 191

后记 ……………………………………………………………………………………… 194

第一章 大学生心理健康概论

教学目标

【认知】了解健康与心理健康的概念，熟悉大学生心理健康的标准。
【情感】根据大学生心理特点及常见的心理问题，能够清楚知晓自己的心理状况。
【行为】掌握大学生心理健康教育的途径，完善自我心理。

心理案例

2022年10月，江西省上饶市某中学高一学生胡某失踪。2023年1月，胡某尸体被发现，经有关机关调查认定胡某系自缢死亡。

2022年9月，胡某曾与母亲三次通话，共43分54秒，哭诉不想读书，想回家。10月1日凌晨，其母亲、哥哥专程从福州赶回予以安抚，10月4日二人离家返回福州。10月5日，胡某又与母亲通话三次，共39分47秒。10月10日至13日，胡某曾7次独自到宿舍楼三楼阳台，观望校外树林山岗方向。10月14日，胡某在食堂晚餐后，携带录音笔两次登上五楼阳台，有明显轻生意图。

经心理专家访谈、分析，结合胡某失踪前行为，认为胡某性格内向温和、孤独，在意他人看法，少与人做深入的思想情感沟通，情感支持缺失，缺少情绪宣泄渠道，常有避世想法，具有随时随地在书本上记录自己情绪、想法的习惯。2022年9月，因学习成绩不佳造成的心理落差，加之人际关系、青春期冲动带来的压力，造成胡某心理状态失衡，表现为入睡困难、早醒、醒后难以再入睡等睡眠问题，存在注意力难以集中、记忆困难等认知功能障碍，存在内疚自责、痛苦、无力、无助、无望感、无意义感等情绪问题，出现进食异常，有明确的厌世表现和轻生倾向。

思考与讨论：
（1）你认为胡某自杀的原因是什么？
（2）你如何理解心理健康对个体发展的作用？

大学阶段是人生中重要的一段旅程，也是大学生从中学到社会的过渡时期，更是面向未来进行人生储备的时期。处于这个阶段的大学生，面对学业、事业、友情、爱情等人生诸多课题，极易产生心理困扰。在经历了迷茫、失落、痛苦与反思后，有的人开始调整生活目标、重塑生活，以积极的心态迎接新的生活；有的人在犹豫与彷徨中度日，找不到生活的方向；有的人选择逃避，自暴自弃，以消极的心态对抗生活。积极面对生活中的困难与挫折，接纳自我，勇敢面对，开启美好人生的新起点，是大学生自我成长的必经之路。

第一节　大学生心理健康概述

一、健康

（一）健康的含义

健康是人类生存与发展的基本要求之一，也是每位大学生成人、成才的基础。传统观点认为：健康是指人体生理机能正常，没有缺陷和疾病，即"无病就是健康"。随着现代科学技术的不断进步，现代医学的发展及大量的医学实践表明，越来越多的疾病并不是由纯粹的生理因素造成的，而是由心理因素造成的。

世界卫生组织于 1946 年曾把健康定义为："健康是一种在生理、心理与社会适应方面都臻于完满的状态，而不仅是没有疾病和虚弱的状态。" 1989 年，世界卫生组织对健康做了新的定义，即"健康不仅是没有疾病，还包括躯体健康、心理健康、社会适应良好和道德健康"。这一新概念强调生理健康是物质基础，心理健康、良好的社会适应能力和道德健康是整体健康的统帅。

（二）健康的标准

为了便于普及健康知识，世界卫生组织提出了衡量人体健康的十条标准。
（1）有充沛的精力，能从容不迫地担负日常工作和生活，而不感到疲劳和紧张。
（2）积极乐观，勇于承担责任，心胸开阔。
（3）精神饱满，情绪稳定，善于休息，睡眠良好。
（4）自我控制能力强，善于排除干扰。
（5）应变能力强，能适应外界环境的各种变化。
（6）体重适中，身材匀称。
（7）牙齿清洁，无空洞，无痛感，无出血现象。
（8）头发有光泽，无头屑。
（9）反应敏锐，眼睛明亮，眼睑不发炎。
（10）肌肉和皮肤富有弹性，步伐轻松自如。

二、心理健康

（一）心理健康的含义

从一般意义上讲，心理健康是指没有心理疾病。但从本质特征来说，它是指一种积极发展的心理状态。心理健康是心理学、社会学、精神病学、心理卫生学等多学科共同关心的重要问题。

1946 年，第三届国际心理卫生大会给心理健康下的定义为："心理健康，是指在身体、智能及情感上与他人的心理健康不相矛盾的范围内，将个人心境发展成最佳的状态。"

心理学家英格里斯认为，心理健康是指一种持续的心理状况，当事者在那种情况下能进行良好的适应，具有生命的活力，并能充分发展其身心潜能。这才是一种积极、丰富的情况，而不仅是免于心理疾病。

社会学家玻肯认为，心理健康就是符合某一水准的社会行为，一方面为社会接受，另一方面能给自己带来快乐。

精神病学家孟尼格尔认为，心理健康是指人们对环境及人与人之间的关系具有的适应情况，不只是要有效率，也不只是要有满足感，或能愉快地接受生活的规范，而是需要三者同时具备。心理健康者应能保持平静的情绪，有敏锐的思维、适合社会环境的行为和令人愉快的气质。

我国心理学家叶弈乾认为，当所有的心理活动过程，包括心理操作和心理适应过程，以及两者的相互作用，都处于正常状态时，个体心理才是健康的。

这些对心理健康的定义都是将其作为一种状态（如个人心境的最佳状态、安宁平静的稳定状态，或者最佳功能状态等），并没有具体的心理健康标准。

（二）心理健康的标准

一般来说，判断个体心理是否健康主要看以下几个方面。

1. 智力正常

智力是人的观察力、记忆力、想象力、思考力和操作能力的综合。心理健康的人智力水准虽然有所不同，但智力应是正常的。智力正常是人们学习、生活、工作的基本心理条件，也是适应周围环境变化的心理保证。

2. 情绪健康

情绪健康的标志是情绪稳定和心情愉快。它具体包括愉快情绪多于负面情绪，乐观开朗，富有朝气，对生活充满希望；情绪较稳定，善于控制和调节自己的情绪，既能克制又能合理地宣泄情绪；情绪反应与环境相适应。

3. 意志健全

意志是人在完成一种有目的的活动时进行的选择、决定与执行的心理过程。意志健全者在行动的自觉性、果断性、顽强性和自制力等方面都表现出较高的水平。意志健全的大学生在各种活动中都有明确的目的，能适时地做出决定并运用切实有效的方法解决遇到的问题；在困难和挫折面前能采取合理的反应方式，能控制情绪和行为，而不是畏惧困难或盲目行动。

4. 人格完整

人格是指个体比较稳定的心理特征的总和。人格完整是指有健全的、统一的人格，即个人的所想、所说、所做都是协调一致的。个人具有正确的自我意识，能以积极进取的人生观作为人格的核心，并以此为中心把自己的需求、目标和行动统一起来。

5. 自我评价正确

正确的自我评价是一个人心理健康的重要条件。人们只有学会积极地自我评价，恰如其分地认识自己，摆正自己的位置，既不以自己在某些方面高于别人而自傲，也不以自己在某些方面低于别人而自卑，才能做到自尊、自强、自制、自爱，从而正视现实，积极进取。

6. 人际关系和谐

人际关系和谐具体表现为：乐于与人交往，既有广泛而深厚的人际关系，又有知心朋友；在人际交往中保持独立而完整的人格，有自知之明，不卑不亢；能客观评价别人和自己，善于取长补短；宽以待人，乐于助人；交往的积极态度多于消极态度，交往动机端正。

7. 社会适应正常

个体与客观现实环境保持良好的关系，即个体能正确地认识现实环境，能以有效的办法应对环境中的各种困难，能根据环境的特点和自我意识的情况努力进行协调，或者改善环境以适应个体的需要，或者改造自我以适应环境。

8. 心理行为符合年龄特征

不同年龄阶段的人具有不同的心理行为特征，心理健康的人应具有与多数同龄人相符合的心理行为特征，反之就是心理不健康的表现。

但需注意的是，心理健康的标准是相对的。心理健康和不健康不是截然对立的，它们之间没有绝对的界限。心理不健康是指一种持续的不良状态，不能仅仅根据一段时间、一件事情就简单地得出一个人心理不健康的结论。人的心理健康状态从良好、一般、有轻度问题到有严重问题，是一个连续的过程。另外，人的心理健康状态不是静止的，而是一个动态变化的过程。一个人只有注重心理保健，学会自我调整，及时寻求心理帮助，才能保持良好的心理健康状态。

三、大学生心理健康的标准

根据我国大学生的实际情况，应从以下几个方面评判大学生的心理健康水平。

（一）自我意识明确

心理健康的大学生能够认识到自己存在的价值，既能了解自己，又能接受自己，有自知之明。其主要表现为：对自己不会提出苛刻的、非分的期望与要求；努力发展自身的潜能，即使面对自己无法补救的缺陷，也能安然处之；能对自己的能力、性格、优点和缺点做出较客观的评价，不妄自尊大，也不妄自菲薄，能够结合实际明确自己的学习和理想目标，能把"理想的我"与"现实的我"有机地统一起来，而且"理想的我"总能在"现实的我"中得到体现；能根据自己的认识和评价来调控自己的行为，使自己与环境等保持和谐。

（二）情绪调控适当

心理健康的大学生对客体有正确的认知和合理的态度，在绝大多数情况下都能产生适度的情感体验和积极的情绪反应。愉快、乐观、开朗、满意等积极情绪状态总是占优势的；能适度地表达和控制自己的情绪，喜不狂，忧不绝，胜不骄，败不馁，谦而不卑，自尊自重；在社会交往中，既不妄自尊大，也不退缩畏惧，对于无法得到的东西不过于贪求，争取在社会允许的范围内满足自己的各种需要；对于自己能得到的一切感到满意，情绪相当稳定。

(三) 人际关系和谐

心理健康的大学生乐于与人交往，有稳定的、广泛的人际关系，有知心朋友；在交往中不卑不亢，能够保持独立完整的人格，能客观地评价别人，悦纳别人，取人之长；在群体中具有合作与竞争的协调意识，既不强迫别人，又能向他人提出自己的看法；与异性同学能保持热情而又理智的交往；与人相处时，积极的态度（如同情、友善、信任、尊敬等）总是多于消极的态度（如猜疑、嫉妒、畏惧、敌视等），因而在社会生活中有较强的适应能力和较充足的安全感。

(四) 人格完整健全

心理健康的大学生，其人格结构中的气质、性格、能力、理想、信念、兴趣、世界观等各方面都会均衡发展；思考问题的方式是适中和合理的，待人接物能采取恰当灵活的态度，对外界的刺激不会有偏颇的情绪和不良的行为反应，能够与社会的步调合拍，也能与集体融为一体。其思维模式、行为模式和情感反应等比较协调，具体表现为：理智而不冷漠，多情而不滥情，活泼而不轻浮，豪放而不粗鲁，坚定而不固执，勇敢而不鲁莽，稳重而不寡断，谨慎而不胆怯，忠厚而不愚蠢，老练而不世故，自信而不自负，自谦而不自卑，自尊而不自骄，自爱而不自恋。

(五) 适应社会生活

心理健康的大学生总能和社会保持良好的接触。他们能主动地去适应现实，进而改造现实，而不是逃避现实；对周围事物和环境有客观的认识，能做出客观的评价，处理好个人与环境的关系；既有高于现实的理想，又不会沉湎于不切实际的幻想与奢望；能积极主动地安排自己的生活和学习，尽可能地发挥自己的个性和聪明才智，并能从中获得满足感；把学习看成乐趣，而不是负担。

第二节 大学生心理特点与心理健康

一、大学生心理发展的特点

青年期是个体生理和心理迅速发展的时期，也是个体心理迅速走向成熟而又尚未完全成熟的过渡期。大学生处于这一个体生命的黄金阶段，其心理发展形成了有别于一般青年心理发展的基本特征。

大学生心理发展的特点一般表现在以下几个方面。

(一) 抽象思维迅速发展，但缺乏成熟的理性思考

由于大脑机能的不断增强、生活空间的不断扩大、社会实践活动的不断增加，大学生的认知能力获得了长足的发展。这个时期，大学生的逻辑抽象思维能力逐步占主导地位，能通过分析、综合、抽象、概括、推理、判断来认识事物的关系和内在联系，并能从一般的逻辑思维向辩证思维过渡。但他们的抽象思维并没有达到完全成熟的程度，思维的广泛性、深刻

性、敏感性发展较慢，尤其在运用唯物辩证法观点和理论联系实际观点看问题时显得理性不足，往往把问题看得过于简单而陷入主观想当然的境地。

（二）情感丰富，但情绪波动较大

大学生富有青春气息，对生活充满激情和活力。随着对大学生活的逐步熟悉和适应，以及社会交往增加，社会性需要增强，他们的情感也日益丰富、强烈，不断得到发展与完善。这种情感在大学生世界观、人生观、价值观的逐步确立及支配下，会迅速地向广度和深度发展，逐渐成为其情感世界的本质和主流。大学生情感在日渐丰富的同时，他们对情绪控制的能力也在不断地由弱变强。但由于他们对社会的复杂性、自己欲望行为的合理性缺乏正确认识，加之他们的自尊感强烈而敏锐，又比较"较真"，因而容易产生较大的情绪波动。他们可能短时间内从高度振奋情绪中变得十分消沉，也可能从冷漠突然转变为狂热，两极性表现得比较突出和明显。

（三）自我意识增强，但发展不成熟

自我意识是指人们对自身的认识及对周围事物关系的各种体验。大学生自我意识、自我评价能力、自我调节能力明显增强，但社会知识、经验和能力不足，在自我意识形成与发展中面临各种矛盾和问题，如主观自我和社会自我之间、现实自我和理想自我之间、成就期望与现实之间、强烈的独立意识与难以摆脱的依附心理之间、自尊与他尊之间、自尊心与自卑感之间的矛盾。他们在自我认识方面过度自我接受或过度自我拒绝，在自我体验方面具有过强的自尊心或过强的自卑感，在自我意向方面存在以自我为中心、过分独立、过分依赖、不当从众等心理行为，这些都反映出大学生正迅速走向成熟但尚未真正完全成熟的心理特点。

（四）意志水平明显提高，但不平衡、不稳定

随着社会经验的增加，大学生对社会、对人生的意义有了更深刻的认识。他们的世界观、人生观、价值观逐步确立，并开始自觉设计人生道路，确立奋斗目标并根据目标确定具体的实施计划。在实现目标的过程中，他们出于对目标价值的认同、受到目标强烈的吸引和激励，会为实现奋斗目标而克服前进道路中的各种困难和障碍，表现出坚强的意志力，这表明大学生的意志已发展到较高水平。但大学生意志发展的水平不平衡、不稳定。一般说来，他们意志的自觉性和坚持性品质发展水平较高，但果断性和自制性品质发展相对缓慢一些。这主要表现为：他们在处理关键问题或采取重大行动措施时，有时优柔寡断、动摇不定，有时草率武断、盲目从众。大学生意志水平在不同活动中的表现不一样，即便是同一种活动，心境的好坏也会使其意志水平表现出较大差异。

（五）人格发展基本成熟，但不完善

人格由气质、性格等诸多因素构成，是相对稳定、具有独特倾向性的心理特征的总和。人格影响人的身心健康、活动效率、潜能开发及社会适应状况。它是在长期实践中形成和发展起来的，反映一个人总的心理面貌。大学生处于身心急剧发展和自我意识由分化、矛盾逐渐走向统一的特殊时期，这是他们人格发展的重要时期。当代大学生人格发展中有成熟积极的一面，例如：能正确认识自我；智能结构健全合理；对社会环境的适应能力较强；富有事业心，具有一定的创造性和竞争意识；情感饱满适度等。但也有相当一部分大学生不同程度

地存在着人格发展上的缺陷或不完善，如常见的自卑、懒惰、拖拉、粗心、鲁莽、急躁、悲观、孤僻、多疑、抑郁、狭隘、冷漠、被动、骄傲、虚荣、焦虑、自我、敌对、冲动、脆弱、适应性差等。大学生良好的人格是在正确认识自我的基础上，通过不断学习、实践、优化和完善来实现的。

二、大学生常见的心理问题

（一）人际关系问题[1]

因在不同的生活环境下成长，大学生具有不同的性格、生活习惯和处事方式。部分学生在步入大学后处于自我封闭的状态，受自身性格等多种因素的影响，难以保持平常的心态与人正常交往，易产生自卑、不自信等心理问题。

（二）适应问题

受多种因素影响，许多大学生在生活中容易出现各种各样的适应问题。适应问题在大学一年级新生阶段表现明显。大学一年级新生从忙碌而紧张的高中校园进入环境相对宽松、开放的大学，会面临很多方面的不适应，如气候环境、生活习惯、学习方式、人际交往等。当然，大多数学生在经历一段时间的自我调整后，可以很快地融入大学生活，找到适合自己的生活方式。但是，仍有部分学生心理承受能力较差，在面对失败和挫折时容易出现情绪失控的情况。

（三）学习问题

大学生的主要任务是学习。由于大学的学习目的、方式和内容都与中学有很大不同，部分大学生因为忽视这种差异性，导致学习效率不高、效果不好，便会产生一些不良情绪；有的大学生因为缺乏学习动力或者学习动机过于功利化，在学习过程中不够努力，导致学业成绩不佳；有的大学生则过分看重成绩，从而导致考试焦虑。

（四）情感问题

情感问题一直是大学校园的热门话题，也是大学生非常关注的自身问题之一。大学生处于青年中期，生理上趋于成熟，心智有了一定的发展，对爱情生活有所向往和追求。因此，大学生谈恋爱是一种普遍现象。但是，有很多大学生在恋爱中存在情感困惑，在恋爱的过程中会出现单相思、感情纠葛和失恋等心理挫折。特别是失恋，如果处理不好，大学生就容易因受到极大伤害而造成心理失调，萎靡不振，甚至精神崩溃，在短时期内会出现一些极端行为。

（五）就业问题

就业是人生的重要转折点，也是大学生尤为关心的话题。大学生对人生的期望值比较高，他们大多数认为自己寒窗苦读十余年，且付出了那么多的时间、精力和金钱，社会理所当然应给予自己满意的回报。一方面，他们渴望毕业就找到一份好工作，希望早日走进社会，施

---

[1] 张瑞红. 高校大学生常见心理问题与健康教育探讨[J]. 中国学校卫生，2022, 43(10): 1603-1604.

展自己的才能；另一方面，由于就业市场竞争激烈，部分毕业生在求职过程中产生种种矛盾心理，迷茫和困惑严重干扰了他们的就业心态。什么单位才是自己应该去的工作单位？什么工作最有前途？如何从茫然中找到方向、找到自己的出路？这些问题给众多高年级大学生造成了很大的精神压力，使他们因焦虑、自卑而失去安全感，许多心理问题随之产生。

三、影响大学生心理健康的主要因素

（一）个体内在原因

大学生处于青年期阶段，这个阶段是人生的"多事之秋"。这是因为，经验的缺乏导致这个时期人的心理发展在某些方面落后于生理机能的发展，因而难免产生许多尴尬、困惑、烦恼和苦闷。大学生个体内在因素是影响和制约大学生心理健康的主要内因，其重点表现在以下几个方面。

1. 自我意识缺乏客观性和正确性

大学生对自我认识和自我评价有浓厚的兴趣，但常常缺乏客观性和正确性。有时自我期望值过高，偏离实际水平，而一旦遇到挫折和不幸，又会产生自卑情绪，自我评价过低，不能客观、正确地认识自己。

2. 个体的人格缺陷

对于同样的环境和同样的挫折，不同的人有不同的反应，这关系到人的个性心理特征。健全统一的人格是大学生心理健康的重要标准。在人格的形成和发展过程中，不良因素会不同程度地影响着人格的健康发展，从而导致人格发展缺陷。近年来，研究者在对大学生的心理健康教育和咨询中发现，不少心理障碍都与人格缺陷有关。例如，偏执型人格障碍导致固执、多疑、易嫉妒，难与同学相处；强迫型人格障碍表现为过分自我束缚，自我怀疑，常常紧张、苦恼和焦虑；自恋型人格障碍的主要特点是自负，不接受批评和建议，人际交往困难。

3. 缺乏正确的人际交往认知

大学生思想活跃、精力充沛、兴趣广泛，人际交往的需要极为强烈。但其社会阅历有限，心理并不成熟，客观环境的限制使其不能够全面地接触社会，了解人的整体面貌，因而在人际交往中常常带有理想的模型，据此在现实生活中寻找知己，一旦理想与现实不符，交往则产生障碍，心理出现创伤。有的大学生则以自我为中心，在交往中忽视平等、尊重、互助、互谅的基本交往原则，自命清高，在人际交往中屡屡失败，从而感到失落、冷漠、孤独；有的则过于自卑，觉得自己处处不如他人，在交往中缺乏自信，畏首畏尾，恐惧交往。

4. 缺乏科学的社会认知

当今社会环境复杂多变，这使处于敏感期的大学生出现种种心理不适，对社会的复杂性缺乏科学、全面、正确的认知，受社会消极面影响较多，从而产生悲观、失望、消沉、偏激等心理问题，甚至产生攻击型和反社会型人格障碍。

（二）家庭环境的影响

家庭是每个人成长的第一环境，父母是子女的第一任教师。父母的文化程度、职业特点、性格特征、价值观、人生观，以及教养态度、教养方式等直接影响着子女的人格特点和心理素质，对其性格塑造、个性形成及世界观、人生观、价值观的形成有着重要影响。

父母的病态心理常常会引起子女的病态心理，父母心理不健康也成为家庭不安定的潜在因素，并直接影响子女的心理健康。不正常的家庭内部关系会造成一个人不适当的心理行为。父母关系恶劣，家庭气氛紧张，尤其父母离异，往往会使孩子形成不良的性格特征，如冷漠、孤僻、自卑、多疑等。这些不良特征使得大学生在人际交往方面出现障碍，表现为缺乏生活热情、缺乏爱心、人际关系淡漠、人际交往羞怯、恐惧等。

教育学和心理学研究表明，父母文化程度越高，思想、观念越开明，教养方式越民主，大学生的心理问题就越少；父母文化程度越低，思想观念越封闭，教养方式越专制，大学生的心理问题就越多。

（三）学校环境的影响

学校是大学生生活、学习的主要场所，对大学生的身心健康会产生直接影响。部分大学生进入学校后感到理想与现实的差距太大，对所上学校、所学专业不满意，对环境的变化不适应，加上恋爱、学习压力、毕业后择业等问题，心理压力很大。因此，大学生感到失望、自卑、忧虑、孤独的现象非常普遍。如果他们既不能正确看待自己的不足之处，又不能正确处理遇到的各种挫折和内心矛盾冲突，不善于自我调节情绪，心理问题就会产生并影响其学习与生活。

（四）社会环境的影响

社会竞争日趋激烈，生活节奏日益加快，科学技术快速发展，社会流动要求提高，人际交往需求高涨，这些都会影响人的思想观念和心理行为，造成生活方式、价值观念的变化。

正如著名社会学家费孝通所说，我国当前正处在一个大变革时期，这个变革包括几千年沿袭下来的文化、观念的变革，因此不可避免地会出现因适应不良而产生的各种心理障碍。这要求人们及时地进行自我调整，以便适应新的社会生活环境。青年学生正处于世界观、人生观的形成期，生理和心理处于不稳定阶段，难免感到困惑、彷徨，难以适应。由于大学生处于自我意识尚未完全成熟，价值选择和判断仍缺乏稳定的发展阶段，他们在处理价值冲突问题时就会紧张甚至困惑，也会相应地产生较多的适应障碍。

大学生面临的压力还有生活事变。生活事变是指那些在日常生活中出现的事件或变故，这些事件可能是一些平常的小事，也可能是一些重大的事故，如父母下岗、家庭变故、学习成绩不佳、交友失败、失恋等。它们的出现引起个体的应激性反应，打乱本来已经建立的适应平衡，改变了有效的调节模式，使个体产生压力。

第三节　大学生心理健康教育的意义与培养途径

一、大学生心理健康教育的意义

（一）贯彻落实以人为本的科学发展观

加强大学生心理健康教育是贯彻以人为本的科学发展观的客观要求。科学发展观的核心是以人为本，实现经济社会的全面发展。实现经济社会全面发展必须以人的全面发展为前提。但是，未来的经济社会发展竞争将越来越激烈，这种竞争是人才的竞争，也是人心理承受力的竞争。大力加强大学生心理健康教育，对于培养他们积极乐观的人生态度、百折不挠的意志，提高他们适应社会竞争环境的能力，塑造奋发有为的个性心理品质，促进心理素质与思想道德素质、文化素质、专业素质和身体素质的协调与全面发展，具有重要意义。

（二）促进大学生全面发展，全面推进素质教育

加强大学生心理健康教育既是促进大学生全面发展的客观要求，也是全面推进素质教育的内在要求。人的全面发展是马克思主义的终极追求，也是社会主义教育的根本目的。大学生正处在世界观、价值观、人生观形成的重要时期，也是全面发展的重要时期。心理健康是全面发展不可或缺的重要指标。没有健康的心理，就没有全面发展，因为它影响着大学生智力与非智力因素、体力与脑力的发展。因此，必须从促进大学生全面发展、推进素质教育的高度，重视大学生心理健康教育。

（三）建设并实现和谐社会

加强大学生心理健康教育既是建设和谐社会的要求，也是实现和谐社会的重要条件。我们所要建设的社会主义和谐社会，是民主法治、公平正义、诚信友爱、充满活力、安定有序、人与自然和谐相处的社会。和谐社会的根本是人际关系的和谐。大学生是社会主义和谐社会的推动者、实践者，因此必须加强大学生心理健康教育，为建设社会主义和谐社会奠定基础。

（四）提高大学生思想政治教育的效果

加强大学生心理健康教育既是提高大学生思想政治教育效果的客观要求，也是进一步加强和改进大学生思想政治教育的重要举措。从实践来看，心理健康教育丰富了思想政治教育工作的手段，在从心理层次消除大学生错误的思想观念上具有重要作用，因为大学生的心理素质与思想道德素质可以相融相通、相互促进。良好的思想素质会促进健康心理的形成，而健康的心理也会使思想政治教育产生良好的效果。面对新形势、新任务，必须把加强大学生心理健康教育与加强大学生思想政治教育融合在一起，以提高大学生思想政治教育的针对性和时效性。

（五）促进大学生智力发展，使其顺利完成学业

加强心理健康教育也是促进大学生智力发展，使其顺利完成学业的重要保证。大学生的主要任务是学习科学文化知识，全面提高职业能力水平，其学习活动是一种高层次的思维活动。大学生的学习过程又是一种集脑力和体力劳动于一身的活动。在这一过程中，大学生的心理健康状况与学业成败密切相关。健康的心理机制有利于大学生形成良好的个性心理品质，提高克服学习困难的心理承受力，激发学习的积极性、创造性，从而提高学习效率，发展智力。在学习过程中，如果大学生朝气蓬勃，心情愉快，就会调动其智力活动的积极性，促进智力的发展；反之就会阻碍智力的发展，不利于学业的完成，学业不佳又反过来引起新的心理问题或者加剧原有的不良心理状态，导致恶性循环。由此可见，克服不良情绪，保持愉快的精神状态，维护良好健康的心境，是进行创造性思维、提高学习效率、掌握科学文化知识的重要条件。健康的心理是大学生顺利完成学业的基础，对大学生进行心理健康教育是现代教育的需要，将会对人才培养起到积极的推动作用。

二、大学生心理健康的培养途径

（一）培养良好的人格品质，提高承受挫折的能力

现代社会的发展对大学生的心理健康提出了更高的要求，不仅要没有明显的心理疾患，而且要追求形成健全的人格，提高对社会的适应能力，进而创造性地发展个人与社会的终极目标。首先，良好的人格品质应该具备正确认识自我、悦纳自我的态度，扬长避短，不断完善自己；其次，应该具备应对挫折的承受能力，对挫折有正确的认识，在挫折面前不惊慌失措、采取理智的应对方法，化消极因素为积极因素。挫折承受能力的高低与个人的思想境界、主观判断、挫折体验等有关。大学生应该努力培养自己，使自己具有宽阔的胸怀、健全的人格，能够从更高、更广的视角来看问题，从宏观上和本质上去认识事物，把握生活。只有这样，大学生的抗挫折能力才会增强，思想境界才能提高，心理才能保持健康。

（二）坚持健康、文明的生活方式

生活方式是指人们在日常生活中遵循的行为规范，即习惯化了的生活。健康的心理与健康的身体密不可分。对大学生而言，健康的生活方式包括五个方面：一是合理作息，起居有常，早睡早起，睡眠充足。二是平衡膳食，坚持吃早餐，体重保持正常水平。三是科学用脑，实行时间管理，提高学习效率；劳逸结合，有张有弛，避免用脑过度。四是积极休闲，选择文明高雅的休闲娱乐方式，愉悦身心。五是适量运动，积极参加体育锻炼，不抽烟，不喝酒。大学生不文明的生活方式有网络沉溺、暴饮暴食、节食瘦身、晚睡晚起、饮食不规律、不运动、睡懒觉、抽烟、酗酒、做危险动作等。

（三）善于调节和控制情绪

情绪是心理状态的晴雨表，是内在自我的真实体验。我们要学习体察自己与他人的情绪，能够有效区分自己的情绪是什么，来自哪里，并善于管理情绪，学会正确地宣泄情绪，升华情绪，体验正常的情感。情绪健康的大学生能够保持正确客观的理性认知，善于用多种方式及时调整自己的情绪，找到情绪背后的原因。大学生愤怒时，应将情绪控制在他人可以接受的程度内；兴奋时，也应将情绪控制在不使自己失态的状态下；忧虑时，尽可能将其控制在不影响自己正常学习和生活的范围内，能把消极情绪转化为积极情绪，也能将激情转化为冷静。

（四）积极参加业余活动，发展社会交往

丰富多彩的业余活动不仅丰富了大学生的生活，而且为大学生的健康发展提供了课堂以外的机会。大学生应培养多种兴趣，发展业余爱好，通过参加各种课余活动，发挥潜能，振奋精神，缓解紧张情绪，保持身心健康。通过社会交往，大学生之间才能实现思想交流和信息资源共享。社会交往的发展可以不断地丰富和激活人们的内心世界，有利于心理健康。

（五）掌握一定的心理学知识，主动寻求专业心理咨询人员的帮助

大学生要增强心理卫生意识，学习并掌握一定的心理卫生知识，用这些知识来武装自己。

有了一定的心理卫生知识，就等于拥有了心理健康的钥匙，掌握了心理健康的主动权，即有了自助自救的能力，能防患于未然。

心理教师具备较深厚的理论功底和生活实践经验，熟悉学生心理问题的解答方式和处理技巧。大学生在必要时应求助有丰富经验的心理咨询医生或长期从事心理咨询工作的专业人员。心理咨询兼有心理预防和心理治疗功能，能为大学生创设良好的社会心理环境和条件，提高其精神生活质量和心理效能水平，以实现减少心理障碍、防止精神疾病、保障心理健康的目的。

（六）积极参加社会实践活动，磨炼意志品质

一个人的心理素质、意志品质如何，只有通过实践才能表现出来，也只有在实践中才能真正地培养锻炼出来。开展"走进社区、走进企业、走进机关团体"的大学生社会实践活动，是多数高校提高大学生社会实践能力的必修课。大学生积极参加社会实践活动，不但可以增强社会观察力、思维力、操作力，而且可以广泛地了解社会，拓宽生活面，增加社会经验，在社会实践中陶冶情操，调节心理，促进心理平衡，磨炼自己的意志品质。实践证明，经常参加社会实践活动不仅是大学生提高专业技能的有效手段，而且是培养大学生健康心理素质的最佳途径。

心理视窗

价值倍增的孤儿石

从前，有一个孤儿，生活无依无靠，十分迷惘和彷徨，没有人看得起他。

有一天，他感觉再也不能这样生活下去了，便去拜见一位高僧，向高僧求教。

高僧把他带到一处杂草丛生的乱石旁，指着一块石头说："明天早晨，你把它拿到集市上去卖。要记住，无论人家出多少钱买这块石头，你都不要卖。"

孤儿感到疑惑：这块石头虽然不错，但怎么会有人肯花钱买呢？但是，他还是抱着石头来到集市，在一个不起眼的地方蹲下来卖石头。

可是，那毕竟是一块石头啊，根本没有人把它放在眼里。第一天过去了，第二天又过去了，依然无人问津。直到第三天，才有人来询问。第四天，真的有人想买这块石头了。第五天，那块石头已经能卖一个很好的价钱了。

孤儿回到寺庙里，兴奋地向高僧报告："想不到一块石头值那么多钱。"

高僧笑笑说："明天你把它拿到黄金市场上去卖，记住，无论人家出多少钱都不能卖。"

孤儿又把石头拿到黄金市场上去卖。一天过去了，两天过去了，第三天又有人围过来问。几天以后，问价的人越来越多，石头的价格已被抬得高出了黄金的价格，而孤儿依然不卖。但是，越是这样，人们的好奇心就越大，石头的价格也就被抬得越高。

孤儿又去找高僧，高僧说："你再把石头拿到珠宝市场上去卖，记住，无论人家出多少钱都不能卖。"孤儿把石头拿到珠宝市场后，又出现了同样的情况，到最后，石头的价格已被炒得比珠宝的价格还要高了。由于孤儿无论如何都不卖，那块石头被传扬为"稀世珍宝"。

孤儿对此大感不解，去请教高僧。

高僧说："世上人与物皆如此，如果你认定自己是块陋石，那么你可能永远只是一块陋石；

如果你坚信自己是一块无价的宝石，那么你就是无价的宝石。"

故事的寓意：一块不起眼的石头，由于被孤儿珍惜而提升了价值，被当成珍宝。人就像这块石头一样，只有自己看重自己，热爱自己，生命才有意义。

 **心理活动**

正念练习

当学习的时候，你的全部身心都在专注于学习吗？你是否发现其实在学习过程中脑海中会有很多其他的念头？例如：中午吃什么？什么时候休息一下？这次考试我能取得好成绩吗？这些想法总是在你的大脑里面打转，所以你并不是在全神贯注地学习。有研究发现，全身心投入一件事能够大大提高人的幸福感，而提高专注力的一个非常有效的方法就是正念练习。快去试一试吧！

第二章　自我意识与人格塑造

教学目标

【认知】了解自我意识的概念、结构与特点。
【情感】了解人格类型和人格理论、影响人格发展的因素。
【行为】掌握提高自我效能感的方法，掌握健康人格的标准及健全途径。

心理案例

张某，女，20岁，高职学校学生，父母均为农民，家境贫困。自上学以来，她经常担心因交不起学费而辍学。她觉得自己的学习成绩不太好，没有什么优点，不讨人喜欢。她总不相信他人，不愿意理会他人，对人冷漠，缺乏热情。总之，她感到高职学校生活非常灰暗，没有任何快乐，多次想退学。近来，她连续几天晚上做相同的噩梦，梦见父亲去世了，每次都从梦中哭醒，情绪低落，无法学习。

这是典型的自我意识混乱的案例。自我意识是什么？自我意识混乱又是什么呢？让我们一起来看看吧。

第一节　自我意识概述

一、自我意识

（一）自我意识的含义

意识的定义是人对于内部和外部刺激的知觉。意识是人的心理活动的一种高级水平，为人类所独有。

自我意识（self-consciousness）是指个体对自己的身心状况，以及自己与周围关系之间的意识。自我意识是意识的核心部分，是人在社会化过程中逐步形成和发展起来的，对自己及自己与周围环境关系的多方面、多层次的认识、体验和评价，是个人关于自我全部的思想、情感和态度的总和。

（二）自我意识的内容

从自我意识指向的对象和内容上看，自我意识包含三个方面的内容：生理自我、社会自我和心理自我。

1. 生理自我

生理自我指个体对自己的身高、体重、外貌、身材、性别等的认识和评价，以及对生理病痛、温饱饥寒、劳累疲乏等的体验。生理自我又称"自我中心期"，是自我意识最原始的形态，指的是对自己生理属性的认识。

2. 社会自我

社会自我指对自己在群体中的地位、角色，以及自己和他人相互关系的认识、评价和体验。社会自我又称"客观化时期"，是指个人对自己社会属性的认识。

3. 心理自我

心理自我指对自己的知识、能力、情绪、兴趣、爱好、性格、气质等的认识、评价和体验。心理自我又称"主观自我时期"，心理自我是个人对自己心理属性的认识，是从青春期开始形成和发展的。

二、自我意识的特点

自我意识不是一生下来就有的，而是在其发展过程中逐步形成和发展起来的。人首先产生对外部世界、对他人的认识，然后才逐步认识自己。自我意识是我们在与他人交往过程中，根据他人对自己的看法和评价而发展起来的。这个过程在人的一生中从未停止，我们对自己了解越多，生活的意识领域越广，就越能洞察自己的生活，越可能调整自己，不断提高和完善自己，对生活有更多的掌控感。

青少年阶段是最重要的时期。与同龄群体相比，大学生的生活阅历与学习特点决定了大学生自我意识的独特性，主要表现在以下几个方面。

（一）自我意识发展的阶段性

在大学阶段，大学生自我意识的发展非常丰富，大学生已开始逐渐探索自我，建立自我同一性。在这个过程中，并非所有人都一帆风顺，很多人经历过怀疑自己、找不到方向、感到迷茫这样的心路历程。一旦能够从怀疑和迷茫中重新找到自己，大学生便会经历从"旧我"破碎到"新我"重建的过程。

（二）自我认识的矛盾性

青年期是自我意识迅速发展并趋向成熟的关键时期，大学生正处于这一时期并且在这个阶段会经历一个特别典型的矛盾和整合的过程。从高中到大学，学习、人际关系和生活环境都发生了巨大变化，大学生的自我意识也发生了巨大的变化，会显示出强烈的矛盾性特点，主要体现在理想自我和现实自我的矛盾上。

理想自我是个人在自己脑海中塑造的自己期望的形象，即"我希望我是什么样的人"；现实自我是个人通过实践而形成的真实的自我形象，即"我是什么样的人"。大学生富有理想、抱负远大，成就动机强，对自己的未来充满信心，通常会在脑海中构想一个理想自我，并将这个理想自我和现实自我加以对照比较，一旦发现两个形象不一致，便会产生极大的苦恼。对于这种矛盾，大学生通常会出现三种不同的情况：第一种是大学生积极实现理想自我。第二种是大学生发现现实自我和理想自我差距太大，经过努力仍无法接近目标，或距离虽不大，但主观上缺乏自我调控的能力，无法实现理想自我。在这种情况下，大学生会调整理想自我，例如重新评估自己，调整自己的期待和要求，使理想自我和现实自我和谐统一。第三种是大学生发现理想自我和现实自我差距太大，无法调和二者的关系，进而出现心理问题。

（三）自我体验的情绪化

自我体验的情绪化是人对于客观事物是否符合自己的需求而产生的心理体验。处于青春期晚期的大学生，情绪常常表现出短暂、起伏、细腻、闭锁、易变等特点，这些特点也表现在大学生自我意识的各个方面。大学生的自我评价常常发生矛盾，对自我的态度是易波动的：当情绪好时对自我认同度高，自我评价高；当情绪低落，尤其遇到挫折时，自我认同度骤然下降，自我判断失准，会认为自己什么都不会。由此看来，大学生对自我的肯定与否定常会随着情绪的变化而变化。

另外，大学生的情绪还容易走极端，考虑问题时易受到各种社会思潮与其他外部环境因素的影响，容易偏激、冲动。面对理想自我和现实自我时，大学生容易产生自我肯定、自我否定等矛盾，常常表现出心理不平衡，情绪体验较强烈，易振奋，也易波动。

（四）自我调节的中心化

大学生强烈地关注自我，他们从自己的角度以自我的标准去认识、评价事物和他人，并采取行动，因而很容易出现自我中心倾向。由于自我意识的发展、能力的提高、活动范围的扩大、思维水平的提高及知识经验的不断积累，大学生对社会、对人生的理解形成了一套观念体系。但是，由于大学生的社会经验不足，对社会现象的认识往往失之偏颇，对事物的评价往往拘泥于个人的某一观点和立场，而不善于从他人的立场、不同的角度来分析问题，不善于理解别人，尤其是父母、教师等长辈，再加上情绪体验的深刻性和极端性，就表现出强烈的自我中心倾向。

三、自我意识的作用

（一）目标导向作用

目标是个体发展的导航机制。一个人要想成就一番事业，就必须从自身的实际出发，制定明确的目标。只有如此才会调动自身的潜能，激发强大的动力。人通过正确的自我认识，确立较为合理的理想自我的内容，就可为个人将来的发展确定目标，这对个人的认知、情感、意志、行为会产生很大的影响，是个体活动的动力。自我意识健全的个体，在从事一项活动之前，活动的目的和结果就以观念的形式存在于头脑之中了，并依此做出计划，指导自己的活动，从而达到预期的目标。

（二）自我控制的作用

自我意识可以约束个人的行为。要获得发展、取得成就，光有目标是不行的，还必须具备自制的意识，对自己的情感、行动加以调节和控制。而自我意识可以帮助个体对自己的注意力、情感和行为等加以控制，从而实现自己的目标。自我控制是自我意识发挥能动作用的一个重要方面，它是目标的守护神，是成功的卫士。

（三）内省作用

自我意识可以促使个体进行自省。由于主观和客观条件的制约，理想自我的实现常常会遇到各种障碍，致使个体产生不同程度的挫折感。这时，自我意识就会对自己的认识、情感、意志、行为等进行反省，找到受挫的主观和客观原因，并重新调整认识，形成新的理想自我，使其与现实自我趋于统一。内省可谓个体成长中进行的自我监督和自我教育，要想使自己的天赋和才能得到充分的开发和利用，从而成为自我实现的人，就需要有积极的自我意识，随时对自我的认识、情感、意志和行为加以反省和审察。

（四）激励作用

自我意识可以激励人的发展。正确的自我意识可以帮助个体形成准确的自我认知与评价，并在此基础上建立自立、自主、自信的良好心理品质，激励个体去大胆尝试、积极进取，最大限度地调动个体的潜能，激发思维活动的功能，从而助力理想自我的实现。

第二节　大学生自我意识的发展及存在的问题

一、自我意识发展的主要理论

（一）奥尔波特的自我意识发展理论

奥尔波特的自我意识发展理论在身份认同研究中占有重要地位。他认为自我状态是逐步发展的，其发展过程是从生理自我到社会自我，再到心理自我。因此，自我意识最原始的状态是生理自我，此时自我关注的是对自己身躯的认识，包括占有感、支配感和爱护感。

从3岁到青春期前是社会自我的阶段，该阶段的游戏和学习是建立自我意识的手段，个体会表现出符合社会要求的行为，成为符合社会要求的社会自我。从青春期到成年是心理自我的发展阶段，这时的自我意识趋向于成熟。

自我发展伴随人的生活和成长，人不断地通过接收外界的信息来认识世界、完善自我，形成独立的自我人格，在与他人的社会交往中实现自我意识的建立和成熟。

（二）埃里克森的自我意识发展理论

埃里克森是美国著名的精神病医师，新精神分析派的代表人物。他认为人的自我意识发展持续一生，他把自我意识的形成和发展过程划分为八个阶段，这八个阶段的顺序是由遗传决定的，但每个阶段能否顺利度过是由环境决定的，所以这个理论可称为"心理社会"阶段理论。每个阶段都是不可忽视的。

接下来，从出生开始，你可以回顾一下自己的成长历程，结合一些早期记忆，理解自我意识的发展过程。

1. 婴儿期（0~1.5 岁）：基本信任和不信任的冲突

在这期间，儿童开始认识自己的养育者，并在有生理或情感需要时发出信号。父母对儿童需要的敏感性，以及是否能及时出现并满足儿童的需要，是关系到儿童建立信任感的重要问题。如果该阶段儿童得到了敏感的爱的回应，儿童便会通过对养育者的信任逐渐建立对世界的基本信任感，从而建立自信的基础，否则儿童可能难以形成希望和相信自己的愿望可以实现的信念。

2. 儿童早期（1.5~3 岁）：自主与害羞和怀疑的冲突

这一时期，儿童掌握了大量的技能，如爬、走、说话等，更重要的是他们学会了怎样坚持或放弃，也就是说儿童开始"有意志"地决定做什么或不做什么。这时候，父母与子女的冲突往往较之前激烈，儿童出现第一个自我意识的高涨期，有人称为"可怕的两岁"，儿童享受以"不"来回应他人的指令，体验拥有自我意识的美好感受。这时，真正意义上的"我"诞生了，儿童开始使用"我"这个词来指代自己。如果父母对儿童的保护或惩罚不当，儿童就可能产生怀疑，并感到害羞。

3. 儿童期（3~5 岁）：主动和内疚的冲突

在这一时期，如果儿童表现出的主动探究行为受到鼓励，就会形成主动性，这为其将来成为一个有责任感、有创造力的人奠定了基础。如果成人讥笑儿童的独创行为和想象力，儿童就会逐渐失去自信心，这使其更倾向于生活在别人为他们安排好的小圈子里，缺乏自己开创幸福生活的主动性。当儿童的主动感超过内疚感时，他们就有了"目的品质"。

4. 学龄期（6~12 岁）：勤奋和自卑的冲突

在这个阶段，儿童的大部分时间是在学校度过的。学校是培养儿童将来就业及适应所处文化环境能力的场所。在大多数文化环境中，人要生存下来需要具备与他人合作的能力，所以社交技巧是学校培养的重要能力之一。儿童在这一阶段所学的最重要的课程是"体验以稳定的注意和孜孜不倦的勤奋来完成工作的乐趣"，儿童可能获得一种为其在社会中满怀信心地同别人一起寻求各种劳动职业做准备的勤奋感，否则可能形成没有信心成为社会有用成员的自卑感。

另外，还存在一个危险，即儿童过分重视他们在工作能力方面的地位，把工作等同于生活，因而看不到人类生存的其他重要方面。

5. 青春期（12~18 岁）：自我同一性和角色混乱的冲突

对这一阶段的论述是埃里克森闻名于世的重要原因，因为其包含最著名的概念——同一性危机，有时也称自我同一性。自我同一性是一种熟悉自身的感觉，一种知道个人未来目标的感觉，一种从信赖的人那里获得认可的内在自信。

在前四个阶段中，儿童懂得他是什么，能干什么，也就是说，懂得他能担任的各种角色。在这个阶段，儿童必须思考全部积累起来的有关自己及社会的知识，最后致力于某一生活策略。一旦这样做，他们就获得了一种同一性，长大成人了，否则就可能以角色混乱或消极的自我同一性离开这个阶段。角色混乱是以不能选择生活角色为特征的，这样就无限延长了进入成年的准备时间。

埃里克森讲述了这样一个例子：一个孩子的母亲对酒精成瘾的兄弟充满了一种无意识的

恨铁不成钢的感情，她会有选择地对他儿子有可能重蹈其兄弟命运的那些特征做出重复的反应。在这种情况下，这种"消极的"同一性对她的儿子来说，比他内心要成为好孩子的愿望更现实，他也许会努力成为一个醉汉。

如果没有同一性的意识，就没有生存的感觉。我们常说的刷存在感或许就缘于缺少同一性，需要通过外在的反馈来确认，而不是内在相对稳定的自我感觉。

6. 成年早期（18~25岁）：亲密和孤独的冲突

埃里克森认为，唯有具备稳定的同一性的人，才可能敢于与另一个人相爱。具有稳定同一性的青年人具备与他人亲密相处的能力，即具备成为协会会员和伙伴关系成员所需承担义务的能力，以及具备为履行这些义务而发展道德力量的能力。没有有效工作与亲密能力的人会离群索居，回避与别人的亲密交往，因而就具有了孤独感。

7. 成年中期（25~65岁）：生育和自我专注的冲突

25~65岁是成年中期，主要是发展繁衍感。在这个阶段，大多数人开始养育下一代，在工作中发挥自己的才能，在生活中扮演不同的角色。人们开始更多地培养关心他人的品质，同时探究"我关心他人吗？"这个问题。拥有关心品质的人更懂得关心孩子、家人、伴侣和他人，但也需要克服因为忙碌的生活和工作带来的厌恶感；如果发展不好，就会只关心自我，只考虑自己的利益和需求，不关心他人的利益和需求。

8. 成年晚期（65岁以上）：自我调整和绝望的冲突

由于衰老，人的体力、心力和健康每况愈下，人们对此必须做出相应的调整和适应，所以这一阶段被称为自我调整和绝望的冲突。当人们回顾过去时，可能怀着充实的感情与世告别，也可能怀着绝望走向死亡。自我调整是一种接受自我、承认现实的感受，是一种超脱的智慧之感。如果一个人的自我调整大于绝望，他将获得智慧，埃里克森把它定义为"以超然的态度对待生活和死亡"。

老年人对死亡的态度直接影响下一代儿童时期信任感的形成。因此，第8阶段和第1阶段首尾相连，构成一个循环或生命周期。

二、自我意识的发展阶段

（一）自我中心期（0~3岁）

生理自我是自我意识发展的第一个飞跃期。它开始于1周岁，在3周岁左右基本成熟。生理自我阶段使一个人与非自我区分开来，也就是说，1周岁的儿童开始将自己的动作和对象、将不同的动作区分开来，并且在与成人交往的过程中，能够按照自身对自己的了解来看待自己，并且做出一定的评价。例如，儿童对自己的身高、体重、长相等的认识。

（二）客观化时期（3岁至青春期）

3岁以后，人的自我意识发展进入社会自我阶段，至少年期基本成熟。在这个阶段，未成年人从轻易相信成年人的评价逐渐过渡到自我独立评价阶段，其独立性、判断性、原则性迅速发展，对道德行为的判断能力也达到了比较高的水平。例如，未成年人从生理自我（夸她长得漂亮）过渡到社会自我（我是某老师的学生），这就是说在社会自我阶段，未成年人对自己在各种社会关系中的角色、地位、权利、义务等都有了一定的理解。例如，他们会说："我现在是学生，我的义务就是好好学习，遵守学校的规章制度。"但是，在这个阶段未成年人的自我控制能力比较差，经常会出现言行不一致的现象。例如，他们会说："我知道我是班级里的纪律委员，但还是忍不住在上课的时候说话。"

（三）主观化时期（青春期至成年）

心理自我是从青春期开始形成和发展的，它主要包括对自己的感知、记忆、思维、智力、性格、气质、动机、需要、价值观和行为等的意识。在这个阶段，青少年对自己的评价越来越客观，越来越公正，并且具有一定的社会道德性。在初中时期，学生经常自我反省，这时便会出现一定的不平衡性。例如，有的初一学生学习动机非常强烈，成绩不理想就会进行自我反思。但是，到了高中阶段，青少年自我意识中的独立意向越来越强烈，并且在心理上将自我分成了理想自我和现实自我。在这个阶段，个体对自己的评价越来越成熟，有强烈的自尊心，同时非常关注自己的个性成长，道德意识也得到了高度发展。

三、大学生自我意识的偏差

（一）自我认识偏差

1. 以自我为中心

大学生适度自我关注、自我分析有利于正确、客观地认识自己。但是，有些大学生对自己过于关注，一切以自我为中心，只顾自己的感受和想法，不考虑他人的感受，也不考虑对方的立场，这就造成以自我为中心的现象。例如，有些大学生总是抱怨别人不能理解自己，而不是反思为什么自己不理解他人，这就是以自我为中心的一种表现。

2. 从众

从众是一种普遍存在的心理现象，它是在群体舆论的压力下，放弃个人意见而与大多数人保持一致的自我保护行为。部分大学生在课堂和其他小组共同学习的时候，为了避免遭到组员的排斥或为了迎合其他组员，就盲目接受他人的观点，这就是从众的一种表现。

（二）自我体验偏差

1. 自卑

自卑是个体由于自我认知偏差等原因形成的自我轻视和自我否定的情绪体验，主要表现为对自己认识不足，对自己的能力或品质评价过低。例如，部分大学生总觉得自己长得不如别人好看或觉得自己各方面能力很差，这就容易形成自卑心理。

2. 自负

自负是个体自以为是、自命不凡的一种情绪体验和情绪表现。随着时代的变迁，自信也成为当今大学生较为普遍的优秀品质。大学生能够独立思考，对自己的未来踌躇满志。但有些大学生自信过度，就变成了自负。

过于自负的人认为自己是完美无缺的。例如，认为自己什么都好，即使有明显的缺点，也会将其看作自己与众不同的优势。他们常常用放大镜看自己的长处，用显微镜看他人的短处。自负常常产生于现实与理想的矛盾中。一般来讲，现实与理想总是不一致的，二者之间总有差距，如何看待二者的差距直接关系着自我体验。当对缩短现实与理想的距离充满信心时，大学生处于积极体验，也就是自信之中，认为可以努力提高现实自我，以实现理想自我。但有些学生过度自信，过高评价自己，在生活与学习中处处显示自己的优越感，希望超过别人，这种过度的自信是自负。自负的人往往目空一切，过分相信自己的能力，缺乏自我批评，而且不允许别人批评，听不进师长的教诲，也听不进同龄人的意见，一意孤行，骄傲自大。由于缺乏自知之明，自负的人容易失败，也更容易受伤。

（三）自我控制偏差

1. 逆反

逆反是指个体在生理上基本成熟，心理迅速走向成熟而又未真正成熟的时候，渴望在思想、行动乃至经济上能够尽快独立，从而表现出较强的独立意识。例如，有些大学生总爱做出与父母意愿相反的行为，总想跟父母对抗，这就是一种逆反行为的表现。

2. 放纵

放纵是指大学生不能约束自己的行为和克制自己的情绪，产生"跟着感觉走"的行为。例如，有些大学生平日里觉得"好听、好玩"的课就去听，"不好听、不好玩"的课就不去听，这就是一种放纵行为。

3. 盲目攀比

盲目攀比指的是不顾自己的具体情况和条件，盲目与高标准相比。社会、学校与家庭是影响大学生攀比的外在因素，而个人是内在动因，这是起主导作用的因素。从根本上来看，攀比心理源于人们内心的自尊心理和模仿心理。大学生处于身体急速成长期，心理上认为自己已经是成年人，需要得到他人的尊重和认可，但由于心智尚未完全成熟，遇到挫折容易气馁，信心不足。因此，他们可能在物质生活方面相互比较，以找回自信，得到他人的尊重和认可，提高自己的地位。这种比较行为倘若未及时纠正，放任发展便会产生不良的攀比心理。

第三节　人格概述

一、人格的定义

对于如何描述一个人的人格，心理学家从不同的角度给出了不同的界定。这反映了人格的框架非常复杂和丰富。在日常生活中，人们提到的"人格"或"性格"并不等同于心理学上的概念。如果说人是一台精密仪器的话，人格就是这台仪器的芯片。人格是个体在先天生物遗传的基础上，通过与后天社会环境相互作用而形成的相对稳定的和特殊的心理行为模式。

人格是一个人才智、情绪、愿望、价值观和习惯的行为方式的有机整合，它赋予个人适应环境的独特模式，这种知、情、意、行的复杂组织是遗传与环境相互作用的结果。

为什么总是很难喜欢自己，难以看清自己？

为什么总是很迷茫，无法找到自己想要的生活？

为什么总是陷入不愉快的经历中无法自拔？

为什么有时候明明知道怎么做更好，却不自觉地让事情变得糟糕？

接下来，让我们带着这些疑问一起学习下面的内容。

二、人格的结构

（一）气质

气质是表现在心理活动的强度、速度、灵活性与指向性等方面的一种稳定的心理特征，即平时所说的脾气、秉性。人的气质差异是先天形成的，受神经系统活动过程的特性制约。孩子刚出生时表现出来的就是气质差异。气质是人的天性，无好坏之分。

（二）性格

性格是指人的较稳定的态度与习惯化的行为方式相结合而形成的人格特征。性格是在后天社会环境中逐渐形成的，是人最核心的人格差异，在个性心理中具有核心意义。

性格主要体现在对自己、对别人、对事物的态度和言行上，表现出一个人的品德，受人的价值观、人生观、世界观的影响。性格有好坏之分，能最直接地反映出一个人的道德风貌。气质与性格既有联系，又有区别，如表2-1所示。

表2-1 气质与性格的区别和联系

区　别	联　系
1. 气质受生理影响大，性格受社会影响大； 2. 气质的稳定性强，性格的可塑性强； 3. 气质特征表现较早，性格特征表现较晚； 4. 气质是人的天性，无好坏之分；性格表现一个人的品德，具有道德评价意义，有优劣之分	1. 气质和性格都属于稳定的人格特征； 2. 两者相互渗透，相互影响，彼此制约

三、人格的理论流派

心理学家一直试图解释人格产生的根源，不同的心理流派都对这个问题给出了自己的解释，探讨人格的概念、假设、观点和原则，在某种程度上给人们提供了一个理解人格的指导框架。

（一）特质理论

奥尔波特认为特质是人格的结构单元。他首次对特质进行了系统描述与分类。

1. 特质的概念

特质是一种概括化的神经生理系统，它具有使许多刺激在机能上等值的能力，能诱发和指导相等形式的适应性和表现性的行为。

（1）特质是一种潜在的反应倾向。特质能使个体对各种不同的刺激以相同的方式进行反应。

（2）特质具有可预测性。特质被看作一种神经生理结构，它不是具体可见的，不能被直接观察到，但真实地存在于每个人身上，可以由个体一贯的外显行为推知它的存在。

（3）特质具有概括性和稳定性，个体稳定的特质诱发行为方面跨情境的一致性。

（4）特质不是处于睡眠状态的，不用等外界刺激来激活。实际上，人都是在活跃地寻找刺激情境，使特质有所表现。

（5）特质具有独特性。没有两个人有相同的特质，所以每个人对环境的经验和反应是不同的。

2. 特质的类型

奥尔波特提出两种特质——个人特质和共同特质。个人特质是一个人特有的特质。共同特质是指许多人共有的特质，就像一种文化。后来，他将个人特质改称为个人倾向。

奥尔波特依据特质表现的优势和普遍性，将个人倾向区分为三种——首要倾向、中心倾向和次要倾向。

（1）首要倾向。首要倾向也叫显著特质，表现为一种占绝对优势的行为倾向。这种倾向的渗透性极强，几乎所有行动均可受影响，是一个人最典型、最具概括性的特质。不过，在一个人身上只有一个首要倾向，且只能从少数典型人身上看到这类倾向。首要倾向十分强大，像一种具有统治性的特征，但并不是每个人都有这种统治性特征，它们也不是在每个情境下都能表现出来。

（2）中心倾向。中心倾向也叫核心特质，是指普遍性与渗透性略弱于首要倾向的重要人格特征。每个个体都有几个中心倾向。奥尔波特认为，一般人具备的中心特质在五项与十项之间。

（3）次要倾向。次要倾向代表那些最不显著、最不具概括性，以及一致性、渗透性最弱的特征，是个体不太重要的特质，往往只有在特殊情境下才表现出来。某些次要特质可能只有个别的亲密朋友才能发现。

（二）心理动力学理论

在弗洛伊德看来，人类的个性源于冲动和克制之间的冲突，源于人类追求快乐的生理冲动和社会对这些冲动的控制间的冲突。弗洛伊德认为，人格源于人类努力解决这种基本冲突——用既能带来满足又不带来内疚或惩罚的方式来表达这些冲动。

弗洛伊德理论的基础是他相信心灵是隐藏的。人的意识就像浮在水面上的冰山的一部分。在人的意识之下是更大的无意识的思想、愿望、感觉和记忆。例如，有些无法被社会接受的想法就暂时储存在人的潜意识区域。弗洛伊德认为，在没有意识的情况下，这些想法会强有力地影响我们，有时会以间接的形式表达出来。例如，我们选择的工作、持有的信念、日常习惯等。

因此，弗洛伊德提出了三个相互作用的系统：本我、自我和超我。

1. 本我

本我是完全无意识的，但自我和超我在有意识和无意识中运作。三者之间是互相作用、互相影响的。

本我根据快乐原则运作，寻求即时的满足。我们可以想象一个新生婴儿哭喊着要满足，对外界的条件和要求毫不关心；或者想象那些对未来不在乎的人，那些滥用烟草、酒精和其他有毒物质的人，他们不愿为未来的成功和幸福而牺牲今天的快乐。

2. 自我

自我在现实原则上运作，寻求以现实的方式来满足本我的冲动，从而带来长期的快乐。自我包含部分有意识的知觉、思想、判断和记忆。想象一下，如果我们在缺乏自我的情况下，表现出所有无拘无束的性冲动或攻击性冲动，会发生什么样的情况。

3. 超我

超我是道德指南（良心）的声音，它迫使自我不仅考虑现实，而且考虑理想。超我关注的是我们应该如何做出行为。

（三）人本主义理论

对于人本主义的范畴，目前没有明确的标准，人们一般认为人本主义有四个核心内容：强调人的责任；强调"此时此地"；从现象学角度看个体；强调人的成长。

罗杰斯认为，人的本性就是努力做到因个人生活满足而保持乐观态度。达到这一目标的人被称为心理和谐的人。当遇到与自我知觉不一致的信息时，人们会产生焦虑，往往采用扭曲和否认的方法来降低焦虑。根据罗杰斯的观点，我们需要无条件地积极关注，接受我们人格中的所有方面。

四、大学生的人格特征

（一）人格的独特性

人的人格千差万别。人们常说"世界上没有两片相同的树叶"，心理学家认为，世界上没有两个相同的人，个体之间的区别不在于外貌长相，而在于人格特点。除遗传因素外，人的独特性还表现出成长过程中的各种特色。人格还存在共性，这种共性是在一定的群体环境、社会环境、自然环境中逐渐形成的，并具有稳定性和一致性，制约着个人的独特性特点。

（二）人格的整体性

人格是由气质、性格、能力、兴趣、爱好、需要、理想等许多心理特征组成的，这些心理特征并不是独立存在的，而是相互影响、相互制约的，组成个体复杂的人格结构体系，使人的内心世界、个体动机与外显行为之间保持和谐一致，否则将会导致人格分裂的病态特征。

（三）人格的稳定性

由各种心理特征构成的人格结构是比较稳定的，它对人的行为的影响是长期、一贯的。在日常生活中，人在某些场合表现出的一时的、偶然的心理特征不能被认定为人格特点。例如，有人在某种刺激下表现得比较冲动，并不表明这个人有暴躁的性格特点。俗话说"江山易改，本性难移"，这句话其实在心理学中并无贬义，只是说明人格的稳定性。人格并非一成不变，因现实多样性和多变性而发生或多或少的变化，只是这种变化是比较缓慢的。

（四）人格的功能性

人们常说人格或性格决定一个人的生活方式，进而决定一个人的命运，就是强调人格的功能性。一个人的人格功能发挥正常的时候，人表现为健康而有力；人格功能受损会影响一个人的社会功能和生活，人表现出怯懦、无力、失控或病态。

第四节　完善自我意识，塑造健全人格

一、完善自我意识及健全人格的标准

（一）完善自我意识的标准

1. 正确认识自己

（1）通过自我观察认识自己，认识自己各种身心状态和人际关系等，即生理自我、心理自我和社会自我。在自我认识、自我情感体验的过程中，有目的、自觉地调节和控制自己的行为和想法。要善于剖析自我，深刻认识自我，更好地认识外在形象和内在自我。

（2）通过他人评价认识自己。虚心听取他人的评价，同时客观、冷静地分析他人的评价，以便从多角度认识自己。

（3）通过社会比较认识自己。自我观察和他人评价难免有各自的主观投射，因此可以通过合理的社会比较来更好地认识自己。

2. 积极接纳自己

接纳自己就是接受自己的不完美，接受自己的优点和缺点。正视自己的不足，接受自己性格方面的一些其他特征，这样才能更好地接受他人。试着接受自己，喜欢自己，觉得自己独一无二，有价值感、自豪感、愉快感和满足感，平静理智地看待自己的长处与短处，冷静地对待自己的得与失。我们应该发展一些业余爱好，当有一定的爱好时，便会觉得世界如此美好。我们也可以进行积极的自我暗示，如"我很棒，我会一次比一次好的"，全面客观地评价自己。我们可以写出自己的五个优点、五个缺点，然后写出改正缺点的方式，当然可以在别人的帮助下进行。

3. 自觉控制自己

我们应该建立适合自我实际情况的抱负，遇事沉着冷静，开动脑筋，排除外界干扰或暗示，学会自主决断。我们要彻底摆脱那种依赖别人的心理，克服自卑，培养自信心和独立性。

我们要培养自己性格中意志独立性的良好品质，对自己奋斗的目标要有高度的自觉。只要经过实践认准的事，我们就应义无反顾，想方设法达到目的。我们不必追求任何事情都做得十全十美，不必苛求自己，不必过多地注意别人怎样议论自己。

（二）健全人格的标准

1. 自信心增强

一个人格健全的人，对生活充满希望，有强烈的求知欲望。这样的人受到表扬，信心倍增；受到批评，也不丧失信心。如果因受到批评而"破罐子破摔"，不求上进，那就是人格上的扭曲。

2. 具有面对现实的态度

通过相对评价，可以确定个人在团体中的地位；通过绝对评价，可以确定个人达到目标的程度。一个人格健全的人能够正确面对现实，反之，就可能采取逃避现实的做法。

3. 协作意识增强

评价必然要进行比较，通过比较激发竞争意识。讲竞争还要讲协作，这对人格力量是一种考验；没有协作意识的人，不能算具有健全人格的人。

4. 有激发智慧的力量

不断地学习，增长学识，并能广泛地培养情趣，这是一个人格健全的人的重要特点。通过评价，要有激发智慧的力量，具有求知创新的心态，积极性才能得到提高。

5. 意志力增强

一个人格健全的人，必定意志坚强，勇于克服困难，努力去实现自己的理想目标。一个人如果人格不健全，碰到困难就会自暴自弃，甘心落后，不求上进。

6. 具有同情心

一个感情丰富的人，不仅能体验自己的成功与失败，而且能为别人的成功高兴，也能对别人的失败表示同情。如果别人碰到困难，不但不伸出友谊之手，反而幸灾乐祸，那就不是一个人格健全的人了。

7. 适应性增强

适应性是评价人格的一个重要指标。一个人，如果具有健全的人格，其适应能力是很强的，不仅能适应客观环境，特别是人际环境，而且能对环境条件做出判断，并发挥积极的作用。

8. 独立性增强

一个成熟的人，其独立性是比较强的，办事凭理智，能控制自己的心理状态，不感情用事，能独立地解决遇到的问题，并能适当地听取别人的合理建议。

9. 价值取向正确

一个具有健全人格的人，其价值取向是个人价值和社会价值两者的和谐统一，而不是对立。有的人只顾个人价值，忽视社会价值，甚至为了既得利益而损害社会价值，那就是人格不健全。

10. 自我评价能力增强

一个成熟的人能够主动地进行自我反省，对自己的言行做出客观的评价，并能够根据评价结果对自己的心理状态和行为进行有效的控制和调节，从而促进个体社会化。

二、完善自我意识的途径

（一）正确的自我认知

"人贵有自知之明"，全面而正确的自我认知是培养健全的自我意识的基础。自我认知是从多方面建立的，既有自己的认识与评价，也有他人的评价。我们不妨认真地想一想，用尽量多的形容词描述自己，要忠实于自己的内心。在此基础上，进行第二步，他观自我的描述，描述父母眼中的我、同学眼中的我、教师眼中的我、恋人眼中的我、兄弟姐妹眼中的我，然后寻找这些描述中共同的品质，将其归类。我们描述的维度越多，越容易找到比较真实的自我。

（二）客观地自我评价

一个人必须建立正确的自我认知，正确地自我悦纳，积极地自我体验，有效地自我控制。自我悦纳是自我意识健康发展的关键所在。悦纳自我首先要接纳自己，喜欢自己，欣赏自己，体会自我的独特性，在此基础上体验价值感、幸福感、愉快感与满足感，其次是理智与客观地对待自己的长处与短处，冷静地看待得与失。在生活中注重自我，自我意识是将注意力集中在自我的一种状态。积极的策略是：关注自己的成功，并将优势积累。每个人身上都有无数的闪光点，重点在于寻找自己的闪光点并将其构成亮丽的人生风景线。

（三）积极地自我提高

提高自我效能感是个体在一定情境下对自我完成某项工作的期望与预期。当人们期望自己成功时，必然尽自己最大的努力，并且当面临挑战性任务时，表现出更强的坚持力，从而提高成功的可能性。自我效能感高的人一般学业期望也较高，也就是说，自我效能感与成就动机呈正相关关系。

克服自我障碍也可以提高自我效能感。我们经常有这样的感觉，因对自己的能力感到焦虑而产生不安全感，这便是一种自我障碍。我们听说了太多这样的故事：由于考试前身体不好，所以在考试中没有取得好成绩。这便是典型的学业自我妨碍，为自己学习不成功找到恰当的借口。一个渴望自我发展的人必定主动克服自我障碍，进行积极的自我提高与自我尝试，积极地在自我尝试中发现新的支点。

（四）关注自我成长

自我的发展需要不断地自我反思、自我监控。但是，将成长作为一条线索贯穿于人的始终时，整理自己成长的轨迹显得尤为重要。我们要对过去、现在、未来进行梳理，深刻了解与把握自己。记住，自我体验永远是个体的，当我们在分享他人自我成长的硕果时，也在促进自己成长。

三、大学生的人格与心理健康

（一）当代大学生的人格表现

大学阶段正处于青春期，这是人格形成和确定的关键时期。大学生作为一个比较特殊的青年群体，正处于身心急剧发展和自我意识由分化、矛盾逐渐走向整合的特殊时期。对大学生来说，这一时期表示自己逐渐步入社会的特定轨迹，此后人格发展的许多问题都取决于这一时期的发展状况。有研究表明，大学期间形成的人格特点在一生中有相当的稳定性。

1. 知识文化层次高、自我控制力差

大学生具有较高的知识文化水平，认知能力强，人格素质更新快，因而有能力达到较高

层次的人格素质水平。但当代大学生人格素质也存在弱点，包括厌学情绪明显、自我控制力差等。大学生要明白，学习是成才的主要途径，是在较短时间内接受前人积累的文化科学知识并以此充实自己的过程。

2. 虚拟关系广、现实交往能力差

网络时代开辟了人们生活的新空间。计算机网络成为当代大学生学习、生活、交往不可或缺的一部分。网络发展既为大学生带来机遇，帮助其步入成长和发展的快车道，又带来不容忽视的负面影响，使一些大学生的人际交往呈现两重性，即虚拟关系广、现实交往能力差。相当一部分大学生的上网时间远远超过个人的社交活动时间，他们在网上交友、开会、发布信息，从现实的物理空间直接接触发展到以数字方式在虚拟空间内进行交流。

3. 独立意识强，独立能力差

当代大学生从家庭走向小学直至大学基本上是一帆风顺的。部分大学生从小生活在父母的关爱和呵护下，过多的关爱成为他们成长的束缚。一方面，他们崇尚独立、自主，独立意识较强；另一方面，他们独立能力较差，有严重的盲从行为和依赖心理。这种依赖心理突出表现在生活依赖和心理依赖上。

4. 富有事业心

当代大学生具有一定的创造性和竞争意识，把事业看成生活的重要组成部分，在事业上有较强的进取心和责任感。

5. 对社会环境的适应能力较强

当代大学生对外部世界有浓厚的兴趣，活动范围和人际交往范围很广，爱好较多，乐于参与各种形式的社会实践。同时，他们能够接受别人与自己在价值观与信念上存在差别，能够根据实际情况看待事物。

（二）健康人格的培养

1. 客观的认知和正确的自我意识

具有健康人格的大学生能够用客观的态度认识自己、认识他人、认识周围的世界，不带任何主观偏见去看待现实，从而发现事实真相；对自己恰如其分地评价，充满自信，扬长避短，在日常生活中有效地调节自己的行为，与环境保持和谐。

2. 良好的情绪控制能力

人格健全的大学生能够调节和控制自己的情绪，经常保持开朗的心境，并且具有幽默感。当产生消极情绪时，能合情合理地宣泄、排解、转移、升华。无论成功或失败，他们始终都能保持稳定平和的心态，不因外部环境的变化而情绪大起大落。

3. 良好的社会适应能力

人格健全的大学生能和社会保持良好的接触，以开放的态度主动关心社会、了解社会，观察接触到的各种事物，看到社会发展的积极面和主流，具有社会责任感并勇于承担责任；在认识社会的同时，与时俱进，融入社会当中，使自己的思想、行为跟上时代的发展，与社会的要求相符合。

4. 和谐的人际关系

人格健全的大学生乐于与他人交往，交友圈子广，能与别人建立良好的关系，不自我封闭；与人相处时，尊敬、信任等正面态度多于妒忌、怀疑等消极态度；当与别人产生摩擦时能够灵活地化解，及时进行交流，消除误会与隔阂。健康的大学生常常以诚实、公平、信任、宽容的态度对待他人，从而受到他人的喜爱，得到社会的接纳。

5. 乐观向上的生活态度

热爱生活的人能看到生活的光明面，对前途充满希望和信心，对工作和学习抱有浓厚的兴趣，并在工作和学习中发挥自身的智慧和能力，获得成功；在生活中遇到困难和挫折时，能够勇于面对，不畏艰险，积极前进。

6. 健康的审美情趣

健康的审美情趣对于大学生树立人生观、世界观，塑造健康的人格结构具有重要作用。人格健全的大学生具有高尚、健康的审美情趣，能提高自身修养，自觉抵制各种不健康思想的侵蚀，追求更高的人生价值，实现自我完善和提高。在日常生活中，他们能处处反思自己的行为，力求符合健康的审美标准。

心理视窗

人格测验

人格测验是用测验的方法，对人格进行测量，测出一个人在一定情景下，表现出来的典型行为和人格品质，如动机、兴趣、爱好、性格、气质等。它大致可以归纳为结构明确的问卷法和结构不明确的投射法两大类。问卷法是测量人格特点的一种纸笔测验方法，用于受试者自我鉴定，所以又称为自陈量表。这种量表多采用客观测验的形式，设计出一系列陈述句或问题，要求受试者做出是否符合自己情况的报告。在大学生人格测验中常用的量表有卡特尔十六种人格因素量表（16PF）、艾森克人格问卷（EPQ）、明尼苏达多项人格测验（MMPI）等，对此感兴趣的同学可以到相关的心理健康教育网站选择相应的量表进行测试。

心理活动

"二十个我是谁"

【目的】帮助同学认识自我。

【时间】约30分钟。

【适用对象】团体所有成员。

【工具】一张A4纸、一支笔、一首舒缓的音乐。

【步骤】

（1）播放背景音乐。

（2）为自己画"像"，请用陈述句，围绕"我是谁"这样的问题，用这样的句式写下20

个最能描述自己的句子：我是_____。（要求：认真准确，如实描述）

如果觉得困难的话，就表示你可能对自己不够了解。你可以回顾一下自己在生活、学习和社交中的样子和状态，说不定会发现不一样的自己。

心理测试

自我意识量表（SCS）

自我意识量表如表2-2所示，表中是一些个人对自己看法的陈述，填写答案时，请看清楚每句话的意思，然后圈出相应的数字（0代表完全不符合你的情况；1代表比较不符合你的情况；2代表不确定是否符合你的情况；3代表比较符合你的情况；4代表非常符合你的情况）。每个人对自己的看法都有独特性，因此答案没有对错之分，如实回答即可。

表2-2 自我意识量表

项　目	完全不符合	比较不符合	不确定	比较符合	非常符合
1. 我总是试着去了解自己	0	1	2	3	4
2. 我在意自己的做事方式	0	1	2	3	4
3. 我一般很少意识到自己	0	1	2	3	4
4. 在新场合中，我需要花费力气去克服自己的害羞	0	1	2	3	4
5. 我对自己的反省很多	0	1	2	3	4
6. 我在意如何在别人面前表现自己	0	1	2	3	4
7. 在白日梦里，我自己常常是主角	0	1	2	3	4
8. 当工作时，如果有人看着我，我就会觉得很不自在	0	1	2	3	4
9. 我从来不会反省自己	0	1	2	3	4
10. 我很容易觉得尴尬	0	1	2	3	4
11. 我很注意自己的仪容	0	1	2	3	4
12. 跟陌生人交谈对我来说很容易	0	1	2	3	4
13. 我通常很关注自己的内在感受	0	1	2	3	4
14. 我常常担忧如何给别人一个好印象	0	1	2	3	4
15. 我经常想自己做某些事情的理由	0	1	2	3	4
16. 当我在众人面前说话时，我会感到紧张	0	1	2	3	4
17. 我常常注意自己的外表	0	1	2	3	4
18. 我有时候会退一步来反省自己	0	1	2	3	4
19. 我在意别人对我的看法	0	1	2	3	4
20. 我可以实时察觉自己的情绪变化	0	1	2	3	4
21. 我出门前的最后一件事就是照镜子	0	1	2	3	4
22. 当处理事情时，我知道自己的心里是怎么想的	0	1	2	3	4
23. 人数众多的场合使我紧张	0	1	2	3	4

气质测验量表

气质测验量表如表 2-3 所示,用于测量人的气质类型并考虑如何发挥自己在气质方面的优势和改善自己在气质方面的弱点。这个量表共有 60 道题,可以帮助你大致确定自己的气质类型。该表的记分标准如下:

选择"很符合自己情况的"记 2 分;选择"比较符合的"记 1 分;选择"介于符合与不符合之间的"记 0 分;选择"比较不符合的"记-1 分;选择"完全不符合的"记-2 分。

将气质测验得分填在表 2-4 中。

表 2-3 气质测验量表

项 目	完全不符合	比较不符合	介于符合与不符合之间	比较符合	很符合
1. 做事力求稳妥,不做无把握的事	-2	-1	0	1	2
2. 遇到可气的事就怒不可遏,要把心里话全说出来才痛快	-2	-1	0	1	2
3. 宁肯一个人干事,不愿很多人在一起	-2	-1	0	1	2
4. 到一个新环境很快就能适应	-2	-1	0	1	2
5. 厌恶那些强烈的刺激,如尖叫、噪声、危险镜头等	-2	-1	0	1	2
6. 和人争吵时,总是先发制人,喜欢挑衅	-2	-1	0	1	2
7. 喜欢安静的环境	-2	-1	0	1	2
8. 善于与人交往	-2	-1	0	1	2
9. 羡慕那种善于克制自己感情的人	-2	-1	0	1	2
10. 生活有规律,很少违反作息制度	-2	-1	0	1	2
11. 在多数情况下情绪是乐观的	-2	-1	0	1	2
12. 碰到陌生人觉得很拘束	-2	-1	0	1	2
13. 遇到令人气愤的事,能很好地自我克制	-2	-1	0	1	2
14. 做事总是有旺盛的精力	-2	-1	0	1	2
15. 遇到问题常常举棋不定,优柔寡断	-2	-1	0	1	2
16. 在人群中从不觉得过分拘束	-2	-1	0	1	2
17. 情绪高昂时,觉得干什么都有趣;情绪低落时,觉得什么都没有意思	-2	-1	0	1	2
18. 当注意力集中于一个事物时,别的事物很难使我分心	-2	-1	0	1	2
19. 理解问题总比别人快	-2	-1	0	1	2
20. 碰到危险情景时,常有极度恐怖感	-2	-1	0	1	2
21. 对学习、工作、事业怀有很高的热情	-2	-1	0	1	2
22. 能够长时间做枯燥、单调的工作	-2	-1	0	1	2
23. 符合兴趣的事情,干起来劲头十足,否则就不想干	-2	-1	0	1	2
24. 一点小事就能引起情绪波动	-2	-1	0	1	2
25. 讨厌做那种需要耐心、细致的工作	-2	-1	0	1	2
26. 与人交往不卑不亢	-2	-1	0	1	2
27. 喜欢参加热烈的活动	-2	-1	0	1	2

续表

项　　目	完全 不符合	比较 不符合	介于符合与 不符合之间	比较 符合	很符合
28．爱看感情细腻、描写人物内心活动的文学作品	-2	-1	0	1	2
29．工作或学习时间长了，常感到厌倦	-2	-1	0	1	2
30．不喜欢长时间谈论一个问题，愿意付诸行动	-2	-1	0	1	2
31．宁愿侃侃而谈，不愿窃窃私语	-2	-1	0	1	2
32．别人说我总是闷闷不乐	-2	-1	0	1	2
33．理解问题常比别人慢些	-2	-1	0	1	2
34．疲倦时只要短暂地休息就能精神抖擞，重新投入工作	-2	-1	0	1	2
35．心里有话，宁愿自己想，不愿说出来	-2	-1	0	1	2
36．认准一个目标就希望尽快实现，不达到目的，誓不罢休	-2	-1	0	1	2
37．同样和别人学习、工作一段时间后，常比别人更疲倦	-2	-1	0	1	2
38．做事有些莽撞，常常不考虑后果	-2	-1	0	1	2
39．老师或师傅讲授新知识、新技术时，总希望他讲慢些，多重复几遍	-2	-1	0	1	2
40．能够很快地忘记那些不愉快的事情	-2	-1	0	1	2
41．做作业或完成一件工作总比别人花的时间多	-2	-1	0	1	2
42．喜欢运动量大的剧烈体育活动，或喜欢参加各种文艺活动	-2	-1	0	1	2
43．不能很快地把注意力从一件事转移到另一件事上去	-2	-1	0	1	2
44．接受一个任务后，就希望把它迅速解决	-2	-1	0	1	2
45．认为墨守成规比冒风险强些	-2	-1	0	1	2
46．能够同时注意几件事物	-2	-1	0	1	2
47．当烦闷的时候，别人很难使自己高兴起来	-2	-1	0	1	2
48．爱看情节起伏跌宕、激动人心的小说	-2	-1	0	1	2
49．对工作抱有认真严谨、始终一贯的态度	-2	-1	0	1	2
50．和周围人的关系总是相处不好	-2	-1	0	1	2
51．喜欢复习学过的知识，重复做已经掌握的工作	-2	-1	0	1	2
52．希望做变化大、花样多的工作	-2	-1	0	1	2
53．小时候会背的诗歌，我似乎比别人记得清楚	-2	-1	0	1	2
54．别人说我"出口伤人"，可我并不觉得	-2	-1	0	1	2
55．在体育活动中，常因反应慢而落后	-2	-1	0	1	2
56．反应敏捷，头脑机智	-2	-1	0	1	2
57．喜欢有条理而不甚麻烦的工作	-2	-1	0	1	2
58．兴奋的事常常使我失眠	-2	-1	0	1	2
59．老师讲新概念，常常听不懂，但弄懂以后就很难忘记	-2	-1	0	1	2
60．假如工作枯燥无味，马上就会情绪低落	-2	-1	0	1	2

表 2-4　气质测验得分

类　型	得　分															
多血质	题号	4	8	11	16	19	23	25	29	34	40	44	46	52	56	60	总分
	得分																
胆汁质	题号	2	6	9	14	17	21	27	31	36	38	42	48	50	54	58	总分
	得分																
抑郁质	题号	3	5	12	15	20	24	28	32	35	37	41	47	51	53	59	总分
	得分																
黏液质	题号	1	7	10	13	18	22	26	30	33	39	43	45	49	55	57	总分
	得分																

第三章 新生适应与心理保健

教学目标

【认知】认识大学生活和学习与中学的不同，并能体会两者不同的原因。
【情感】获得成长，包括认知策略的改变和情感上的升华，真正融入大学的生活。
【行为】学会有效的处理问题方式，懂得科学地安排自己的时间，掌握简单的心理调节技巧，能应对常见的情绪问题，健康、快乐地度过大学的人生阶段。

心理视窗

大学为什么跟以前我们的想象不一样？

在中学的时候，我们都有一个大学梦，这个梦想激励着我们努力学习，考上理想的大学。同时，我们会想象大学的各种美好生活，包括美丽的校园、明亮宽敞的教室、舒适的宿舍和高档的食堂、高级的实验设备，还有知识丰富、解答问题孜孜不倦的教师。

当我们真正到大学时，发现学校的各种情况好像与自己想象的不一样。首先，教室与自己盼望的不一样，每个班都没有固定的教室，上完一门课就要到其他教室去上另一门课。其次，教师上课的方式不同，只讲提纲和框架，没有讲清楚学习的内容，学生遇到不懂的内容要自己看参考书解决。课余时间没有统一的安排，全凭自己规划，不知道该如何分配学习和娱乐，让人心里有点没底。同一宿舍的同学来自不同的地方，有不同的生活习惯和爱好，有的甚至相差较大，同学之间的相处与中学阶段有较大的不同。上述差异可能给部分新生带来一些困惑。

进入大学后产生失落感，其实是由于我们不了解大学的真实情况，沿用中学的思维习惯来应对大学生活造成的。大学里出现的各种新变化，源于大学生活和学习的实际需要。要上好大学，就不能停留在中学的思维方式上，要通过自己的成长来适应新的环境，用新的思维方式和方法来看待问题并解决遇到的新问题。

第一节 大学生身心特点和学习心理的变化

人生是一个不断成长的过程，不仅是年龄的增长和身体的不断成熟，更是思维方式的提升，从一个层次提升到另一个更高的层次。进入大学后，我们需要从以下几个方面提升自我。

一、在心态上适应

来到新的环境，要去感受新环境带来的快乐，不要害怕各种未知的因素，相信自己能够面对各种新的挑战，以乐观的心态迎接未来。人天生就有接受新事物、新环境的内在需要，忽略甚至压抑这种需要，只会导致身心疲倦，时间一长就会影响心理和身体的功能。以轻松自如的心态感受新环境，就能迎合人的本能需要，更好地发挥自身的能力。拥有这种心态，就能在学习和与同学、教师交往的过程中感悟各种道理，逐渐体会并掌握各种学习和生活的技巧。接下来，我们需要在学习与生活中不断提升自己的境界，遇到问题冷静地寻找合适的处理方法，让自己真正成长起来。

回顾一下自己的成长过程，能帮助我们更好地适应大学的环境。

人生第一次大变是进幼儿园，但我们都很好地适应了。从中学到大学的变化比这个变化小，我们一定能够适应。

我们出生后头两年在家里，见到的都是亲人，所有玩具都是自己的，大人都围着自己转。我们逐渐适应了这种生活方式。到了幼儿园，我们面临一种全新的环境，没有一个人是亲人，玩具也不是自己的，只能大家一起玩。在这种环境下，我们要学会跟别人分享，听教师的话，遵守相关纪律。这是一种新的生活方式，需要学习、感悟，最后融入其中。这就是真正的成长。只有迈过这一步，我们才能顺利地在幼儿园学到各种知识和技能。

小学与幼儿园是两个完全不同的地方。幼儿园以玩为主，教师主要训练小朋友的注意力和模仿能力，小朋友通过模仿掌握相关的技巧和简单的知识。模仿能力强就是优秀的孩子。小学注重的是理解能力，小学生要理解教师说话的意思，只有理解教师的要求，才能做好作业。在这种情况下，模仿能力变成次要的东西。如果不能完成这种转变，就难以适应小学的学习。部分在幼儿园很优秀的孩子到了小学后变得很普通，这不是小学教师教得不好，而是这些孩子没有正确地成长起来。

中学的学习也与小学的学习有较大的不同。小学的知识比较简单，而且信息量较小，基本上用线性、单向的思维方式就能解决问题。中学的知识相对复杂，中学生要用到多种思维方式，而且要同时处理较多的信息。如果思维方式不能提升，就会出现很多困难。特别是到了高中阶段，思维没跟上的同学成绩明显落后于别人。

大学与中学是两种不同类型的学校，学习的内容差别较大，教师的教学方式不同，对学生的管理方式也不同。如果沿用中学的方式来上大学，将难以适应大学的生活，难以完成学业。进入大学后，我们要进行一次脱胎换骨的进化，在各个方面提升自己，彻底融入大学的生活，只有这样，才能让我们的青春焕发出光彩。

二、用适合自己的方法学习

（一）学习的本质和涉及的因素

学习是指学生在教师的指导下，有目的、有计划、有组织、有系统地掌握前人的知识、技能，发展智力和能力，培养个性和思想品德的过程。

学习是一种十分复杂的心理现象，它不仅与感觉、知觉、注意、记忆、思维等认知过程直接相关，还与人的情绪、动机水平、个性特征和社会因素相关。

学习的内容难度、信息吸收速度、吸收信息的总量等因素与自身的实际情况相符，只有在学习过程中感受到愉悦，才能获得理想的学习效果。在中学阶段，学校一般会根据学生的学习能力、考试成绩进行分班，教师根据不同层次的班进行相应的教学，控制好教学内容的难度和教学进度，学生不需要过多地关注这些因素。到了大学阶段，教师不会将注意力集中在这个方面，需要学生自己控制学习的相关因素，控制不好就会影响学习效果。

（二）传统的学习过程

传统的学习过程是教师讲解教学内容，学生接受相关内容，把新的内容理解、消化后变为自己的知识，再通过作业运用来巩固吸收。

传统教育取得好效果的关键是教师能够因材施教，教师根据学生的实际水平传授相应难度的知识，并提供合适难度的作业让学生巩固吸收。学生学习效果好的关键是能跟上教师讲课的节奏，及时消化吸收学过的知识。

教师讲过的知识要及时掌握，不要让不懂的知识越积越多，不懂的知识积累到一定程度就难以学下去了。中学阶段教师讲课比较慢，对知识点会反复地讲解，学生基本不会出现知识掌握不好的情况。大学教师对知识点一带而过，跳跃式地教学，学生会出现所学知识未掌握又要学新知识的情况。这是在大学学习的新情况，大学生要根据自己的实际情况安排好时间，多参阅相关的参考书，必要时与同学讨论，解决学习上的问题。

（三）现代学习理论与学习过程

现代学习是基于建构主义的学习过程，它强调以学生为主体，教师作为学习过程的引导者，在现代的学习环境中进行探索学习。其中现代学习环境包括良好的网络、丰富的学习资源、性能强大的服务器、舒适的学习环境等。现代学习的过程是：教师先定下一个目标，学生围绕目标进行问题探索。学生在探索到一定的程度后进行小组讨论，去伪存真。然后，教师进行总结，学生自己建构知识。

现代学习理论指导下的学习有自身的优点，能够让学生对所学知识产生较深意义的理解，超出传统学习的目标，但也有自身的固有缺点。现代学习环境比较舒适，如果学生的自控能力不强，就会把学习变成休息，达不到现代学习所追求的效果。有些学生把探索学习的过程变成了娱乐，搜索内容偏离学习目标，讨论过程敷衍了事，最后无法去伪存真，学习效果还比不上传统学习。

现代学习理论以学生为中心，学生要根据自己的能力特点和已有的知识结构，确定适合自己的学习难度和速度，确定合适的学习方法。当难度超出自己的能力范围时，要懂得寻找合适的支撑点，在别人的帮助下建构自己的知识，这样才能取得预期的效果。

（四）大学学习的注意事项

无论是传统的学习，还是基于建构主义的学习，根据自己的实际情况选择合适的内容都非常重要。用适合自己的方法学习，方可取得好的学习效果。

要特别注意的是，大学教师通常只讲知识架构，不讲具体内容，学生要把内容理解清楚就要自己看不同的参考书。而中学教师把具体的学习内容讲清楚，学生直接接受即可。这是大学学习与中学学习不同的地方，也是大学教育对学生能力的新要求，大学生要适应这种变化。

我们来看一个真实的例子，通过这个例子进一步体会在大学学习过程中如何做切合自己实际的事。

李明，男，19岁，某大学计算机学院一年级学生，来自某市重点中学。李明在中学时成绩优异，从未有学习吃力的感觉，喜欢与别人比赛，感受比赛的乐趣。入学没多久，他发现同专业其他班有个学生的能力很强，这激发了他的好胜心，下决心要跟对方比试一下。李明在课堂和课后的学习安排上都与自己心目中的对手展开角逐，只要对手看过的参考书，他都要看。过了一段时间，李明感觉对手学习的速度太快了。他的情绪越来越焦虑，后来晚上难以入睡，影响了白天听课，学习的能力严重下降。

李明到底出了什么问题，应该如何解决？

李明的问题涉及多个方面，是一个复杂的问题。遇到复杂的问题，我们要学会把它分解为多个简单的问题，然后逐一解决。

我们从头看下去，看看有多少问题。

（1）李明喜欢与别人比赛，有问题吗？
（2）李明发现一个学生的能力很强，决心跟他比试，有问题吗？
（3）李明在课堂和课后都与对手展开角逐，有问题吗？
（4）只要对手看过的参考书，他都要看，有问题吗？
（5）李明感觉对手学习的速度太快了，他的情绪越来越焦虑，有问题吗？
（6）李明后来晚上难以入睡，影响了白天听课，学习的能力严重下降，怎么办？

前三点没问题，后三点有问题。第四点的问题是，适合别人的书，不一定适合自己；第五点，对手的学习速度太快，自己有点焦虑是正常的，但太焦虑就不对了，自己控制不了的事情应该放下，避免伤害自己；第六点就更加错了，比赛输了没什么了不起，不应该让它影响自己的心情，否则会导致更大的问题。

李明在竞争过程中出现问题有以下原因。

（1）没有发挥自己的特长，用别人的方法学习，被别人带乱了节奏。
（2）学习时受其他因素影响，焦虑情绪超出了合理范围，影响了能力的发挥。
（3）出现问题时没有及时调整，导致问题越来越严重。

以下是解决问题的方法。

（1）找出目前面临的关键问题。当多个问题同时出现时，肯定有一个是比较重要的。这个问题可能是引起其他问题的源头，或者是影响较大且急需解决的。李明目前情绪越来越焦虑，晚上难以入睡，影响白天听课，学习的能力严重下降，急需解决。解决问题的方法是先放弃竞争，让身体和心理恢复正常。

（2）分析在竞争过程中出现问题的原因。让李明放弃竞争，可让其心理和身体恢复正常，但其内心始终存在一个疙瘩，只有解开了这个疙瘩，才能让昔日的光彩重现。为他分析竞争过程中出现问题的原因，让他的能力得到进化，让竞争的失败不再是伤害自己的因素，而是促进自身成长的动力。

（3）以正确的态度看待竞争。我们每天都会遇到各种各样的事情，有些事情会给自己带来欢乐，有些事情会给自己带来伤害。我们要做的是尽可能从各种事情中吸收对自己有用的东西，避开伤害自己的东西。例如，我们考试做错了题，如果整天困在做错题的心境中，就会给自己带来伤害，但如果能吸取经验和教训，以后遇到类似的题就不会再做错，错题就会成为促进自己能力提升的元素。以正确的态度看待竞争，赢了应该高兴，不忘总结成功经验，输了也能从中吸收对自己有用的东西。有这样的心态，自己才能真正成长。

（4）学会竞争策略。在中学期间，李明习惯于与能力不如自己的人竞争，过程很顺利。到了大学，要学会与能力和自己相当，甚至强于自己的人竞争。要超水平发挥，就必须根据自身的特点扬长避短，让自己的优势充分地得到体现。这是我们在大学学习中应该掌握的策略。

三、处理好同学之间的关系

同学关系是人与人之间最密切的关系之一，也是最纯洁的关系之一。处理好同学之间的关系，不仅有利于更好地完成学业，提升自身的幸福感，而且有助于将来的工作。

在中学期间，大家的目标一致，就是考上大学，因此同学之间的关系比较简单，容易相处。虽然有时同学之间会有些小摩擦，但在学习压力下，摩擦会部分转化为学习动力。随着学习的不断深入，在大多数情况下，摩擦对双方的影响很快就降低到可以忽略的程度。而且，中学教师对学生十分关注，一些较大的矛盾可以及时化解。

大学的管理与中学有本质的不同。虽然大学有各种规章制度，但要求学生自己管好自己，教师对学生的关注程度比中学弱得多。大学设有辅导员，但一个辅导员要管两百多个学生，有时甚至更多，难以顾及每个学生。因此，学生要适应这种管理模式，自己管好自己，出现问题时有效地化解矛盾。

同学之间相处的方式有多种，最好的状态是同学之间能够互相帮助。处理同学之间矛盾的方式也有多种，但总的来说是让大家的利益最大化，将损失降到最低，让大家心里都舒服。

在处理同学关系的过程中，当事人要学会从关系中跳出来，换一个角度来看待同学关系，不要困在关系中，这样才能处理得当。既要用心、用情、用爱去看待同学关系，又不能被情所困。要做到这些，需要慢慢地在实践中去体会。但这正是人生的魅力所在，是大学生成长需要经历的过程。

经历过风雨，才能看到彩虹；保持平和的心境，才能驾驭人生。

四、安排好自己的时间

中学阶段的时间都是由学校安排好的，从早上起床到早餐、早读、上午上课、午餐、午休、下午上课、体育活动、晚休，最后上床睡觉，都有统一的时间安排。虽然学生每天过得有点累，但很充实，不用去考虑什么时间该做什么，按规定去做就好。

大学阶段的时间是自己掌握的，除上课有时需要点名外，其他时间学生自由安排。这种管理方式的目的：一是锻炼学生的自我管理能力；二是让学生根据自己的实际学习情况分配好时间看各种参考书，及时解决学习上的问题；三是让学生在解决好学习问题的前提下，安排合适的体育锻炼和娱乐活动，加入自己喜欢的社团。这种管理方式是为了培养各方面全面发展的学生，是提高大学教育质量的有效方法。

然而，对于自控能力差的学生，让他们自己去管理时间，会产生不好的效果。有部分学生没有把时间用于做有意义的事，而是用于打游戏等娱乐活动，或者把大量时间用于社团活动而导致学习出了问题。每年都有学生因为学习跟不上而留级，甚至退学。因此，大学生要学会安排好自己的时间，面对各种诱惑要守得住本心。

五、人的身体机能与智力

人生是一个不断变化发展的过程，人的生理和心理都处于不断发展的过程中。每个发展阶段都有相应的发展重点，并有发展的关键期。在不同的发展阶段，做与之相对应的事情，才能取得事半功倍的效果。

人的身体机能在大学阶段发展达到顶峰，是锻炼身体的有效期。合理的体育锻炼不仅能让身体机能提升，确保以后能健康地工作和生活，还能把每天在学习和人际交往中产生的不良情绪化解，保持身心健康。

但是，锻炼身体要适度，因为人体每天吸收的能量、消耗的能量都有一个合理范围，超出范围就会导致身体不舒服。人体是一个大系统，由多个小系统组成，每个小系统都有合理的使用范围和使用频率，超频使用或长期不用都会造成系统功能失调。这包括每天吃的食物不能太多，也不能太少，不偏食，以确保营养均衡；每天有足够的睡眠，不能太少，也不能太多；不能长时间以同一姿势看书，过一定的时间就要活动和放松。

人体机能并不是越强大越好，有一个整体平衡的需要。例如，人的免疫系统是人体应对外界细菌和病毒的武器，但如果免疫力过强，外界的病毒太少，就会反过来攻击自己的身体。大学生应该注意保持机能的适度使用和身体的整体平衡，这样身体才能保持长久健康。

人的智力包括液态智力和晶态智力两部分。液态智力是一种以生理为基础的认知能力，主要体现在信息加工和问题解决过程两方面。液态智力决定了个人的禀赋，受教育文化影响较少，青年期达到顶峰，成年以后开始下降。晶态智力依赖社会文化与知识，与教育文化有关；它不因年龄增长而降低，反而因知识经验的累积有升高的趋势，不同的晶态智力有不同的发展速度。在大学阶段，个体的液态智力达到顶峰，学习知识的能力最强，大学生应该有计划地抓紧时间学习知识，为将来的工作和生活打下坚实的基础。

学习要符合自身的思维特点。在中学阶段，学生的思辨能力还未得到充分的发展，此时学习的内容主要是接受教师传授的知识。这时教师讲授的知识或学生自学的知识应该属于成熟的、不需要自己判断真伪的类型。到了大学阶段，学生的思辨能力开始迅速发展，这时再把学习的重点放在接受型知识上，思辨能力就得不到合理的训练。这时教师经常让学生做一些思考题，一方面促进学生思辨能力的发展，另一方面让学生对所学内容有较深的理解。大学生要适应这种学习方式的变化，多动脑筋思考问题，促进思维能力的发展。

第二节 大学生心理发展的特征及阶段性特点

一、大学生心理发展的基本特征

大学生心理发展的主要特点是心理发展正在迅速地走向成熟，而又未达到真正的成熟；既存在积极面，又存在消极面。这种状况体现在大学生心理活动的各个方面。

（一）自我意识逐步成熟，人生观基本形成

自我意识包括自我认识、自我体验、自我控制等。大学生的自我意识一般表现出以下特点。

1. 自我认识水平显著提高

（1）自我认识达到了新的广度和深度。
（2）自我认识的自觉性和主动性明显提高。
（3）自我评价有了较高的客观性、连续性和稳定性。
大学生的自我评价同自己的客观实际比较接近，高估和低估现象只发生在少数学生身上。

2. 自我体验深，但还不够稳定

社会的要求及自身身心的发展，促使大学生在各种场合对自己进行反思。对自己的发展及社会地位日渐关心，使大学生极易对自己的一切行为举止产生强烈的内心体验，但由于其情感的敏感性和波动性，自身体验显得还不够稳定。

3. 自我控制水平明显提高，但还是容易冲动

大学生基本能按照自己的理想和追求规范自己的行为，并能逐渐以社会标准和社会要求调节自己的行动，自我控制水平大大提高。但从总体上看，由于社会经验少，阅历不深，大学生对一些重大问题往往不如成年人那样沉稳，容易冲动。

（二）智力水平达到高峰阶段

大学生的智力水平达到了人生的高峰，注意力、观察力、记忆力、想象力、逻辑思维能力均维持在较高的水平，具体表现在以下几方面。

1. 逻辑辩证思维迅速发展

大学生随着实践经验的丰富和知识的积累，抽象概括能力逐渐提高，已能对各种事物进行比较全面的认识和分析，把握事物之间固有的、内在的、本质的联系，从而抓住事物发展的某些规律。

2. 具有思维的独立性和批判性

随着思维能力的提高，大学生的独立思考能力迅速发展，开始用怀疑和批判的眼光看待周围的人和事物，不满足前人或书本上的结论，喜欢怀疑、探索，并经常提出一些新奇的想法。

3. 思维的灵活性和敏锐性迅速发展

在思维方向上，大学生能够从不同的角度和不同的方面，用不同的方法思考问题；在认识过程中，大学生能够运用所学的知识，对问题综合分析。就思维的敏锐性而言，大学生对新事物、新问题敏感性强，且容易接受。

4. 思维出现创造性

由于积累了一定的知识经验，大学生善于独立思考，较少保守思想，且富于想象，所以经常能提出一些新的见解，思维中出现更多的创造性成分。他们能够采用发散性思维方式，

对同一个问题提出多种构想，并从不同方面展开论证，以求出多种答案。他们不喜欢"统一模式"，总想"标新立异，与众不同"，这种思维倾向会促进创造性的发展。

（三）情绪、情感发展呈两极性

1. 稳定性与波动性共存

大学生对情绪和情感的自我调节与自我控制能力逐步提高，在一般情况下逐渐趋于稳定；但容易因主观上的矛盾冲突导致心理不平衡，表现为波动性。

2. 外显性与内隐性共存

大学生的喜怒哀乐一般表现得比较充分而具体，情感变化与外部表现基本一致；不再像中小学生那样，总是以直接的、开放的方式表达情感，而是根据具体条件，选择一定的方式表达情感，表现为内隐性。

3. 爆发性与延续性共存

大学生情感虽具有明显的爆发性，但还有理智的因素，往往激情过后，其情感还会持续一定的时间，具有延续性的特点。

（四）意志品质不断发展

随着大脑功能的不断成熟，大学生的意志品质不断发展，主要表现在以下方面。

1. 意志行动具有比较明确的目的性

大学生在行动时能够意识到自己行为的目的，并自觉地进行有意志的行动。

2. 克服困难的毅力不断增强

伴随着大脑能量的供应量、持续供应能力、协调能力的提高，大学生更加能够克服来自内部和外部的障碍，以顽强的意志力与持之以恒的态度战胜困难。

3. 意志行动的社会性不断提高

随着社会化不断深入，大学生的生活准则和生活目标更多地倾向于社会的需要和要求，更多地与社会目标结合起来，形成意志行动明显的社会性倾向。

4. 性意识进一步强化

大学生性激素的分泌进入最为旺盛和活跃时期，这使得他们的性意识更为强烈和突出，对异性的朦胧好感与好奇更加明朗。但由于受到社会道德、法律、理智和纪律的约束，这种欲望和冲动被限制和压抑，如果处理不当就会产生心理问题。另外，需要指出的是，大学生虽然在生理上已经成熟，性意识也非常强烈，但由于缺乏社会经验，很容易将性爱问题简单化、理想化，一旦接触复杂的实际问题便容易陷入悲观、失望等消极状态。

针对大学生成熟的身体机能和不成熟的性心理状态这对矛盾，有关机构应该开展正规的性教育，并对学生进行合理的引导，让学生的性心理逐渐成熟，身心平衡而健康成长。

二、大学生心理发展的阶段性特点

大学生的心理发展是分阶段的，大致上可分为大学一年级的适应阶段、大学二年级和大学三年级的稳定发展阶段和大学四年级的向职业生活过渡阶段。

（一）适应大学环境阶段容易出现的问题

1. 不合群和自卑

习惯了中学的生活环境，很多人到大学后发现遇到的很多问题与自己期待的不一样。有部分同学在中学期间是学校的佼佼者，受到大家的尊重，进入大学后发现强者如林，自己不再拔尖，内心充满失落感。失去自己熟悉的心理环境后，大学生容易产生不合群及自卑心理。

2. 人际关系不协调

在中学的时候，同学都是附近的人，有相同的语言和生活习惯，上课有固定的教室。到大学后，同学来自五湖四海，生活习惯各异，上完一门课后要跑到其他教室去上课。同学之间的关系与以前不一样，容易产生人际关系上的不协调。

3. 不会安排生活

中学的学习和课余时间被学校统一安排，学生自己能控制的时间很少，连食堂的饭菜都基本定好，学生按规定去做就可以了。在大学阶段，学生自己做主的事情比较多，第一次面对那么多的选择，不知如何安排自己的生活。

4. 在学习上不适应

中学的教学方法与大学有很大的不同，中学教师会详细地讲述教学内容，学生直接接受便可掌握所学的知识。大学教师跳跃式教学，只讲知识框架，具体的知识要学生看参考书自行去消化理解。有部分学生未能适应这种变化，难以真正掌握相关的知识。

（二）稳定发展阶段的特征

1. 人生观、世界观逐步形成，并趋于稳定

生活的环境和知识的积累影响人们对世界的看法。随着大学阶段的学习和人际交流的发展，大学生掌握的知识不断增加，对世界的看法逐渐成形。如果将来没有出现重大的突发事件，他们的人生观和世界观会逐步稳定下来。

2. 求知欲增强，注重能力的培养，但出现明显的分化

经过一年的学习和实践，大学生对自己的专业有了进一步的了解，知道自己将来的目标，也知道自己努力的方向。由于各人的志向不同，关心的知识和技能也有所不同，同一班的同学能力逐渐出现差异。

3. 思想活跃，兴趣广泛，考虑问题逐渐实际

这一阶段的学生，既无大学一年级学生的不适应，又无毕业班学生的压力，所以思想活跃、兴趣广泛，能够尽情地做自己喜欢的事。这时，他们做事更多地从个人的实际出发，少了点青涩和浪漫。

（三）从学生生活向职业生活过渡阶段的特点

这个时期的学生进入职业准备阶段，会思考将来自己能做什么工作，这些工作需要哪些专业知识，如何去应聘等。

1. 对专业学习更加关心

大学生从将来的工作需要出发，做相关的知识准备，更加系统地学习专业知识。

2. 心理压力增大，思想较为复杂

由于就业竞争越来越激烈，大学生心理压力增大，除考虑专业知识外，还会考虑一些影响就业的因素，包括社会因素和家庭因素等，思想较为复杂。

3. 更加注重自我评价、自我设计与自我完善

大学生以职业需要来严格要求自己，对自我形象与即将充当的社会角色进行比较，力求按照角色要求来完善自己。

（四）大学生心理发展的矛盾

在心理发展过程中，大学生主要存在以下的心理矛盾和冲突。
（1）自我封闭与交往需要的矛盾。
（2）求知欲强与识别力较低之间的矛盾。
（3）情绪与理智之间的矛盾。
（4）愿望与现实的矛盾。
大学生正确认识这些矛盾，逐渐化解这些矛盾，能够促进自身健康成长。

第三节　大学生心理保健的基本内容

大学生心理保健的目的是采取一系列措施，提升自身能量的利用率，确保自己在学习和生活过程中心理平衡。

大学生要有明确的生活目标，把人体的能量集中起来；根据自己的特点做合适的事，提高办事效率；建立良好的社会关系，减少各种消耗，争取得到别人的帮助；养成良好的生活习惯，化解身体和心理上的不适，维护身心健康。

下面是大学生心理保健的具体做法。

1. 树立正确的观念

（1）树立正确的价值观，减少烦恼。
（2）热爱学习、工作和生活。
（3）保持良好的情绪状态。

2. 认识自我，增强自信

（1）正确评价自己。
（2）客观对待他人的评价。
（3）培养自信心。

3. 建立良好的人际关系

把握人际关系的几个原则，在交往中让大家都感到心情舒畅。
（1）遵循互相尊重的原则。

（2）遵循真诚原则。
（3）遵循互助原则。
（4）遵循宽容原则。

4. 注重日常生活保健

（1）每天有足够的体育锻炼。
（2）保证每天有充足的睡眠。
（3）培养自己的爱好。
（4）有良好的志向和适合自己的生活目标。

第四节 心理保健的原理

一、立志

传统文化强调立志，让人确定一个奋斗的目标，然后围绕这个目标努力。众多的事实证明，有志向的人通常比没有志向的人取得更大的成就。立志能调整人的状态，集中人体的力量向一个方向努力。志存高远，就不再受身边的各种小事所累，烦忧自然就少，做事也比较顺利。

西方文化强调信仰，有信仰的人比无信仰的人幸福。信仰不是迷信，而是一种力量，一种藏于大脑底层的能改变人体运行状态的力量。这种力量在一定程度上影响人生的目标，控制人的行为和价值取向。信仰的标的物是什么并不重要，重要的是内心虔诚，让信念进入内心的深处，这样就能给你带来力量。

立志和信仰的作用原理是相通的，就是在体外建立一个心理平衡中心，用趋向中心的动态平衡力来调动心理能量，调节机体的功能，使人围绕平衡中心运行。在这个过程中，组成人体的各个小系统能协作运行，提高能量的利用率，让思维通道更加流畅，每天因学习和生活而积聚的不良情绪很快就会被清理。有明确的人生目标，能量就不会分散，人就可以在实现目标的过程中得到快乐。

立志要远大，但目标要具体，而且容易实现。两者不是矛盾的，是阴阳互生的关系。有一个远大的理想，人生就有希望。围绕这个理想，我们要有计划地制定各种容易实现的小目标，通过对小目标的实现一步步地向前，逐渐接近理想。如果目标太大，长期不能实现，人就会产生厌倦；而小目标容易实现，让人产生征服目标的成就感，激发出向新目标出发的欲望。

二、中庸

"中庸"是传统文化里经常出现的一个词，但很多人没有正确理解这个词的真正含义，以为做事不偏不倚，站在中间的位置就好。这样的理解太过肤浅，是以一维的、静态的方式来解析中庸。其实中庸是一个多维的、动态的理念，它追求的是整个系统的平衡和较好的运行状态，它与人体运行的需求高度吻合。

人体是一个动态平衡系统，多个子系统在运行过程中相互影响、相互依存，各个子系统和整个大系统在相互作用中应该保持动态平衡，否则就会出现问题。有时人体因学习或生活上的一些需要，导致某方面机能使用过量，从而导致其他系统不平衡，如果偏离的程度过大，或者偏离的时间太长，就会影响整体功能的发挥。我们做事要遵循中庸原则，是指在学习和工作的过程中不让组成人体的子系统超出合理的运行状态，偏离平衡后尽快恢复，不要长期非正常运作，这样才能确保人体健康，提高工作的效率。

三、放下

"放下"是佛教经常用到的名词，但人们在理解和实践的过程中常常出现偏差。放下并不是把所有事情都放下，不去理会，而是集中力量解决关键的事情，将次要的事情暂时放在一边，将不太重要的事情直接放下。

每个人的心理能量都有限，同时处理几件事，必然导致几件事都无法做好。集中力量做一件事就容易把事做好。根据轻重缓急来安排处理各种事务，这样就比较好处理。

做事不要过于感情用事，不用太执着，否则有些事情无法解决。

心理视窗

同舟共济

春秋时期，吴国和越国经常打仗，吴国人见到越国人恨不得马上杀了对方，越国人见了吴国人也恨不得马上杀了对方。有一次，吴国人和越国人坐上了同一条船，船到江心忽然刮起了大风。如果吴国人和越国人不能放弃前嫌而互相争斗，船就会沉，大家都会死，只有双方齐心协力才有希望活下来。

其实人生中很多事情都可以放下，多年后回过头看看当时认为无法放弃的事情，人们就会觉得其实都是无关紧要的小事。在学习、生活上遇到的矛盾，以及对一些问题的两难选择，如果当时处理不了，可以先放一放，换个心境再处理。退一步海阔天空，不把时间和能力消耗在无谓的事情上，才能轻装前进，愉快地闯出一番天地。

四、勇于挑战，品味幸福

从儿童到青年期间，人体自身有发展的本能需要。到了大学阶段，这种需要更为强烈。这段时间，人体内多个子系统互相协调，形成了促进整体发展的机制，并积累了用于发展的能量。根据身体的特点，顺其自然，促进自身发展，能取得事半功倍的效果。错过机会再想发展，就要付出更多的代价，而且效果不会太理想。如果这段时间放弃发展，整天无所事事，积聚的能量无法释放，就会反过来引起子系统功能的混乱，导致身体和心理的不适。

在大学阶段，学生要勇于追求自己的目标，接受各种挑战，在此过程中促进身体机能的发展，提升处理问题的能力。随着体内能量的合理释放，人的心情会特别舒畅，类似自己喜欢的球队获胜时的感觉。自己的追求不断得到满足，自己的能力得到体现，就会让人生充满幸福。

第五节 大学生学习中的常见问题及其调适

大学生在学习过程中会遇到各种各样的问题，常见的有缺乏学习动力、学习动机太强、学习焦虑三种。下面分析三种问题产生的原因，找出解决问题的方法。

一、缺乏学习动力

缺乏学习动力的原因是无明确的学习目标，学习无计划，无成就感，逃避学习。学生在中学期间的学习目标和学习计划都是学校定好的，自己不用费心，到了大学这些都要自己来完成。大学生一时间无法适应，如果不及时处理，将影响接下来的学习。

处理的方法是重新制定人生的目标，提高对学习意义的认识，设置适当的学习目标，制订具体的学习计划，让学习进入正轨。

二、学习动机太强

学习动机太强会过多地消耗个体的思维能量，容易造成身心疲倦。其原因是大学生对学习的期望值太高，好胜心太强，而自己难以实现。对这个问题的处理方法是对自己重新认识，根据自己的实际情况制定合理的目标，制订合适的学习计划，争取在轻松愉快的氛围中发挥自己所长。

三、学习焦虑

学习焦虑常常表现为记忆力减退，学完的知识很快就忘记；思维混乱，思考问题的能力严重下降；伴随烦躁、易怒、头晕、失眠等现象。在一般情况下，这种情况是由于学习压力太大导致的。大学生应该放下引起压力的关键事件，重新确立学习目标，调整学习方法，学会正视导致的，每天安排足够的体育锻炼时间来化解压力，培养自己的兴趣，平衡身心，这样就能走出焦虑。

第四章　人际交往与沟通技巧

教学目标

【认知】帮助学生了解人际交往的基本概念，以及大学生人际交往的特点与困扰。
【情感】帮助学生觉察自身人际交往情况，养成正确的、积极的人际交往态度。
【行为】帮助学生掌握提升人际交往能力的方法，建立并完善人际关系。

心理案例

宿舍的"隐形人"

晓宇是一名刚刚入学的大学生，他是一个沉默寡言的人，平时很少和同学接触，也没什么兴趣爱好。一开始，他和三个室友还能保持良好的关系，但随着时间的推移，他发现自己喜欢熬夜，而室友都是早睡早起。他的睡眠很浅，而室友都在打鼾、磨牙，他很难睡好觉，早上起来也没什么精神。他是一个爱干净的人，可室友乱扔东西，把整个宿舍弄得乱七八糟。他与室友多次交流都没有结果。随着时间的推移，他的脾气越来越暴躁。在一次争吵中，一气之下，他对着和他发生口角的室友出手，幸好被及时制止。从那以后，他就一直和室友保持着一定的距离，不想和室友聊天，也不想参加任何活动。渐渐地，他在宿舍中成了一个"隐形人"。

你是否也遇到过类似的人际关系困扰呢？你的感受是怎样的？你当时是如何处理的？

第一节　人际交往概述

一、人际交往的定义

人际交往是社会生活中人与人之间的信息交流、心理交流及其相互作用的过程，人们在这个心理互动的过程中寻求满足，并形成情感联系，体现了人与人之间的心理距离。在日常生活中，与人际交往相关的概念还有"人际关系""人际沟通"等，这些概念与"人际交往"有所区别。

人际关系的定义有狭义和广义之分。从广义上看，人际关系包括社会中所有的人与人之间的关系，包括经济关系、政治关系、法律关系、文化关系、心理关系等。从狭义上看，人际关系是人与人之间通过交往与相互作用而形成的直接的心理关系。它反映了个人或群体满足其社会需要的心理状态，它的发展变化取决于双方社会需要的满足程度。人际交往强调的是人们在交往过程中在心理层面上的情感关系，而不是政治、经济、文化等社会关系。大学生的人际关系主要包括亲子关系、朋友关系、室友关系、同学关系及师生关系。人际关系是人际交往的结果，人们在交往后会在情感上产生一定的结果，从而形成相对稳定的情感关系，这种关系是静态的，而人际交往强调人们在心理、情感上的动态交流过程。

人际沟通是人们进行信息传递的一个过程。这一过程是人们通过言语、信件、表情等方式进行的事实、思想、观点、情感等方面的沟通，以达到人们对信息的共同理解和认知，建立起相互的了解和信任，建立起良好的人际关系，进而调节人们的行为。人际沟通是人际交往活动的手段，人们通过沟通实现彼此的交往。人际交往是一个互动的过程，是心理和情感上的双向沟通，而不是单向的"输出—接受"关系。

二、人际交往的功能

（一）信息交流的功能

人际交往是通过沟通来实现的，所以其最明显的功能是交流信息。人与人之间的信息交流不仅是维持人际关系的途径，也是获取知识的途径。对于大学生来说，大学的课堂更侧重于为学生指明方向，大学的学习更强调大学生的合作性，一个人从书本上获取的知识毕竟是有限的，而通过人际交往就能以更迅速、更直接的方式获取信息，丰富知识。古人曾说过："独学而无友，则孤陋而寡闻。"大学生应努力拓宽交往空间，相互传递、交流信息，分享成果，从而丰富经验，增长见识，活跃思维。

（二）身心保健的功能

人际交往是维持大学生身心健康的重要保证，因为每个人都有强烈的社交需求。马斯洛需求层次理论将人的需求由低到高划分为五个层次，包括生理需求、安全需求、社交需求、尊重需求和自我实现需求。社交需求也叫归属与爱的需求，是指个体希望自己归属某一群体，得到群体对自己的关心、尊重与理解。人际交往正是实现这一重要需求的最好方式，大学生通过人际交往，彼此之间进行情感交流，以满足自己对友谊、归属的需求，有助于提升自我价值感和力量感，降低挫折感和孤独感，从而获得充实的、愉快的精神生活，促进身心健康发展。

（三）自我认识的功能

人际交往是大学生认识自我、完善自我的重要手段。古人云："以铜为镜，可以正衣冠；以人为镜，可以知得失。"在人际交往过程中，我们能从对方的言行举止来认识对方，同时也能从对方对自己的反应和评价来认识自我。大学生通过人际交往，可以不断认识自己，了解自己与他人的关系和在群体中的地位，促进自我意识的发展。人际交往面越宽，交往越深，对他人的认识越完整，对自己的认识也越深刻，只有认识自我，才能实现自我的完善。

（四）完善个性的功能

人际交往是大学生个性发展的条件。大学阶段是个性定型的关键时期，友好和睦的人际关系能够使大学生的性格变得乐观、开朗、主动、积极；反之则容易使大学生变得悲观、内向、被动、消极。一个良好的集体具有教育功能，能够弃恶扬善，促进大学生良好个性品质的形成与发展。例如，正义感、同情心等都是在民主、和睦的人际关系中形成的。所以，大学生应该进行积极的人际交往，形成和谐的人际关系，建立良好的同辈群体，不断完善自己的个性品质。

三、人际交往的阶段

人际关系的建立和发展需要一个过程，处于人际交往中不同阶段的人际关系具有不同的特点。在人际交往的过程方面，心理学家阿曼特等人提出社会渗透理论来解释人际关系发展的过程。良好的人际关系的发展一般会经过四个阶段——定向阶段、情感探索阶段、情感交流阶段和稳定交往阶段。

（一）定向阶段

人际交往是人与人建立心理联系的活动，所以人们对交往对象有很强的选择性。人们往往会选择性地注意到某些人，而对另外一些人选择视而不见或者仅仅打个招呼。对于在这一阶段注意到的对象，人们只会进行初步的沟通，仅仅只有浅层的自我表露，如谈论天气、新闻等。例如，刚进入大学，你首先会注意到你的室友或者你感兴趣的同学，也许你们会进行简单交流，了解彼此的家乡、兴趣或者讨论一下你们所在的大学等。

（二）情感探索阶段

如果在初步的交往中，双方互有好感，有继续交往的需求，就可能有进一步的自我表露，开始更深入的交往，如谈论个人的体验、感受等。在这个阶段，双方会有一定程度的情感卷入，但还不会涉及个人的私密领域。例如，在进入大学一段时间后，你和室友相处还不错，开始一起吃饭、上课，讨论课堂发生的事情或其他同学，但交流内容还未涉及个人隐私问题。

（三）情感交流阶段

交往双方建立了初步的信任感后，有可能发展到情感交流阶段。在这一阶段，双方有比较深的情感卷入，会谈论一些相对私人化的问题，如工作、生活中的烦恼、家庭问题等。在这一阶段，双方的关系更加轻松和自由，即使有分歧也可以开诚布公，没有太多的限制。

（四）稳定交往阶段

经过一段时间的顺利的情感交流，人们有可能进入稳定的交往阶段，这个阶段比情感交流阶段更加亲密。双方成为对方亲密的朋友，能够互相分享自己的生活空间、情感、财物等，个体自我表露的范围更广，互相的关心也更多了。通常来说，这个阶段的交往对象就是你的"好哥们"或"闺密"，能够达到这种阶段的交往是很少的，因此常有"知音难觅"一说。

四、人际吸引的影响因素

人际吸引是人际关系中的一种肯定形式，也是建立良好人际关系的基础。人们之间交往的程度因交往双方的气质、品格的差异而不同，有的彼此之间互相支持和依赖，成为一生挚友，有的则平平淡淡，表面接触，成为"点赞之交"，甚至话不投机半句多，这都是因为交往对象的吸引力不同。社会心理学家经过长期的调查和实验，提出影响人际吸引的多种因素。下面就是常见的几种因素。

（一）个人特质

吴桂君《喜欢一个人》里面的诗句"始于颜值，陷于才华，忠于人品"很好地概括了影响人际吸引的个人特质因素。外貌、才华和品质三个特质因素会对人际吸引产生影响。

1. 外貌

在集体活动中，大学生往往最先注意到那些外貌出众的成员，也更愿意和这些成员进行交流，尤其受到所谓"颜值即正义"的网络文化影响，这种倾向日益严重。尽管大家都懂得"人不可貌相"的道理，但大量研究表明，由外貌引起的吸引力具有"辐射效应"。对于外貌漂亮的人，人们有很强的刻板印象，习惯于认为"美的就是好的"。人们常常赋予外貌漂亮者更多的与外貌无关的优秀品质，如聪明、有趣、独立、勇敢、能干等。例如，在大学班干部竞选活动中，外貌漂亮的竞选者往往具备更大的优势。

2. 才华

一般来说，能力越强的人越受人欢迎，而能力较弱的人则不讨人喜欢。但这是不是就意味着能力最强的人最受他人喜欢呢？心理学家阿伦森曾做过一个实验，结果表明能力强的人犯点小错误比能力强而不犯错误的人更招人喜欢，这就是心理学上著名的"出丑效应"。所以，最有能力的人并不是最受他人喜欢的人，但这并不是鼓励大学生去犯错，而是给大家一个启示：当一位大学生的能力远超出他的同学，而且没有一点错误时，这似乎让其他同学产生一种距离感，反而敬而远之；而能力出众的学生偶尔犯点与其他同学犯的错误类似的小错误，会让同学们感到真实，从而更喜欢他。所谓"金无足赤，人无完人"，能力出众的大学生学会适当"示弱"，反而会促进其人际交往。

3. 品质

个人品质是个体稳定的特征，如忠诚、勇敢等。外在形象带来的影响更多地体现在人际交往的初级阶段，在较深层次的人际交往中，良好的个人品质能够创造出更多吸引力和个人魅力。心理学家诺尔曼·安德森的研究结果表明，拥有可靠、可信等与真诚相关的个人品质的人是最受欢迎的。表 4-1 是安德森当时所做的调查结果。所以，网络流行语"真诚是必杀技"是有一定道理的，大学生养成真诚的品质，在人际交往中就会更受欢迎。

表 4-1 影响人际关系的主要个性品质

最积极品质	中间品质	消极品质
真诚	固执	古怪
诚实	刻板	不友好
理解	大胆	敌意
忠诚	谨慎	饶舌
真实	易激	自私
可信	文静	粗鲁
智慧	冲动	自负

续表

最积极品质	中间品质	消极品质
可信赖	好斗	贪婪
有思想	腼腆	不真诚
体贴	易动情	不善良
热情	羞怯	不可信
善良	天真	恶毒
友好	不明	虚假
快乐	好动	令人讨厌
不自私	空想	不老实
幽默	追求物欲	冷酷
负责	反叛	邪恶
开朗	孤独	装假
信任	信赖别人	说谎

（二）相似与互补

在人际交往中，交往双方之间的相似性有重要的作用。共同的教育水平、年龄、职业、语言、兴趣、价值观等，都能在一定的条件下，不同程度地增加交往双方对彼此的吸引力。用心理学的自我确定理论解释，人们是通过与他人比较来确认自己的。当我们选择与自己相似的人交往时，更能强化我们的自我概念。就交往条件而言，如果两位大学生具有相似的性格、兴趣和经济水平，则会更容易选择相似的活动，交往的机会也更多。

互补性是指双方在交往时产生的互相满足的心理状态。交往双方的需要和能力若为互补关系，则双方会产生强烈的吸引力。心理学家柯克哈夫认为，夫妻关系是由相似吸引到互补吸引的演变过程。在交往初期和友谊阶段，不同因素的相似性发挥显著作用，而到了爱情阶段就由互补性起决定作用。在同性友谊的交往过程中，互补性也是具有重要作用的。例如，不爱做决定的人和喜欢做决定的人能够相处得非常融洽。

（三）情境因素

1. 空间距离

生活的时空决定了我们只能与空间距离较近的人有密切往来。空间距离越接近，交往频率越高，彼此越容易建立良好的人际关系。例如，在大学阶段，大学生最容易与室友、同班同学和社团成员建立关系，因为在同一个生活环境、学习环境或者工作环境下，彼此直接的接触机会较多，有利于建立关系，但空间距离并不是主要因素。

2. 交往频率

当交往机会增加时，人们相互刺激的机会也增加，重复呈现的次数越多，越容易形成较为亲密的人际关系。例如，曝光效应是指只要一个人或事物不断地直接出现在眼前，自己就越有可能喜欢上这个人或事物。值得注意的是，曝光效应的发生也是有前提条件的，那就是出现在你眼前的事物或人至少应该是中性刺激（既不讨厌，也不喜欢），不然会适得其反。

3. 交往氛围

交往氛围与人际吸引互为因果，在相互吸引、相互喜爱的交往对象之间会自然形成融洽的社交氛围，在平等、自由且具有安全感的人际情境中，人们更愿意主动交流。

五、人际交往的心理效应

（一）首因效应

首因效应是指人们在初次接触时对交往对象的感知，也就是人们常说的"第一印象"。由于这个印象是交往双方在之前没有接触过的情况下产生的，所以印象较深，关于这个交往对象后来的印象变化，都会不可避免地受到第一印象的影响。与第一印象相符的信息容易被强化，而不一致的信息容易被忽视，除非不一致的信息能带来足够的冲击，足以突破第一印象，才能产生新的印象。

首因效应在人际交往中具有重要作用，但它有一定的片面性。大学生需要谨慎对待交往中的第一印象，每个人都有优点和缺点，不能因为第一印象好而忽略全面的认知，也不能因为第一印象差而拒绝与人交往。

（二）近因效应

近因效应是指在总体印象形成过程中，最近得到的信息比原本得到的信息影响更大的现象，也有人称之为"新颖效应"。近因效应与首因效应并不是对立关系，在一般情况下，首因效应在与陌生人交往过程中作用更明显，而近因效应在与熟人交往过程中作用更明显。

近因效应在大学生的人际交往过程中普遍存在。例如，一直以来的好学生突然犯了错误，会让其他同学忽略这位同学之前的优秀，并留下深刻的不良印象；一直很要好的情侣因为一些小事情大吵特吵，忽略了之前对对方的美好印象。大学生应把最近的印象与之前的印象结合起来，综合分析，以动态、全面的眼光看待交往对象，努力克服首因效应与近因效应的消极影响。

（三）晕轮效应

晕轮效应是指人们在对别人做出评价时，常常喜欢从局部印象出发，进而扩散形成整体印象。在大学生人际交往过程中，由外貌引起的晕轮效应较为常见，尤其异性交往。心理学家戴恩·伯恩斯坦的实验结果表明，人们更容易为漂亮的人赋予更多的优秀品质，如和蔼、善良等。同样，大学生容易认为外貌出众的同学在其他方面也会不错，从而形成一个很好的整体印象。

晕轮效应是在人际交往中常见的心理现象，容易产生以偏概全的印象。大学生在人际交往中要认识到这些效应的存在，全面客观地认识他人。同样，如果我们在别人心中留下一些良好的印象，就要学会运用晕轮效应，努力完善自己。

（四）刻板效应

刻板效应是指对某个群体产生一种固定的看法和评价，并对该群体的个体也给予这一看法和评价。刻板印象是一种固定化的认知模式，简化了我们对陌生人的认识过程。在大学里面,学生来自五湖四海,大家常常认为来自某一地区的同学具有某一性格特征。例如,来自东北的同学性格奔放,能说会道;来自川渝地区的同学性格急躁,喜欢吃辣的食物;来自两广地区的女生比较文静。但是,这些印象时常会出现偏差。

在人际交往过程中,刻板效应容易让我们先入为主,对对方产生某种偏见,从而带给对方不好的印象,妨碍交往的正常进行。所以,大学生在人际交往中要认真对待他人的各种信息,不轻易对他人进行概括性评价,同时要多接触不同群体的人,打破自己对他人已有的刻板印象。

第二节 大学生人际交往的特点与困扰

一、大学生人际交往的特点

(一)交往动机多元

当代大学生独特的生活环境和思想特点,使大学生的交往动机比中学时代更迫切、更多元。从交往动机来看,大学生的人际交往主要是让自己生活愉快和寻求他人的情感支持。大学生情感丰富,在人际交往中注重情感交流,讲究情投意合,尤其异性之间的交往。但面对学业、评奖、竞选、就业等现实压力,大学生也会进行一些功利性交往,拓展人际关系,表现出交往的现实性动机。大学生的人际交往愿望随着年龄的增加而减少,这与学业负担加重有关,而且大学生的兴趣、个性逐步定型,从多元走向一元。

(二)交往范围扩大

随着从中学到大学的转变,大学生的人际交往范围得到扩大,交往对象由以前的亲戚、高中同学转向大学同学和社会各类人员。大学生过着朝夕相处的集体生活,有众多的交流机会,相同的生活学习环境和共同的学习任务使大学生的交往对象主要选择在同宿舍、同班级、同乡会。大学的开放性为大学生提供了突破现有交际圈的条件,交际能力强的同学的交往对象不局限于同班同学,许多大学生突破班级、年级、院系范围,去认识不同年级、不同学院的朋友。校外交流或者兼职工作又会让大学生认识校外的朋友,以及社会上的各类人员。

(三)交往内容丰富

大学生的人际交往频繁,内容丰富,他们的交往内容除共同的学习任务和专业知识外,还涉及政治、理想、人生、兴趣、爱情、社会问题等各个方面。随着大学生的交往范围不断扩大,交往对象不尽相同,面对不同的交往对象,交往内容自然不一样。而且,随着大学生之间的交往频率增加,关系不断发展,其交往内容也会随之发生变化,由偶尔的互访发展到经常聊天和结伴活动,由共同工作发展到聚会娱乐。

(四)交往方式多样

在信息技术迅猛发展的时代,大学生的交往呈现出现实与虚拟相结合、形式多种多样的特点。现代通信技术飞速发展,QQ、微信、微博等线上交流工具成为大学生交往的新型互动媒介。交往途径的多样使大学生的人际交往更加便捷,交往范围得到扩大。

二、大学生常见的人际冲突

（一）班级内的冲突

在大学，同专业的同学既是竞争关系，也是合作关系。在大学的绩点排名、班干部或学生会干部竞选、奖学金评选等学业和奖项方面，大学生之间无疑是竞争关系，而且这种竞争关系带有很强的功利性，因为这些会影响未来的就业，与个人前途相关联。紧张的竞争关系容易引起竞争者之间的人际矛盾，甚至发生极端事件。例如，2019年沈阳某大学三位大学生因为奖学金评定纠纷，对另外一位大学生进行殴打。大学生应正确认识竞争关系，进行适当的、合理的竞争，形成良性的竞争关系，促进同学之间正常交往。

大学的学习强调主动性与合作性，学生之间相互交流、合作，有利于知识的交会与整合，达到共同进步的目的。大学教师也喜欢布置小组作业，让大学生组队合作，完成某一项目的学习，但多数大学生并不喜欢小组作业这种合作学习形式，并在互联网上将"小组作业"戏称为"小组作孽"。这是因为多数大学生在小组作业过程中，无法和谐处理合作关系，常常因分工和工作量产生人际冲突。小组作业的初衷是让大学生学会互相合作与交流，共同解决问题，而不是折磨大学生。大学生应正确认识小组作业，并学会尽责与沟通，努力解决因小组作业产生的人际冲突。

（二）学生组织内的冲突

在大学，学生活动非常丰富，学生会和各大社团都有自己的组织和部门，主要是由大学生自主运营。同属一个部门内的大学生一同工作，交往频率高，其中的关系包括同级关系、上下级关系、竞争关系、合作关系等。在具有复杂关系的学生组织里，难免发生人际冲突。例如，上级认为下属办事不力，而下属认为上级要求过高这种上下级矛盾，还有因分工或职业竞争产生的同级矛盾。学生组织是长期的小组，也是大学生未来进入工作组织的模拟训练。大学生学会尽责，学会处理工作关系的冲突是运营好学生组织的重要基础。

（三）宿舍内的冲突

相比班级的同学关系和组织的同事关系，同一个宿舍的室友关系更加紧密，宿舍生活是大学生日常生活的重要部分，和室友的相处情况反映大学生的人际交往模式，与室友的关系状况直接影响大学生的生活质量，而宿舍是大学里最容易产生人际冲突的地方之一。来自不同家庭、不同地区的室友，在生活习惯和个性上难免会有差异，大学生如果不能有效处理这些问题就容易引发人际交往冲突，使宿舍关系恶化，甚至升级到人身攻击或暴力行为，这会直接影响个体的身心健康发展。

三、大学生常见的人际交往心理困扰

大多数大学生都希望自己能够与他人正常交往，建立关系，获得友谊，但并非所有大学生都能如愿以偿，部分大学生在人际交往过程中存在一些心理困扰。这些学生不能正常进行人际交往，无法与他人进行有效沟通，从而影响自身的学习与生活质量。常见的大学生人际交往心理困扰主要有以下类型。

（一）害羞心理

害羞是指在新环境中不敢跟别人交往的一种心理反应，主要表现为腼腆、胆怯、拘谨，跟别人讲话时容易脸红、说话声音小、动作不自然。害羞是大学生人际交往中比较常见的心理现象，尤其在与异性的交往中。但是，随着年龄和阅历的增长，以及交往频率的增加，害羞心理会慢慢减弱与消失。

过度害羞会使人在交往活动中过分约束自己的言行，无法充分表达自己的意愿和情绪，不能与人进行有效的沟通，从而妨碍良好的人际关系的形成。害羞是心理紧张造成的，只要方法正确，是可以改善的。

1. 抛弃所谓的"观众"

大多数人最关注的是自己，对于别人不好的表现过一段时间就会忘记，所以大学生不要过分关注别人对自己的评价，相信自己有能力以恰当的方式处理事情，并可以给别人留下好印象。

2. 积极进行交往活动

积极交往是克服害羞心理的有效方法，所以大学生应该在自己的生活中敢交朋友，多交朋友，多参加集体活动，让自己的害羞心理在实践过程中逐渐消失。

3. 寻找专业人员的帮助，积极进行行为训练

把眼睛闭起来，把椅子当成想象中的人，想象跟别人交流的情景。这样反复锻炼一段时间，你就会慢慢发现，害羞程度减轻了。当自己无法解决害羞问题的时候，可以寻求专业人员帮助，挖掘自身害羞的原因并进行适当的行为治疗。

（二）自负心理

自负是过高估计自己并过低估计他人的一种以自我为中心的不良心理。有自负心理的大学生在人际交往过程中往往自视甚高，认为自己了不起，看不起其他同学，很少关心他人，自尊心极强，时常妒忌比自己优秀的人，因此这类人很少有知心朋友。

自负心理主要由家庭溺爱和片面的自我认识产生的。自负与自信是有区别的，自信是对自己能力的认同，自负则不仅过高估计自己，还会贬低他人，不利于大学生的人际交往。大学生要克服自负心理，应该做到以下几点。

1. 提高自我认识

大学生要客观、全面地认识自我，既要看到自己的优点和长处，也要看到自己的缺点与不足，不能一叶障目，只看到自己的优点。

2. 学会与他人平等相处

无论是自己还是他人，都有各自的优点和缺点，大学生要意识到大家都是平等的，学会"平视"同学，而不是"俯视"同学。

3. 接受批评

他人的评价是一面镜子，有利于认识自我，大学生面对他人的批评要做到虚心接受，有则改之，无则加勉，不断完善自我。

（三）猜疑心理

猜疑是指个体在没有事实依据的情况下，凭主观臆想进行推测，只相信自己，总怀疑他人、挑剔他人的一种不良心理。有猜疑心理的人总觉得别人都在注意他，经常议论他并说他的坏话，专门针对他，跟他过不去，甚至陷害他。

猜疑心理严重者以小人之心度君子之腹，不相信他人，导致人际关系紧张，伤害他人感情。猜疑与嫉妒一样都是损人不利己的，自身在猜疑心理状态下，也常常体验到巨大的心理压力，很难与别人正常进行人际交往，既影响个人能力的发挥，也影响人际关系的建立和发展。大学生要克服猜疑心理带来的不良影响，应做到以下几点。

1. 学会自控

当你感到怀疑他人时，要保持理智，不要做出过激的举动，否则会造成无法挽回的后果。

2. 验证可疑的线索

在没有确凿的证据之前，永远不能盲目地质疑，也不能诉诸行动。大学生应该谨慎地对待自己的怀疑，并督促自己去寻找事实的证据，弄清事情的真相。

3. 及时沟通，解除疑虑

以诚恳的态度，与当事人开诚布公地谈一谈自己的疑虑，将事实弄清楚，就会消除彼此的误会或证实猜疑，这是消除猜疑最有效的方法。如果是误会，则可以及时消除；如果是观点不同，可以通过交流了解对方的想法；如果猜疑符合事实，就需要心平气和地讨论，双方深入沟通，也有可能使事情圆满解决。

（四）自卑心理

自卑是指个体由于某些条件上的不足或者认识上的偏差，认为自己在某些方面不如别人，从而看低自己、失去自信的一种情绪体验。一般来说，自卑的人容易过低评价自己和过高评价他人，总觉得自己在容貌、身材、知识、口才等方面都不如别人，怕别人看不起自己，所以害怕与人交往。在大学生中还存在一种自卑心理，即在"自傲"表面下的自卑心理，持有这种自卑心理的大学生尽管渴望与别人交往，渴望得到别人的关心和帮助，但由于具有某些优势，他们不肯放下"架子"主动与别人交往，所以让别人觉得他们非常"高冷"。

自卑主要是由现实交往失败、生理上的某些不足、对自身能力估计过低和性格与气质带来的消极自我暗示引起的。要克服交往自卑心理，大学生需要努力做到以下几点。

1. 正确对待失败，接纳自卑感

一个人在漫长的人生路途中不可能一帆风顺，失败和挫折是必然存在的，所以要以平常心对待失败，觉察现实失败带来的自卑感，将自卑感转化为完善自我的动力。

2. 学会积极自我暗示，增强自信

在一生中，人会面临很多突发困难或应激事件，当参加某种活动时，应用积极的自我暗示，使自己产生勇气，产生自信，告诉自己："我可以，我能行！"对于自卑的人来说，需要建立符合自身情况的抱负，不能太高，也不能太低，适当的抱负有利于增强自信。

3. 发现自身优点，学会扬长避短

正所谓"金无足赤，人无完人"，每个人都有自己的长处与短处，大学生应学会客观、全

面地认识自我，发现自身的优点，接纳自身的缺点，学会发展自己的优势，弥补自己的不足，不断完善自我。

（五）嫉妒心理

嫉妒是在与他人比较中，发现自己在才能、名誉、地位等方面不如别人，或被别人超越，从而产生的一种由羞愧、愤怒、怨恨等组成的复杂的情绪体验。当身边的同学在学习、外貌、人缘等方面优于自己时，就可能引起大学生的嫉妒心理。嫉妒既伤害别人，也伤害自己，是一种损人不利己的不良心理。

严重的嫉妒心理往往会导致极端行为，严重影响大学生的正常人际交往。大学生应学会理智地处理自身的嫉妒心理，下面是消除大学生嫉妒心理常用的调适方法。

1. 自我期望适度

想要避免和克服嫉妒心理，重要的是自我期望值不要过高，不切实际的、过高的自我期望往往不易达到，反而会降低大学生的动力，同时使其产生嫉妒心理。

2. 换位思考

试着从别人的角度去感受别人的成功和快乐，当别人取得成就时，向他们表示祝贺。为自己喜欢的人，这并不是什么难事，向竞争对手诚心祝贺往往并不容易，但只要能换位思考，做到就不太难。

3. 学习释放自己的情绪

和挚友、亲人畅谈，听自己最爱的音乐，做一些运动，在没有人的时候大声地呐喊，发泄心中的烦躁。

第三节　大学生人际交往能力的提升

一、掌握人际交往原则

大学生都希望拥有令人感到友善和温暖的人际关系，想获得良好的人际关系，在一个温暖、和谐和友善的集体中生活和成长，就需要了解并掌握大学生人际交往的基本原则。

（一）平等原则

平等是建立良好人际关系的前提，这是大学生人际交往最基本的原则。就大学生而言，年龄、经历、文化水平等都大体相似，不论来自城市、农村，也不论家庭出身如何，都无尊卑贵贱之别，所以大学生之间的人际交往应该是平等的。坚持平等原则就要做到无论何时何地，无论年级高低，都要自觉做到平等待人，正确认识自己与他人，尊重他人，绝不能自以为特殊，居高临下，傲视他人。

（二）尊重原则

每个人都有人格尊严，并期望在各种场合中得到尊重。俄国大作家屠格涅夫有一天走在街上，一个年迈体弱的乞丐向他伸出发抖的双手，身无分文的他只好上前握住老乞丐的那双脏手，深情地说道："对不起，兄弟，我什么也没有，兄弟！"这一声"兄弟"超过了钱币的作用，立刻使老乞丐为之动容，满足了老乞丐渴望得到尊重的心理。尊重能够引发人的信任、坦诚等情感，缩短交往的心理距离。一般来说，大学生的自尊心都较强，因此，大学生在人际交往中尤其要注意尊重原则，不要损伤他人的名誉和人格，学会承认或肯定他人的能力与成绩，否则容易导致人际关系紧张和冲突。古人云："敬人者，人恒敬之。"坚持尊重原则，必须注意在态度和人格上尊重同学。平等待人，讲究语言文明，礼貌待人，不开恶作剧式的玩笑，不乱给同学取绰号，尊重同学的生活习惯。

（三）真诚原则

真诚待人通常被认为是人际交往中最有价值、最重要的原则，正所谓"以诚感人者，人亦诚而应"。真诚是人与人之间沟通的桥梁，只有以诚相待，交往双方才能建立信任感，并结成深厚的友谊。心理学家诺尔曼·安德森的研究结果表明，拥有与真诚相关品质的人是最受欢迎的。坚持真诚原则，必须做到热情关心、真心帮助他人而不求回报，对朋友的不足和缺点能诚恳提出建议。对人、对事实事求是，对不同的观点能直陈己见，而不是口是心非，既不当面奉承人，也不在背后诽谤人，做到赤诚待人，襟怀坦白。

（四）互利原则

人际关系以能否满足交往双方的需要为基础。古人云："投之以桃，报之以李。"如果交往双方的心理需要都能获得满足，其关系才会继续发展。因此，交往双方要本着互助互利原则。互助，就是当一方需要帮助时，另一方要力所能及地给对方提供帮助。这种帮助可以是物质方面的，也可以是精神方面的；可以是脑力的，也可以是体力的。一个人如果只想得到别人帮助，而不去帮助别人、关心别人，是处理不好人际关系的。坚持互助互利原则，就要破除极端个人主义，与人为善，乐于帮助别人；同时又要善于求助别人。别人帮助你克服了困难，他也会感到愉快，这可以进一步加深双方的情感交流。

（五）宽容原则

人际交往中产生误解和矛盾是不可避免的，这就要求大学生在交往中不要斤斤计较，而要宽容克制，不计较对方的态度，不计较对方的言辞，并勇于承担自己的责任。苏轼说："匹夫见辱，拔剑而起，挺身而斗，此不足为勇也。天下有大勇者，卒然临之而不惊，无故加之而不怒，此其所挟持者甚大，而其志甚远也。"宽容克制并不是软弱、怯懦，相反是有度量的表现，是建立良好人际关系的润滑剂，能"化干戈为玉帛"，赢得更多的朋友。在宽容别人身上的缺点时，应该看到别人身上的优点，这样才能赢得别人的尊重和信任，同时也要清楚地认识到自己身上的缺点和不足。

二、纠正认知偏差

在人际交往中的认知偏差会影响自己与他人的沟通。在交往中的认知偏差主要有两个方面：一是自我认知误区，缺乏正确的自我认识，如自卑和自负心理。二是对他人的知觉偏差，如上文说的首要效应、刻板效应等。对自我的认知偏差会直接影响对他人的认知，自我评价过高的人以自我为中心，往往对他人的评价偏低，而自我评价过低的人会错误地高估他人。

大学生纠正人际交往中的认知偏差，就要全面、客观地认识自己，既不能自视甚高，也不能妄自菲薄。人际交往除了"知己"，还要"知彼"，每个人都有多面性，要以发展的、全面的眼光认识他人，切忌一叶障目。

三、正确运用人际交往的技巧

人人都希望自己能有良好的人际关系，都希望多拥有一些朋友。人际交往是人与人之间的心理互动过程。只要注意观察和体验，调整自己的认知结构，形成积极的、正确的人际交往观念，掌握一定的人际交往技巧和规律，就能够提高人际交往的水平。

（一）培养积极交往的心理态度

心理学家伯恩认为，在我们每个人的人际交往过程中，都会面临四种基本的心理态度："我不行——你行""我不行——你也不行""我行——你不行""我行——你也行"。个人对自己及他人的态度，往往会影响到人与人之间相处是否和谐，与人交往是否愉快，甚至影响到别人是否喜欢你。

"我不行——你行"是否定自己、肯定别人的心理态度。这种人总是认为自己不行，比不上别人，相当自卑和退缩，容易自责，把自己孤立起来，不愿与别人打交道，别人也会看轻他们，不喜欢与其来往。

"我不行——你也不行"是否定自己、否定别人的心理态度。这种人对别人和自己都失去信心，厌世，偏激而消极。持这种生活态度的人不喜欢与人交往，当然别人也不喜欢与其交往。

"我行——你不行"是肯定自己、否定别人的心理态度。这种人认为自己行，别人在各方面都不如他，看不到别人的长处。这种人以自我为中心，自以为是，对别人常常怀有敌意，因此大家不喜欢与其交往。

"我行——你也行"是一种肯定自己也肯定别人的心理态度。这种人认为自己是有用的人，别人也有长处。他们了解自己的优点，发挥自己的优点，同时也能欣赏别人的优点。他们接纳自己，也接纳别人。他们包容许多现实事物的不完美，勇于面对现实，乐观进取。持这种态度的人容易与别人相处，别人也喜欢与其来往。

大学生应主动觉察自己的人际交往心理态度，及时将自身的消极交往态度转变为积极的交往态度——"我行——你也行"，将积极交往的心理态度化为实际行动，相互鼓励，相互欣赏，学会发现自己与他人的闪光点，悦纳自我，也悦纳他人，取得共同进步的双赢结果。

（二）努力提高人际吸引力

我们在前面提到，人际吸引是人际关系中的一种肯定形式，是建立良好人际关系的基础。因此，努力提高自身的人际吸引力可以帮助大学生建立良好的人际关系。

1. 个人特质

外貌、才能、品格是影响人际吸引的个人特质因素。首先，在人际交往中，尤其在正式的场合，大学生要注重仪容仪表，给人良好的印象。其次，大学生要努力学习专业知识，积极参加实践活动，不断提高自己的学识与才能。最后，大学生要学会真诚待人、乐于助人，坚持原则，不随波逐流，形成真诚、善良等优秀品质。

2. 相似性和互补性

相似性和互补性是影响人际吸引的重要因素，并影响人际交往的深度。刚开始交往时，积极主动发掘彼此之间的相似点或互补点，不仅可以彼此提升吸引力，提升交往动机，还能让双方拥有共同话题，让关系快速深化。在处理与他人交往的问题上，大学生应做到求大同，存小异。每个人都有自己的态度和价值观，人与人之间总会存在相似或相同之处，只有求大同，存小异，才会改善人际关系，增进友谊。

3. 空间距离

空间距离是影响人际吸引的情境因素。在大学，同一个宿舍、同一个班级和同一个学生组织使大学生的交往频率增加，所以大学生要重视空间距离较小的人际交往关系，如宿舍关系、同学关系和同事关系。在这些场合，大学生要积极主动，营造民主、和谐、平等的交往氛围，从而提升人际吸引力。

（三）注意沟通的艺术

人际沟通是人际交往的主要手段，可以交流信息、联络感情。在不同的交往场合，应该运用不同的对话方式进行沟通，以实现交往功能和达到交往的目的。对话的主要方式有以下几种。

1. 商讨式对话

在一般的人际交往中，人们通常会与交往对象进行讨论和协商，从而达成一定的共识。这种对话具有统一性、建设性和合作性的特点。大学生运用商讨式对话的场合非常多。例如，讨论小组作业如何进行、学生组织部门内讨论部门工作如何安排、新学期共同制定宿舍规则等。对话双方既要认真地表述自己的观点，又要耐心听取对方的意见，做到求同存异，这样才能达到对话的目的。

2. 说服式对话

这类对话是交往的一方就某个问题对另一方进行说服，从而让对方认同自己的观点。大学生向教师提出课堂建议时，或者与同学意见不合，要表达自己的观点时，就会用到说服式对话。在进行这种对话时，发话者是对话的主体，是对话方向和内容的控制者，要细心观察另一方的表现，在不能说服对方时，要及时转移话题，向其他对话方式转移。

3. 静听式对话

这类对话有时在上级对下级征求意见时发生，目的是倾听下级对某些问题的反映。在一般的人际交往中，这种对话方式表现在对话的一方把握不住对方的思路，通过静听争取时间理清头绪，变被动为主动。大学生在倾听同学的请求和建议时，或者在不明白其他组织成员的观点时就会用到静听式对话。在进行这类对话时，要注意倾听对方的意见，双方情绪要保持和谐，特别要注意不能曲解对方的意思。

4. 闲谈式对话

这是交往中常见的对话方式，它没有明确的宗旨和专一的目的，具有随意性和广泛性的特点。例如，大学生与亲密朋友散步时的对话和在宿舍聊天等。闲谈式对话具有联络感情的作用，在进行这种对话时，应当平等相待，以诚相见，对话的内容健康，不可违反原则乱说。

在大学生人际交往中还有一些不好的对话方式，是人际沟通的禁忌，它们会破坏对话过程，不利于双方交往，应当引以为戒。

（1）在小组讨论时随意打断他人说话，扰乱别人思路。

（2）因为自己注意力不集中，对他人的提问漫不经心，迫使他人重复谈过的话题，给人一种不礼貌、不尊重他人的感觉。

（3）在意见不合时，不断连续发问，咄咄逼人，以致他人失去沟通动机。

（4）轻率地下断语，借以表现自己是内行。

（5）当别人对某话题感兴趣时，感到不耐烦，立即将话题转移到自己感兴趣的方面上去，只谈自己感兴趣的话题。

在与人沟通的过程中，除语言以外，非语言沟通也发挥着重要作用。非语言沟通可以归为三类。第一类是动态的，如点头、微笑、皱眉、抚摸、拥抱等，有些学者称之为手势行为。第二类是静态的，身体本身也在用不同的方式"说"话，如站姿、坐姿、眼神和表情等。此外、人们还可以通过身体以外的标志，如口红、衣服等来表达。第三类是副语言，如喷嚏、咳嗽等。在交往过程中，人们的非语言线索往往能暴露出重要的信息。例如，通过观察他人的表情来了解他人对话题的态度，通过身体动作来了解对方是否言行一致。

（四）把握人际距离

人际距离既是人际关系亲密性的一个标志，也是人际沟通时传达信息的方式。所谓人际距离，是指人与人之间的空间距离。人际距离传递出不同的信息，所以当人与人的交往处于不同的空间距离中时，就会带来不同的感觉，从而产生不同的反应。例如，彼此关系密切的朋友总是肩并肩或面对面地交谈，而彼此充满敌意的人背对背，以示不相往来。

美国学者霍尔提出距离学理论来阐述人际距离影响交往的问题。他把人际距离划分为以下四个区域。

（1）亲密距离，0~0.46米。在这个区域内的人，彼此关系亲密，一般是在亲人、爱人之间。

（2）熟人区域，0.46~1.2米。一般是老同事、老同学、好朋友等处在这一区域。

（3）社交距离，1.2~3.6米。进入这一区域的人彼此不熟悉。

（4）演讲，即做演讲报告的区域，一般在3.6米以上。例如，大学生汇报小组作业结果。

由此可见，在人际交往中距离越近，双方关系越密切。一个人在集体中总是与他人保持一定的距离，如午饭时，室友在一个桌上吃饭，而他却端着饭盒离得远远的，总不与其他人一起活动，其他室友会觉得他难以接近，久而久之便疏远他了。大学生应正确认识不同关系的人际距离，把握好与不同交往对象交往时的距离，既不要给人带来疏离感，也不要让别人觉得你没有边际感。

心理视窗

如何建立良好的第一印象

关于如何建立良好的第一印象，戴尔·卡耐基在《怎样赢得朋友和影响他人》一书中提出了以下六个途径。

（1）真诚地对对方感兴趣。
（2）保持轻松的微笑。
（3）多提对方的名字。
（4）做一个耐心的听者，鼓励对方谈他自己。
（5）聊一些符合对方兴趣的话题。
（6）以真诚的方式让对方感到他很重要。

我信息

在日常人际交往中，我们向对方表达不满情绪时，往往采用"你信息"表达方式。例如，朋友迟到，"你信息"表达方式一般会说："你真过分，迟到这么久，一点时间观念都没有。"在沟通过程中，当我们带着情绪（愤怒、焦虑等）以"你信息"表达感受和要求时，就宛如伸出食指——指责、数落对方的错误。此时，情绪表达变成了指责和宣泄，将自己的感觉归罪于对方。当我们一味地指责他人，将自己的情绪归咎于他人时，常会让自己感觉更糟，情绪也会愈演愈烈，不断升级。"你信息"表达方式还会激起对方的自我保护，对方会像刺猬一样竖起尖刺来防卫和反击。问题往往得不到解决，而且增加了两个人之间的对抗和冲突，背离沟通的初衷和重点，导致双方不欢而散。

心理学家汤姆·戈登认为，"我信息"表达方式是一种以鼓励别人倾听和合作来表达自己的真实感受的方法，是一种比"你信息"表达方式更有效的负面情绪表达技巧。在一般情况下，"我信息"表达方式主要包括以下三个部分。

（1）当……时候（对他人行为"非评判性"描述）："当你当众说我是'傻瓜'的时候……"
（2）我觉得（陈述你的感受）："……我觉得很难堪。"
（3）因为……（陈述引发你的情绪的理由）："因为我很爱面子。"

使用"我信息"表达方式应注意的是：要强调对对方行为、语言本身的感受，而非对其个人的感受，也就是"对事不对人"。用"我信息"表达方式表达情绪是为了让内心的感受找到出口，而不是压抑情绪和感受，也为了让对方可以多了解我们。告诉别人自己的真实感受，比指责、命令、教训别人更能让对方有思考的空间，也让对方有调整的机会。

非暴力沟通四要素

《非暴力沟通》一书较为全面地介绍了解决语言冲突的技巧和沟通模式，只要我们熟练掌握和加以练习，便可以让我们的生活和工作充满温情爱意。掌握以下四个非暴力沟通要素，可以帮助我们解决沟通中的冲突。

（1）不带评论地观察。当我们在观察中夹杂自己的评论时，他人往往认为我们在批评他们，因而产生抗拒心理。非暴力沟通是一种动态语言，它不鼓励人们做静态的、一概而论的叙述，而是提倡人们在描述观察的情况时，清楚地说出特定的时间和情境。

（2）表达内心的感受。通过建立表达感受的词汇表，我们可以更清晰、明确地体会和表达感受，从而更好地与他人建立联结。允许自己表达感受，显示脆弱，有助于化解冲突。

（3）看见感受背后的需要。当我们通过评判和想象等方式间接地表达自己的需要时，他人很容易认为我们在批评他们，并随之开始自我辩护和反抗。通过关注自己的需要、愿望、期待、价值观等，我们不再指责他人，而是为自身的感受负责。我们越能直接说出感受及相关联的需要，他人越有可能对我们做出善意的回应。

（4）有意识地提出请求。在提出请求时，要使用清晰、具体、正向的语言，清楚地告诉对方，我们请求他们做什么，而非不要做什么。我们把想要得到的回应表达清楚，就更可能得到这样的回应。我们的本意和他人的理解有时可能不同，如果不确定，我们就需要提出明确的请求，请对方重述他们听到了什么，以便在有误解的时候做出修正。特别是在团体讨论中，更需要清楚知道和说明我们想要的回应。

一旦人们认为不答应我们的请求就会受到责怪，"请求"就成了"要求"。为了让人们信任我们所提出的是"请求"，而非伪装的"要求"，我们可以清楚地表明我们希望人们出于自愿来满足请求。我们的意图不是为了改变他人来满足自己，而是帮助双方建立坦诚和有同理心的关系，最终每个人的需要都能得到满足。

心理活动

活动一：我的人际关系图

心理学研究发现，每个成年人通常需要与 120 个人维持不同程度的人际关系，其中包括 2~50 个关系比较密切的人。人际关系过疏或过密都容易引发心理问题，或孤独无助，或自我迷失。你的人际关系现状如何呢？试着整理一下自己的人际关系图，反思自己在人际交往中的表现和特点。

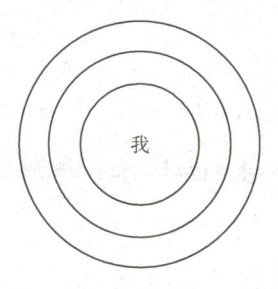

在白纸的中央画一个圆圈，代表自己，然后回忆进入大学后自己的人际关系网，用不同的圆圈代表不同的人际交往对象类型，并予以注明（如父母、恋人、朋友、教师、同学、熟人、偶尔联系的人和陌生人等）。同心圆任意一点到中心的距离表示心理距离，以表示彼此关系的亲疏。将亲朋好友的名字写在图上，名字越靠近中心点，表明对方与你的关系越亲密。完成人际关系图后，请思考以下问题：

（1）审视自己绘制的人际关系图，判断自己的人际交往圈是否合理？是什么造成了自己目前这种交际圈？
（2）你的人际交往圈是否需要改进？如果是，如何改进？
（3）你有几种不同类型的人际交往关系网？与不同对象的人际交往方式有何不同？

活动二：别人眼中的我

请同学代入不同角色，思考以下内容，并进行讨论和分享。
（1）我眼中的我。
（2）父亲眼中的我。
（3）母亲眼中的我。

（4）兄弟姐妹眼中的我。
（5）同学眼中的我。
（6）朋友眼中的我。
（7）爱人眼中的我。
（8）室友眼中的我。
（9）理想中的我。

活动三：角色对垒

根据 PAC 人际交往理论，个体的个性是由三种不同的心理状态构成的，即父母（parent）、成人（adult）、儿童（child）状态。

"父母"状态以权威和优越感为标志，表现为统治、训斥、责骂等家长制作风。

"成人"状态表现为注重事实根据，善于客观理智地分析问题。

"儿童"状态指像婴幼儿一样冲动，表现为服从和任人摆布。

以上三种状态在每个人身上都交互存在，没有优劣之分。要协调三者的关系，避免角色固定，才能保持心理健康，促进人际沟通。三人一组，选择以下问题中的一个问题，每人扮演一种角色，给出自己的处理方式，并分享各自的感受。

（1）周六晚上，你正沉浸于音乐世界，室友看完电影回来，谈兴甚浓。这时你该怎么做？

（2）好友想找你倾诉苦闷，而你恰好有紧急的事情需要处理。这时你会怎么做？

（3）奖学金评定时，你和另一位同学并列，但名额只有一个，结果辅导员把名额给了你的同学。你想知道辅导员的理由，应该怎样与他交流？

（4）你和某同学有矛盾，因工作需要，必须与他合作。这时你该怎么做？

活动四：优点大轰炸

每位学生在纸上写上自己拥有的优点或长处。然后，请一位学生到前面，其他学生轮番说出该学生的优点。这样，使每位学生轮流接受优点"大轰炸"。

【学生讨论】对比自我评价与他人对自己的评价的异同。有哪些评价让你感到新颖、好笑，又符合自己的情况？有哪些自己潜在的优势或特长是自己从未觉察到的？你感觉自己的收获是什么？

活动五：长跑困境

【活动背景】A 同学与 B 同学在一次长跑比赛中遇到一个问题：如果不合作轮流顶住后面的人，凭借个人实力是无法取得好名次的，但选择轮流顶住后面的人又怕对方出卖自己（恶性竞争），自己顶完之后对方不履行诺言，浪费大量体力。如果是你，你会做出什么选择？

【活动规则】两人一组，做出选择。两人都选择竞争，各得 1 分。两人都选择合作，各得 10 分。一人选择竞争，一人选择合作，竞争得 15 分，合作得 0 分。做出选择时，两人不能相互沟通。每一轮都公布得分。进行 5 轮后，全场得分最高者胜出。

请同学们完成活动，并思考以下问题：

（1）你在开始时是基于什么样的考虑做选择的？

（2）在过程中，你是否会做出变化？为什么？

（3）对方是否出现恶性竞争的情况？你是什么感受？

（4）如果事先知道对方选择合作，你会如何选择？

（5）在这个游戏中，你得到了什么启发？

活动六：最佳组合

在全班每个同学后背都贴上一个数字（1～50），每个人的数字不重复，且每个人只能看别人的数字，不能看自己的数字，也不能从别人口中知道自己的数字。同学们说服别人与自己两两组合，组合得出最大数字的两个人获胜。

心理测试

人际关系水平测试

表4-2为大学生人际关系问卷，请同学们进行测试，看看自己的人际关系水平。

表4-2 大学生人际关系问卷

根据自己的实际情况，选择适当的选项，并统计分数。总分越高代表你的人际关系越好	从未	极少	很少	有时	经常
1. 当独自向老师请教问题时，我会感觉到紧张	1	2	3	4	5
2. 我会和任课老师在课间进行交流、谈话	1	2	3	4	5
3. 我有与老师、辅导员共同参加户外活动的经历	1	2	3	4	5
4. 我熟悉每学期任课老师的名字	1	2	3	4	5
5. 在节日里我会向老师表达问候、祝福	1	2	3	4	5
6. 当我在路上偶遇老师时，会主动上前打招呼	1	2	3	4	5
7. 我在和老师、辅导员闲谈时，不会回避家庭情况	1	2	3	4	5
8. 我为一些生活或学习上的小事情与同学发生争执	1	2	3	4	5
9. 我在班上明显感受到被有些同学排斥和冷漠对待	1	2	3	4	5
10. 与一大群朋友在一起热闹时，我感到莫名的孤寂、落寞	1	2	3	4	5
11. 当同学向我倾诉其遭遇以求得同情时，我感到不自在	1	2	3	4	5
12. 面对朋友的缺点，我会当面直接指出	1	2	3	4	5
13. 我和同学交谈时会觉得不知从哪儿说起	1	2	3	4	5
14. 在班会开展活动时，有人提议我表演节目，我会接受	1	2	3	4	5
15. 在我遇到困难向朋友求助时，会得到朋友的帮助	1	2	3	4	5
16. 我和同宿舍的人关系和睦	1	2	3	4	5
17. 我会与同学交流学习或生活上的经验	1	2	3	4	5
18. 当我作为一名老生时，我会帮助入校的新生熟悉学校的环境	1	2	3	4	5
19. 我把上网的时间用在聊天交友上	1	2	3	4	5
20. 我能在网络或各类聊天室中结识到新朋友	1	2	3	4	5
21. 我认为网上结交的朋友是值得信任的	1	2	3	4	5
22. 我和网上结识的人会有书信或电话往来	1	2	3	4	5
23. 我有和网上结识的人互相敞开心扉的经历	1	2	3	4	5

续表

根据自己的实际情况，选择适当的选项，并统计分数。总分越高代表你的人际关系越好	从未	极少	很少	有时	经常
24. 我在网上论坛与别人交流信息或其他资源	1	2	3	4	5
25. 我上网聊天是事先计划好的	1	2	3	4	5
26. 学习之余，我会参加勤工俭学或社会打工活动	1	2	3	4	5
27. 我外出游玩时，能结交到一些新的朋友	1	2	3	4	5
28. 在校内或校外购物、就餐时，我会与店主或伙计聊得顺畅	1	2	3	4	5
29. 我参加了社会上的一些公益活动	1	2	3	4	5
30. 除了学校布置的社会实践活动，我还愿意主动找机会去尝试类似活动	1	2	3	4	5
31. 在街头或餐饮店的陌生人前吃东西时，我会觉得很不自在	1	2	3	4	5
32. 相比其他身份的社会群体，我倾向于和在校学生交往	1	2	3	4	5
33. 当我同校内的保安、后勤、宿管组等办事人员打交道时，会觉得不习惯	1	2	3	4	5

第五章 情绪管理与压力调适

教学目标

【认知】认识情绪与情感、情绪的外部表现、情绪的三种常见状态、大学生常见情绪。
【情感】了解负面情绪与压力产生的心理机制，认识负面情绪与压力对人身心造成的危害。
【行为】掌握情绪管理的技巧，学会情绪调适的 4A 法和压力调适的方法。

第一节 认识情绪与情绪的功能

心理视窗

情绪为什么会影响人的健康

保持积极乐观的情绪会使人长寿并且增强身体抵抗力，而有科学家从另一角度证实了情绪与健康两者之间的关联性。他们指出，如果情绪常年压抑、沮丧会升高胆固醇和放大人的疼痛感。

科学家发现，如果一个人对现在拥有的一切心存感激，无论是拥有一个贴心的伴侣，拥有一定的成就，还是自己还活着这个事实本身，这种感激之情都可以增强人体免疫功能，降低血压，令整个身体的康复速度加快。

不少人有这样的经历：当悲伤、抑郁时，会出现头疼、胃痛、失眠、血压增高等症状。美国研究人员发现，如果常年处于慢性压抑之下，血液中的葡萄糖和脂肪酸就会升高，患糖尿病和心脏病的风险就会加大。另外，压力还会使人体胆固醇水平上升，更易诱发心血管病。

对此，有医学专家解释："七情六欲，人皆有之，在一般情况下属正常的精神生理现象，各种情志活动都有抒发感情、协调生理活动的作用。但是，临床试验证明，当愤怒、悲伤、忧思、焦虑、恐惧等不良情绪压抑在心中而不能充分宣泄时，便对健康有害，甚至引起疾病。"

中医认为，七情和五脏具有一定的关系。肺主悲、忧，过悲过忧则伤肺。心主喜，过喜则伤心。例如，逢年过节，经常有人因为过于高兴导致心脏病发作。肝主怒，过怒则伤肝。人们都有这样的体验，当非常生气时，左右两侧胁肋也会隐隐作痛，这就是过怒伤肝的表现。脾主思，过思则伤脾。一些生活压力大、工作紧张的人，经常出现疲劳的症状。从中医角度看，这是出现了脾虚的现象，思虑过度，脾气就亏虚了。肾主惊，人受到过度惊吓会影响肾的生理功能。

有关研究表明，人体内有一种最能促进身体健康的力量，即良好的情绪。如果善于调节情绪，经常保持心情愉快，就可以未雨绸缪，达到有病早除的效果。

一、认识情绪

（一）情绪与情感的概念与区别

情绪是个体对重要的机遇或事件做出适应的生物反应倾向。人们一般认为情绪包括基本情绪和复杂情绪。伊扎德指出有十一种基本情绪，即快乐、惊奇、愤怒、悲伤、恐惧、厌恶、兴趣、羞涩、羞愧、蔑视、内疚。埃克曼指出只有六种基本情绪，即快乐、兴趣、悲伤、愤怒、恐惧、厌恶。复合情绪（如抑郁）是多种基本情绪的混合体。

情绪有广义与狭义之分。广义的情绪包括情感，是人对客观事物的态度体验。狭义的情绪指有机体受到生活环境中的刺激时，因生理需要是否获得满足而产生的暂时性的较剧烈的态度及体验。情绪与情感的区别如表 5-1 所示。从需要的角度来说，情绪是和人的生理需要相联系的体验，情感则是和人的社会需要相联系的体验。从发生的角度来说，情绪发生较早，为人类和动物共有，而情感体验发生得较晚，为人类特有，是个体发展到社会化进程的一定阶段才产生的。从稳定的角度来说，情绪永远带有情景性，情感有可能既具有情景性，又具有稳定性和长期性。稳定的情感体验是情绪概括化的结果。

表 5-1　情绪与情感的区别

角　度	情　绪	情　感
需要角度	情绪是和有机体的生理需要相联系的体验形式	情感是与人的高级社会性需要相联系的
发生角度	情绪发生较早，为人类和动物共有	情感体验发生得较晚，为人类特有，是个体发展到社会化进程的一定阶段才产生的
稳定角度	情绪永远带有情景性	情感有可能既具有情景性，又具有稳定性和长期性。稳定的情感体验是情绪概括化的结果

（二）情绪的外部表现

1. 面部表情

面部表情指通过眼部肌肉、颜面肌肉和口部肌肉的变化来表现各种情绪状态。汉语中有许多四字成语用来形容面部表情。例如，形容眉部的成语有眉飞色舞、眉目传情、喜上眉梢、愁眉苦脸、横眉冷对；形容眼部的成语有眉开眼笑、怒目而视、目瞪口呆、两眼无光；形容口部的成语有咬牙切齿、张口结舌、龇牙咧嘴、哑口无言等。有心理学家将各种不同表情的照片分割成前额、眉眼、口部三部分，让被试者分别用来辨别快乐、悲哀、恐惧、愤怒、惊愕、厌恶六种不同的情绪，结果发现，前额能够提供惊奇的信号，眉眼对于表达忧伤最为重要，口部对于表达快乐和厌恶最为重要。

心理活动

眉目传情

【活动规则】

从成员中抽出 6～7 人进行"眉目传情"游戏，其他人在旁边作为观众。"眉目传情"的组员排成一行向前望，不可以回头。主持人将写有表情的四字成语字条让最后一位成员抽取一张，让其向前面的成员传达字条的内容，但不可发出声音。

当表情被传到最前面一位成员时，请该成员大声报出正确答案。

2. 肢体语言

除面部表情之外，肢体语言也是情绪的表达方式之一。所谓肢体语言，是指用身体的各种动作代替语言文字，达到表情达意的沟通目的。例如，打扑克牌的时候，有人拿着一手好牌时，"快乐的脚"就会在桌下摇来摇去，可脸上不会露出一丝一毫的变化。一旦腿脚的轻摇变成"踢"的动作，就代表当事人对于周围发生的事物的回应可能是消极的，恨不得一脚把它踢开，如图 5-1 所示。又如，与长辈、朋友聊天时，当对方一只脚或者两只脚的脚尖调整到远离你的位置时，是很强烈的暗示，想要离开。这时，最明智的做法就是马上机智地结束谈话，如图 5-2 所示。当人们对对方感到舒适和赞同时，身体就会倾向对方，如图 5-3 所示。说话时会用手抚摸颈部的人，是告诉我们他并不是十分自信，或者正在释放压力，如图 5-4 所示。

图 5-1　脚表示的不同情绪

图 5-2　想离开　　　　　　　　　图 5-3　身体倾向对方

图 5-4　抚摸颈部

除肢体和手势动作外，人与人之间在面对面的情境中，常因彼此情感的亲疏不同，而不自觉地保持不同的距离。最亲密的人，彼此间的距离为 0.5 米以内；有私交的朋友，彼此间的距离为 0.5~1.25 米；一般公共场所的陌生人之间沟通时，彼此间的距离通常维持在 3 米以上。

（三）情绪的状态

根据情绪发生的强度、速度和维持的时间，可以将情绪的状态分为心境、激情和应激三种常见状态。

1. 心境

心境是一种微弱、持久而又具有弥漫性的情绪体验状态，通常叫作心情。心境并不是对某一事件的特定体验，而是以同样的态度对待所有的事件，让所遇到的事件都产生和当时的心境同样的色调。心境持续的时间短的只有几小时，长的有几周、几个月，甚至更长的时间。心境往往由对人有重要意义的事件引起，但人们对引起某种心境的原因并不都能意识到，而这种原因肯定是存在的。心境对人的生活、工作和健康会发生重要的影响。积极乐观的心境会提高人的活动效率，增强克服困难的信心，有益于健康；消极悲观的心境会降低人活动的效率，使人消沉，长期焦虑有损于健康。

2. 激情

激情是一种强烈的、爆发式的、持续时间较短的情绪状态，这种情绪状态具有明显的生理反应和外部行为表现。激情往往由重大的、突如其来的事件或激烈的意向冲突引起。激情既有积极的，也有消极的。在激情状态下，人的认识范围变得狭窄，分析能力和自我控制能力降低。因此，在激情状态下，人的行为可能失控，甚至发生鲁莽的行为。人应该善于控制自己的激情，学会做自己情绪的主人。

新闻回顾

激情犯罪

2010 年 10 月 20 日 23 时许，被告人药某驾驶轿车从西安外国语大学长安校区返回西安，当行驶至西北大学长安校区西围墙外时,撞倒前方同向骑电动车的张某。药某下车查看,发现张某倒地呻吟,因怕张某看到其车牌号,以后找麻烦,便产生杀人灭口的恶念,遂从随身背包中取出一把尖刀,上前对倒地的被害人连捅数刀,致张某当场死亡。

1. 律师辩护点:激情杀人

2011年3月23日上午,西安音乐学院大学三年级学生药某撞人后刺死伤者案在西安市中级人民法院开庭。药某当庭表示后悔,其辩护律师说,这是一起交通肇事转型的故意杀人案件,药某一念之差,属于激情杀人。律师说,药某的成长道路没有污点,学习优秀,得过各种奖励,且有自首情节,希望法庭从宽量刑,给他一条改过自新的路。

2. 题外话:激情犯罪

所谓"激情犯罪",在西方犯罪学中认为是一种"挫折攻击型"犯罪,是指当事人在绝望、暴怒等剧烈情绪状态下实施的犯罪行为。它缺乏明显的犯罪预谋,并且犯罪的发生与犯罪人消极负面情绪的长期积累或者被害人的刺激有直接紧密的联系。法学界普遍认为,"激情犯罪"的过错程度要轻于有预谋的犯罪,因此很多国家的刑法对"激情犯罪"在定罪量刑上往往轻于同种罪质的一般故意犯罪。而我国的刑法并没有明确规定"激情犯罪",因此药某最终被判处死刑。

3. 应激

应激是在出现意外事件和遇到危险情况时出现的高度紧张的情绪状态。应激状态可通过机体生理机能的变化和调节来进行适应性的防御,以应对外界突如其来的刺激和高度紧张的环境。如果应激状态长期持续,机体的适应能力将会受到损害,结果导致疾病的产生。应激与健康的关系如图5-5所示。

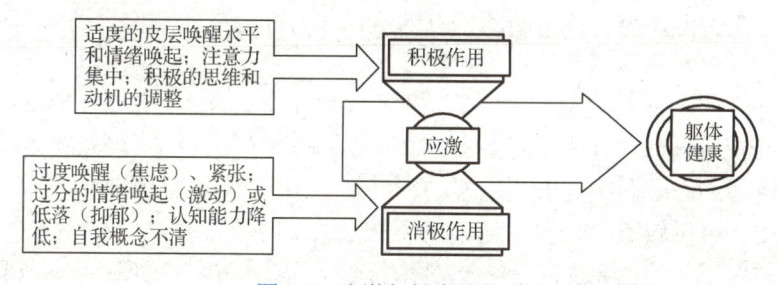

图5-5 应激与健康的关系

心理活动

热身与破冰:我的情绪小怪兽

如图5-6所示,请选择合适的黏土颜色设计一个符合个人形象的"情绪小怪兽",你所选用的颜色代表近期你的心情主调,可以使用多种颜色去设计,外形也要贴合个人特色。完成后向小组成员介绍和分享。

图 5-6　情绪小怪兽

二、情绪的功能

（一）动机和唤醒

你或许有过这样的经历，在考试前非常用功地严阵以待地去准备考试，但成绩并不理想，在考试的过程中发挥失常，效率极低。你会把考试不理想的结果归为自己还不够努力，或者运气不佳。但你有没有想过，这样的结果有可能与情绪的动机和唤醒有关？理论家认为，唤醒水平和绩效间存在倒 U 形曲线关系。这一曲线预测太低或太高的唤醒水平都会损害绩效。如果你接受的生理刺激过少，就可能无法有效组织你的行为；如果你受到的刺激太多，情绪就会压倒认知。

图 5-7 显示了唤醒水平与绩效的关系。图形也显示出最高绩效的最佳唤醒水平。有些工作在高唤醒水平下做最好，有些则需要较为缓和的唤醒水平。而在一些工作中，当唤醒水平较低时才能达到最高绩效。决定唤醒水平的关键是工作难度。对于困难或复杂的工作，成功完成它的唤醒水平位于较低的一端。当难度降低、工作变得简单时，最佳唤醒水平——要使工作最为有效的水平——也会提高。这一关系称为耶克斯-多德森定律，它说明随着唤醒水平的提高，复杂工作的绩效降低，而简单工作的绩效随着唤醒水平的提高而提高。

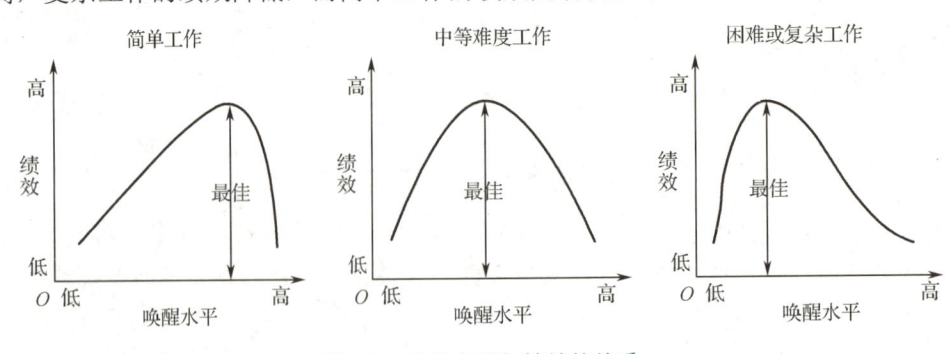

图 5-7　唤醒水平与绩效的关系

因此，情绪的一个重要功能是激励你前进——促使你向重要的目标迈进。由情绪环境引发的生理唤醒可以令你达到最高的绩效水平。然而，你应该注意，你不能让自己的情绪过于强烈，否则它会使你位于绩效曲线的下滑段。

（二）情绪的社会功能

你是否在强烈的情绪支配下——如愤怒——做出不理性或者破坏性的行为？研究者认为，情绪是具有社会功能的，它对我们的社交活动具有积极的意义。在日常生活中，当你遇到一个人暴怒时，你会不自觉地远离他和他造成的危险；当一个人对你发出友善的微笑时，你会接收到友好的信号，愿意亲近他；当一个人总是对你发出负面的情绪时，你会感到不适，而不自觉地拉开彼此之间的社交距离。因此，你体验到的情绪对你在社会生活当中的行为有着积极的意义。你可以想象一下，当你体验愉悦的情绪时，你是否更愿意参与社交活动？当你体验悲伤的情绪时，你是否更愿意一个人独处？

有研究者指出，情绪对于亲社会行为是具有影响的。当一个人处于健康的身心状态时，他更愿意做出助人的行为；当一个人感到内疚或有过失感时，他更愿意在将来为对方提供帮助，从而减少内疚感。当你遭他人拒绝时，你的情绪也会变得消极；当你去拒绝你的好朋友、家人或者爱人时，也会产生内疚感，消极的情绪体验尤为明显。因此，人的情绪具有社会功能。

（三）情绪对认知功能的影响

情绪对认知功能的影响表现在人的注意力、对自我和他人的知觉，以及解释和记忆各种生活情境的特征上。研究者已经证明，情绪状态可以影响学习、记忆、社会判断和创造力。人的情绪反应在对生活经历进行组织和分类时起着重要的作用。

戈登·鲍尔和他的学生开创了对情绪在信息加工过程中作用的研究。鲍尔的模型假设是，当一个人在特定的情境下体验到给定的情绪时，那种情绪就会与事件一起储存在他的记忆中，就像背景一样。这种记忆表征模式包括情绪一致性处理和情绪依赖性记忆。当人们处理和提取信息时，对于那些和当前情绪一致的内容会表现出选择性的敏感化，这时情绪一致性处理就发生了。那些与一个人目前的情绪相一致的材料更容易被发现、注意和深入加工，联系也更为细致。情绪依赖性记忆是指在一定情境中，人们发现，如果当时的情绪和将事件存入记忆时的情绪相同，就更容易提取信息。关于情绪和认知的关系，研究者不断证明那些积极影响——愉快情绪——会产生更有效率、更富创造性的想法和问题解决方式。如果保持良好的情绪，你在学校的表现就会更好、更有效率。

心理视窗

吊桥效应

卡皮诺拉吊桥全长 450 英尺[①]，宽 5 英尺。从 100 多年前起，吊桥便以 2 条粗麻绳与木板悬挂在卡皮诺拉河谷 230 英尺的高处。悬空的吊桥来回摆动，动人心魄，又令人心生惧意。如图 5-8 所示，研究小组让一位漂亮的年轻女士站在桥中央，等待 18～35 岁的没有女性同伴

[①] 1 英尺≈0.3048 米

的男子过桥。女子告诉那些过桥男子，她希望他们能够参与正在进行的一项调查。她向他们提出几个问题，并给他们留下了电话。

图5-8　在吊桥上进行实验

然后，同样的实验在另一座横跨一条小溪但只有10英尺高的普通小桥上进行了一次。同一位女士向过桥的男士出示了同样的调查问卷。

结果，走过卡皮诺拉吊桥的男子认为这位女士更漂亮，大概有一半的男子后来给她打过电话。而在那座普通的小桥上经过的16位不知名的男性受试者中，只有两位给她打过电话。

【实验分析】当人处于危险的情境中时，会不由自主地心跳加速、呼吸急促，产生恐惧，这是不以人的意志为转移的。那些在危桥上的参与者更容易在生理上有所激动。根据情绪的二因素理论，他们会对自己的生理表现寻求合适的解释。与另一组参与者不同的是，对于自己心跳和呼吸的异常表现，他们可以产生两种看似合理的解释，一是因为调查者的无穷魅力让自己意乱神迷，二是因为吊桥的危险让自己心如撞鹿。两种解释似乎都有道理，都可以让人们接受，而真正的原因是难以确认的。对于身处高空吊桥上的一些人，本来是危险的环境使他们心跳过速，但他们却将这错误地理解为调查者的魅力所致。他们对自己身边的调查者产生了更多的兴趣，更多地拨通了对方的电话。

第二节　大学生的情绪特点与情绪管理

一、大学生常见不良情绪

（一）焦虑情绪

焦虑是个体对即将来临的、可能造成危险或威胁的情境产生的紧张、不安、忧虑、烦恼等不愉快的复杂情绪状态。焦虑产生于危险不明确而又会来临时，人对危险持有警戒态度，并伴随无助、不安、紧张、忧虑等心理状态。存在主义心理学家罗洛·梅把焦虑分为正常焦虑和神经病焦虑。正常焦虑是人直接面对某种超过一定程度的威胁时产生的，是人的本性。神经病焦虑和正常焦虑不同，在神经病焦虑中，个人不仅体验到正常焦虑，而且面对大量威胁时，有显著的绝望感。

社会学习理论认为焦虑是通过学习获得的反应，焦虑本身就是一种行为的内驱力。有关行为的挫折-攻击假说认为挫折引起攻击反应，其他可能的反应有退缩、冷漠、焦虑等。该假说认为，焦虑产生的重要原因就是个人动机性行为受到挫折。虽然攻击有时能宣泄内在的情绪，但在很多情况下，反而会造成更大的挫折，最后使人无能为力，从而导致冷漠和焦虑。班杜拉认为焦虑是人类生存的一种机能偏差，它和自我效能有心理社会机制方面的关系。只有个人感知到自我无效能时，潜在的厌恶性刺激才让人感到焦虑。具有较强自我效能的人，会在一定程度上防止、减弱或终止厌恶性刺激对自己的威胁，增强处事效能可以削弱焦虑的唤起。

并不是所有的焦虑都是病态的，许多焦虑是正常的。例如，焦虑有明确的产生原因；可以对其进行解释；程度比较轻微，可以忍耐；持续时间较短或时过境迁，随时间的延长和条件的改善而自动消失。这样的焦虑就属于正常的焦虑，是人在应对外界环境和问题时正常的反应。当然，对于无法自控或焦虑持续时间较久，或已经出现焦虑性神经症的学生，应主动寻求心理咨询中心的帮助。

心理案例

考试焦虑

林某学的是会计学专业，数理统计方面的课程是必修的课程。她在中学时数学不是强项，没想到竟被会计学专业录取了。大学二年级、大学三年级两个学年都还要学数学和统计学，这给她带来了沉重的心理负担。每到期末复习、考试临近期间，她就紧张焦虑起来，还伴有较严重的睡眠障碍，总是与焦急、心慌和失眠相伴随。每到期末考试来临之前，她的神经就紧张起来，越紧张越难入睡，白天疲劳乏力，复习效果不佳。但是，每学期前半段，她的情况较好，因为学期开始还没有考试压力，情绪比较放松。

下面是科学应对焦虑的方法。

（1）保持稳定感。我们可以把稳定感看作规律的作息时间和生活安排。

（2）理性对待自己。一方面，我们要对自己的能力和特点有客观的认识，制定符合自己能力水平和客观条件的目标，避免因目标制定不合理产生愧疚、自我怀疑。另一方面，避免过于苛刻地对待自己，允许自己短暂地"浪费时间"。人非草木，不可能一直高效工作，适当休息是应该的，更是合理的。我们要劳逸结合，逐步完成目标，一点一点地建立信心，一步一步地积极面对焦虑。

（3）转移注意力。对一件事情产生焦虑，在一定程度上是由于我们太关注这件事本身，以至于它一直出现在我们的注意中。例如，"不要想白色的熊"这样的指令往往让我们下意识地在大脑中浮现出白熊的形象。这是因为潜意识往往分不清"要"和"不要"的区别。如果我们对自己说"不要紧张"，可能潜意识听到的恰恰是"要紧张"。当我们面对焦虑，脑子里总是反复盘旋着让自己烦恼的事时，不要告诉自己"不要去想它"，而应该告诉自己"放轻松"

"淡定"，应该问自己"接下来我要做什么"，然后去执行计划，行动起来往往比纠结于当下的事更有帮助。

（4）时常运动。当你陷入情绪波澜，或者被情绪淹没，无法合理地用大脑去指挥行动的时候，那么就不要勉强自己再去思考。负面的情绪、低落的情绪会影响你的正常思维，让你陷入负向的信念模式中无法自拔。适当运动，可以暂停甚至改变当下的思维逻辑，让大脑回归良好的状态，这时我们再去处理问题，就是去解决问题本身，而不是去处理情绪。在陷入焦虑情绪时，我们可以先起身换个环境，运动一会儿，如听听音乐，随着鼓点摇摆，甚至只是简单地走两步。我们可以用汗水带来快乐，用不一样的环境换得不一样的心情。

（二）抑郁情绪

"我太抑郁了""心态崩了""我自闭了"……在情绪低落的时候，你是不是说过这样的话？你是不是怀疑自己患上了抑郁症？其实，我们常常挂在嘴边的"抑郁"，只是一种抑郁情绪。当一个人遇到重大的生活变故时，可能陷入情绪的低谷，导致短时间出现抑郁情绪，这种感觉与抑郁症有点像，但离医学定义的抑郁症还很远。这种抑郁情绪犹如心境，会随着时间的推移和环境的变化发生改变，一般不超过两周。抑郁情绪一般有明确的产生原因和事件，抑郁情绪是情绪波动，不会影响人的记忆力、注意力和行为能力。区别抑郁情绪与抑郁症是一件非常专业的事情，需要精神卫生工作者根据临床表现来判断。抑郁情绪在日常生活中较为常见，如工作不顺利、考试发挥失常、谈恋爱失败，这些都会引起抑郁情绪。而抑郁症是一种精神疾病，发病持续时间较长，一般会持续几周、几个月，甚至数年的时间。另外，抑郁情绪为一过性，对人的社会功能，如生活、工作、学习影响并不大。但抑郁症持续时间长，对人的工作、生活等社会功能造成严重影响。

抑郁情绪和抑郁症有以下的区别。

1. 病情原因

抑郁情绪主要是受到客观事物的刺激引起的，即事出有因，但并未发展到病态。而抑郁症属于心理疾病，一般是由应激事件或遗传因素导致的。

2. 病情严重程度

抑郁情绪一般表现为心情低落、闷闷不乐，该情绪主要是短期性的，并不会持续很长的时间。而抑郁症患者一般出现兴趣缺乏、焦虑、思维迟缓的症状，严重时甚至出现自杀倾向。该疾病如果得不到及时有效的治疗，可能加重，影响正常的生活。

3. 治疗方式

被抑郁情绪困扰的人可以多听一些舒缓的音乐或和家人朋友进行沟通，使用一些心理调适技巧，并不需要特殊治疗。抑郁症患者需要到医院专科门诊进行心理疏导。

总的来说，抑郁情绪是指人在遇到压力时反映出的痛苦、受挫、不安等精神情绪，是人的正常情感成分，抑郁情绪的产生往往事出有因，是以一定的精神压力及负面情感为背景的。

对于抑郁状态的产生，不同的学者提出了不同的学术观点和模型。苏罗夫整合了科因和哈门的理论，并结合自身研究提出和完善了抑郁人格易感性的动力交互模型（见图5-9），进一步阐述了人格易感性、压力与人际关系、抑郁的关系。在该模型中，我们可以看到，个体自身的人格易感性与外界压力事件的共同作用将导致抑郁状态的持续和加重，当其作用程度达到一定阈值时，个体便患上抑郁症，人际关系在其中起到重要作用。在该模型中，影响抑郁状态的因素有很多，如外化的压力事件（激烈的人际冲突等）、人格易感性（高社会性依赖、高自我批评）、不良人际关系（特别是人际关系不和谐及较低的社会支持度）等。

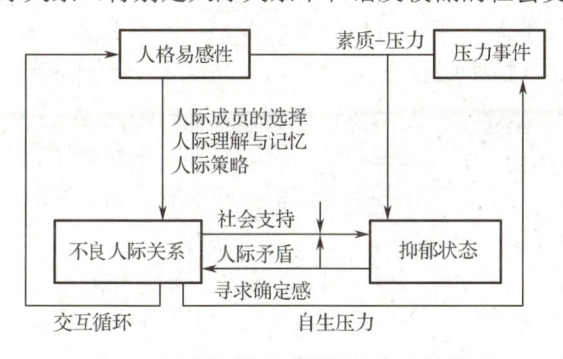

图 5-9　抑郁人格易感性的动力交互模型

心理测试

抑郁情绪测试

根据过去两周的情况，请你回答是否存在表 5-2 描述的情况及频率，请看清楚问题后在符合自己情况选项的数字上画 √。

表 5-2　抑郁情绪测试

表 现 状 态	完全不会	好几天	超过一周	几乎每天
1. 做事提不起劲或没有兴趣	0	1	2	3
2. 感到心情低落、沮丧或绝望	0	1	2	3
3. 入睡困难、睡不安稳或睡眠过多	0	1	2	3
4. 感觉疲倦或没有活力	0	1	2	3
5. 食欲不振或吃太多	0	1	2	3
6. 觉得自己很糟或觉得自己很失败，或让自己和家人失望	0	1	2	3
7. 对事物专注有困难，例如阅读报纸或看电视时	0	1	2	3
8. 动作或说话速度缓慢到别人已经察觉；或正好相反——烦躁或坐立不安、动来动去的情况更胜于平常	0	1	2	3
9. 有不如死掉或用某种方式伤害自己的念头	0	1	2	3

如测试分数大于 10 分，最好与心理教师沟通或寻求专业的帮助。

（三）愤怒情绪

愤怒是人在遇到挫折时最常见的反应，是人类的一种基本负性情绪，它与大量的情绪后果、行为后果和生理后果相联系。目前，大学生中有不少人对愤怒情绪控制不当，因而影响了人际关系和问题的解决，以致引发一些恶性校园暴力事件。

愤怒是一种常见的负性情绪，其原发形式常与搏斗和攻击行为相联系。愤怒的原形意义在于激发人以最大的勇气和力量去打击和防御来犯者，也用于主动出击。一般来说，无论对儿童或成人，强烈愿望的限制或阻止都能导致愤怒的发生。当前，愤怒被定义为个体在遭遇攻击、羞辱的刺激下，感受到愿望受压抑、行动受挫折、尊严受伤害时表现出的一种情绪体验，体验到这种情绪时往往伴随攻击、冲动等不可控制的行为反应，以及相应的生理唤醒。

研究者斯皮尔伯格指出，愤怒是由情境引发的心理、生理变化和主观体验，从愠怒到暴怒等有不同的强度，一般伴随着自主性神经系统活动的唤醒，如心率加快、汗液分泌增加等，同时可出现认知障碍。斯皮尔伯格将愤怒的处理方式分为三类——内向怒、外向怒和愤怒控制。其中内向怒指将愤怒压抑，防止其表露在外，它是内在的、指向自己的愤怒。外向怒指将愤怒表露在外，反映在言语、躯体、面部表情或攻击行为上。另外，在愤怒情境下，个体会试图使用更多的认知策略来处理或解决矛盾冲突，从而减少冲动行为，这可称为愤怒控制。

控制愤怒有以下几种方式。

1. 推迟愤怒的时间

在怒气刚产生时用理智来加以抑制，可以强迫自己先不讲话，静默一段时间，以便能够对事情冷静地进行思考。

2. 逆向思维

把思维从愤怒的指向中拉出来，从相反的方向考虑问题，使自己考虑问题的其他方面，这样就比较客观。

3. 转移环境

只要情况许可，就尽快离开引起愤怒的人和事，换换环境，待心情平静后再来考虑和处理问题。

4. 幽默

消除和正确表现愤怒的最好方式是幽默。只有了解世界上最愉快事情的人，才能处理世界上最麻烦的事情。

（四）恐惧情绪

恐惧是对可知觉威胁或真实威胁的正常反应，是个体发展的必要组成部分和个体适应能力的主要表现。进化论心理学将识别威胁刺激和使有机体从危险中逃离的中间动机状态称为恐惧。我国学者认为，恐惧是人类的原始情绪之一，是有机体在面临并企图摆脱某种危险情境而又无能为力时产生的情绪体验。

恐惧情绪是指人们对特定情境中可能存在的外显或潜在的危险或威胁的反应。这种危险与威胁主要来自以下五个方面。

（1）与危险和伤害有关的，如绑架、地震。

（2）与未知和神秘事物有关的，如一个人单独待着、鬼魂或幽灵般的东西。

（3）与失败、批评和惩罚有关的，如考试得了差分数、遭受别人的批评、被父亲惩罚。

（4）与动物有关的，如老鼠、蜥蜴。

（5）与朋友和亲子关系有关的，如失去朋友、家人生病。

恐惧情绪有不同的表现形式，按原型说的观点，恐惧情绪的下位概念又分为两个子类别，其中一个类别的具体情绪有焦虑、忧虑、紧张、担心、忧惧、担忧、高度紧张、畏惧；另一个类别包括惊慌、震惊、害怕、惊骇、恐怖、可怕、恐慌、歇斯底里、窘迫。

减少恐惧有以下几种方法。

1. 转移注意法

使自己从恐惧的对象上转移到与其无关的方面去。例如，初次登台演讲，心情紧张，就把注意力集中到讲话的内容上；登上高楼或山顶，往下看时心会发慌，这时就将视线投向远方。

2. 屡现刺激法

让人反复接受恐惧的刺激，使其逐渐适应这种刺激，而不再惧怕。例如，某同学害怕在公开场合里当众发言，为了克服这种恐惧，他刻意锻炼，创造机会，增加自己在有听众、人多的场合发表言论的次数，久而久之，便克服了这种恐惧心理。

3. 增加知识法

人的恐惧大多数是缺乏科学知识胡思乱想而造成的。有的学者说，愚笨和不安定产生恐惧，知识和保障拒绝恐惧。有的学者进一步指出，知识丰富的时候，恐惧将减少，所以人们要多学习知识，以科学的头脑取代恐惧的心理。这种方法不但效果好，而且还可增长知识。

4. 直接行动法

充分发挥自己的主观能动性，积极主动地去接触恐惧的东西，达到消除恐惧的目的。例如，有人怕在众人面前讲话，以后凡是遇到这种场合，自己非但不退缩，反而主动讲话，锻炼自己的意志，提高自己的工作能力。

二、情绪调适的 4A 法

（一）觉察情绪（aware）

觉察情绪是怎样产生的是做好情绪管理的首要条件。觉察情绪就是意识到内心有了情绪，可以感知到情绪产生缘由始末的整个过程。情绪的外显比较容易呈现，但情绪的表达是比较难的。实际上，觉察情绪分为两个部分，一部分可用语言表达，即可表达的部分；另一部分暂时不可表达，即内在的真实感受，但属于内隐状态。例如，在亲子关系中，子女时常能感受到父母的关怀备至，也能感受到父母对自己的心理控制。这时候，子女呈现出来的对父母的顺从、听话是可以在外部的行为、语言、情绪中表达出来的，但对于父母的心理控制可能隐藏起来，对父母的压抑是内隐的。

对于可表达的部分，如果觉察自己有什么情绪，就可以马上说出来。例如，你可以轻松地表达："我对小偷的盗窃行为感到很愤怒。"对于暂时不可表达的部分，人们常常会抱怨说："我并不想那样做，但是我没办法控制自己。""我当时脑子里一片空白，根本不知道自己在做什么。"这都是无法觉察自己的情绪，被隐藏在内心的负面情绪控制的结果。

对于觉察情绪，我们可以这样做：第一步，识别情绪种类。人有喜、怒、忧、思、悲、恐、惊七种情绪大类，我们可以先辨别当下的情绪主要在哪个大类上。第二步，根据情绪强弱程度评分。例如，对于当下的愤怒，0 分表示"我很平静"，10 分表示"我在暴怒，愤怒已超出我的控制。"根据当下的情绪强弱从 0 分至 10 分打分。第三步，与过去的经验类比。有时候，一件小事就会引发剧烈的情绪反应。经过觉察，我们发现这种激烈的情绪不仅跟当下的小事情有关，而且激活了过往的核心信念引发的情绪反应。而这个核心信念往往是缓解这种激烈情绪反应的关键。

（二）接纳情绪（accept）

当开始感到有些哀伤、忧虑或者焦躁时，产生伤害的并不是情绪本身，而是你对情绪做出的反应。试图让自己摆脱坏心情或者消除哀伤感的努力——设法弄清楚为什么你会哀伤，以及如何克服的行动——常常使结果变得更糟。你就像身陷流沙之中，越努力摆脱，陷得越深。

我们提及愤怒、恐惧、痛苦这些情绪感受时，可能有些人恨不得躲得远远的，好像负面感受都是错的，不应该存在。但是，负面情绪对于我们来说有非常积极的意义，是人类进化过程中保留下来的"生存保障"。例如，恐惧情绪能让人们趋吉避凶，焦虑情绪能让人们未雨绸缪。负面情绪就像一个警报器，它在提醒你，需要多自我照料，多关爱自己。

每个人都会有各种各样的情绪。所有的喜怒哀乐都是自然的，只有接纳它们，才能更好地进行情绪管理。接纳情绪，并不会让我们变得软弱无能。不论焦虑还是忧愁，悲哀还是惊恐，它们都是我们身体的一部分。对待负面情绪，除了对抗与压制它，我们也可以选择接纳。以坦然的态度接纳情绪，我们才能够更好地进行情绪管理。

心理视窗

白熊实验

心理学教授丹尼尔·韦格纳曾做过这样的实验。他要求实验人员，不要去想白熊。可当这个指令发布以后，实验人员却更多地想到了白熊。即使通过转移注意力等方法，压抑自己不去想白熊。可当控制解除后，"白熊"却像反弹似的更频繁地出现在脑中，所以"白熊效应"又称"反弹效应"，即努力摆脱某种想法，这种想法反而更牢固地记在脑中。

通过"白熊实验"，我们可以看到，当我们面对焦虑的事情时，试图摆脱焦虑或者压抑焦虑不是很好的解决办法。

（三）分析认知（analyze）

认知行为疗法是 A.T.贝克在 20 世纪 60 年代发展出的一种有结构、短程、认知取向的心理治疗方法，对于因不合理认知成分造成的负性情绪反应有非常显著的作用。根据认知行为疗法的原理，认知是指一个人对某件事或某个对象的认知和看法、对自己的看法、对人的想法、对环境的认识和对事的见解等。贝克认为人的情绪来自人对所遭遇的事情的信念、评价、解释或哲学观点，而非来自事情本身。自动思维是指遇到事件后脑中出现的想法。自动思维没有好坏之分，只有适应和非适应之分。非适应思维也称歪曲思维或错误思维。常见的歪曲思维有以下几种。

（1）主观臆想：缺乏根据，主观武断推测。例如，某位学生考试挂科了，便推想所有的同学会因此看不起他。

（2）一叶障目：置总体前后关系和背景不顾，只看细节或一时的表现而做出结论。例如，某位学生在一次考试中有一道题答不出，事后一心只想着未答的那道题，并感到这场考试很失败。

（3）乱贴标签，即片面地把自己或别人公式化。例如，某位学生认为自己学习成绩不好，自己就是"坏孩子"。

（4）非此即彼的绝对思想：认为非白即黑，不好即坏，不能容错，要求十全十美。例如，某位学生高考不理想，没考上目标院校，便认为自己是失败者，一切都完了。

当识别到不合理的自动思维时，我们可以通过发散性思维技术、可能性区域技术、控辩方证据技术等得出替代思维，取代自动思维。思维改变，行为也随之要做出改变（行为改变），有效的行为改变可以解决情境中的问题。图5-10所示为自动思维矫正模型。

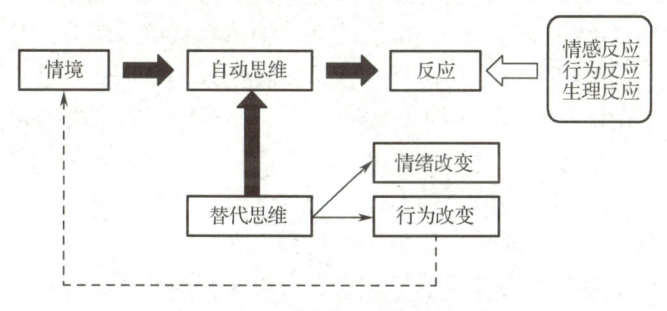

图 5-10　自动思维矫正模型

（四）调整行为（adjust）

在日常的情绪调节中，我们可以通过自我训练（train）来调整行为。自我训练模型包含倾诉、放松、活动、兴趣和营养。自我训练模型如图5-11所示。

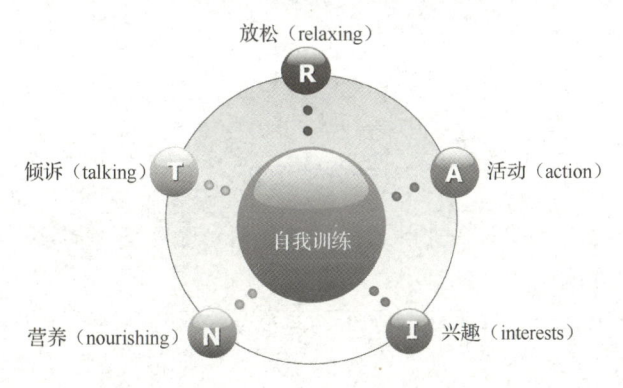

图 5-11　自我训练模型

1. 倾诉

在日常的学习生活中，大学生可能产生紧张、焦虑、恐慌、压抑等不良情绪。如果这些不良情绪得不到缓解，容易引发心理问题。及时倾诉是缓解不良情绪、恢复心理平衡、保证情感健康的有效方式。倾诉，是基于想要被安慰、被理解、被接纳的期待。因此，倾诉需要一定的技巧。以下是一些倾诉的技巧。

（1）找对倾诉对象。家人、同学、朋友等能够给自己的内心提供支持的，都可以成为倾诉对象。当感觉苦恼或察觉自己出现不良情绪时，同学们可根据自身实际情况，寻找合适的倾诉对象，从而有效缓解心理压力。

（2）找准倾诉时机和环境。倾诉要找到合适的时机和环境，避免不分场合、不分时机地打扰他人。

（3）找好倾诉方法。倾诉时要讲清影响情绪的主要事件，注重沟通交流，单纯的倾听易使人感觉枯燥乏味。倾诉时可适时注意倾诉对象的反应，给对方表达想法的机会。如果一味倾诉，可能使倾诉对象出现消极反应。这种消极反应还可能影响倾诉者，使倾诉者更加焦虑、不安。

2. 放松

（1）运动放松。心理学研究的证据显示，运动的确具有调节情绪的功能。古典情绪理论认为，情绪是一种能量或动机。规律运动或增加身体活动量不但可以提升体能，而且有助于整个人体的健康，还能增进人际互动与心理、情绪的改善。运动除了可以减轻沮丧情绪，也可以改善心情，舒缓压力，让人产生愉快的感觉。个体在从事运动时，可以将平日累积的压力、疲劳、不满等负面情绪加以宣泄，将其转移与转化成为自信的、使人愉悦的、有信心的正面力量，在肯定、愉快与自信的感觉中提升个人心理和生理的幸福感并得到新的力量。

（2）睡眠放松。长期睡眠不足对健康会有很大的损害，表现在神经系统过度疲劳，以致可能发生神经衰弱，体力和脑力劳动效率低，精神不足，记忆力减退，出现头昏脑涨、眼花耳鸣、全身乏力等状况。保持睡眠与觉醒周期交替出现，即维持正常的昼夜节律对于保证人正常的心理和生理活动至关重要。睡眠的发生与调控是脑的特有功能之一，并涉及全身各个方面的变化。睡眠具有以下功能。

① 促进脑功能的发育和发展。
② 保存脑的能量。
③ 巩固记忆及保证大脑发挥最佳功能。
④ 促进机体生长，延缓衰老。

心理活动

一分钟正念

端坐在一把直背靠椅上。如果可以的话，后背稍稍远离座椅靠背，让脊椎处于自行支撑的状态。将双脚平放在地面上。双眼闭合或俯视。

将注意力放在呼吸上，关注吸气和呼气，注意每次吸气和呼气的不同感受。只需关注气息运行，不用去寻找特别的感受。没有必要以任何形式调节气息。

不久，你的注意力可能开始游走。此时，将注意力轻轻拉回到呼吸动作，不要对自己过于严苛——意识到注意力分散后，只需将其重新引导回来，无须责备自己，这是正念的关键。

最后，你的脑海可能平静得如一潭静水。当然，你也可能达不到这样的境界。即使达到绝对安静的状态，这种感觉也有可能极为短暂。无论出现哪种情况，都要顺其自然。

一分钟以后，睁开双眼，重新环顾室内景象。

3. 活动

借助其他活动把因紧张情绪积聚起的能量排遣出来，是使紧张得以松弛、缓和的一种调节方法。例如，有人因陷入逆境气愤得不得了时，到操场上猛踢一场球，猛打一阵沙袋，弄得满头大汗、气喘吁吁，心中的风暴就会平息下来。我们可以把在紧张状态下积聚起来的能量转移到其他无害的活动中去。例如，受到挫折，感到郁闷、盛怒时，可以到操场进行体育锻炼，或者在空地上以高速度冲刺几百米，弄得满头大汗，气喘吁吁，心里也就自然平静下来。若实在痛苦，你也不妨大哭一场，如同夏天的暴风雨，越是倾盆而下，天就越晴得快。人痛哭一场，将多余的生化物质随着眼泪排出体外，对身体自然是有利的，这样也有助于及时恢复心理平衡。

4. 兴趣

培养积极健康的兴趣是调适心情的重要方法之一。面对生活、学习和就业的压力，大学生可以参加第二课堂的活动，参加社团文化活动，培养自己的兴趣爱好，作为生活的调剂。课余生活选择旅游、烹饪、陶艺、绘画等兴趣活动，通过艺术的熏陶，可以增加生活情趣。进行艺术创造活动，不仅有助于减轻精神紧张的压力，而且有让人意想不到的好处。当醉心于某种艺术爱好时，独自一人也不会感到寂寞。通过审美活动来影响心理过程，把它们化作纯正的社会动机。

心理活动

禅绕画——治愈心灵、平复情绪的减压方式

只要一笔一画，凡事皆有可能。禅绕画是一种简单易学、轻松、有趣的绘画技法，通过结构化的图样，创作出美丽的图像，使人从紧张和压力中得到释放，回归宁静。

图 5-12 为禅绕画示例。

图 5-12 禅绕画示例

【工具准备】

一支黑色水笔，一支红色水笔，一支 2B 铅笔。

一根棉签，一张白纸（素描本）。

【绘画方法】

（1）用铅笔点 4 个圆点，两点间距均是 9 厘米。

（2）用铅笔将 4 个圆点连接成正方形。

（3）在正方形内画两条平行线。

（4）旋转"纸砖"，再画两条平行线，这组平行线看上去在第一组平行线的下方。

（5）再次旋转"纸砖"，画另一组平行线，这组平行线位于前两组平行线的下方。

（6）继续旋转并重复画平行线，直至填满整个区域。
（7）如果喜欢，你可以把背景涂黑。

5. 营养

心理健康最容易被忽视的方面是营养摄入。食物对人的健康和情绪，有着超出想象的重要作用。医学研究发现，某些食物含有的营养素可以调节神经递质的含量，令人的心情变得安宁、愉悦，从而非常有效地减轻压力。通过科学膳食、合理配餐，可以调理身体机能，调节情绪。

心理测试

情绪调节

表 5-3 是情绪调节问卷，表中有关于情绪调节的 17 种表述，请根据与自己符合的程度，在相应项目的分数上打"√"。

表 5-3　情绪调节问卷

项　　目	完全不是	基本不是	有时是	基本是	完全是
1. 令人高兴的事情发生时，我会表达自己的愉悦之情	1	2	3	4	5
2. 参加聚会时，我会尽情表达自己的快乐	1	2	3	4	5
3. 面对感兴趣的人或物时，我会积极表达我的兴奋之情	1	2	3	4	5
4. 当运动员为国争光时，我会感到非常荣耀	1	2	3	4	5
5. 预期目标实现时，我会对自己感到满意	1	2	3	4	5
6. 我会为自己的成功雀跃	1	2	3	4	5
7. 受到父母或其他重要人物斥责时，我能控制自己的消极情绪	1	2	3	4	5
8. 当别人故意找麻烦时，我能避免恼火	1	2	3	4	5
9. 碰到败兴的事情后，我能很快摆脱恼怒的情绪	1	2	3	4	5
10. 当生气时，我能避免勃然大怒	1	2	3	4	5
11. 孤独时我能够让自己远离沮丧	1	2	3	4	5
12. 面对尖锐的批评，我能够不气馁	1	2	3	4	5
13. 未获得应得的赞赏时，我能够减轻心中的失落感	1	2	3	4	5
14. 面对困难，我能够不气馁	1	2	3	4	5
15. 感到内疚时，我能够让自己不受影响	1	2	3	4	5
16. 因能力不足未能实现目标，我能尽量避免消极体验	1	2	3	4	5
17. 感到羞耻时，我能够积极地自我调节	1	2	3	4	5

第三节 心理压力的调适与缓解

一、压力的定义与概述

压力也称应激,原本是一个物理学概念。1936 年,这个概念首先由加拿大心理学家薛利提出,因此他被称为"压力之父"。薛利认为压力是产生于个人无能力、无资源应对"外在需求"时的一种非特定的生理反应。

艾利斯则提出,应激情境本身很少作为压力而存在,压力来自人类的内部认知系统,与个人的"认知系统"及"价值系统"相关。如果适当修正自我的完美主义,大半的压力情绪就可以减轻。

我国学者黄希庭认为,压力是由压力源、压力反应和压力感三个方面构成的,即心理学上所说的压力有三种含义:一是现实存在的具有威胁性的刺激,即压力源;二是人对压力事件的反应,即压力反应;三是威胁性刺激带来的一种被压迫的主观感受,即压力感。这三个部分相互联系、相互影响,表现为认知、情绪、行为的有机结合,是个体的一种综合性心理状态。

二、压力形成的过程

压力的形成是一个动态的反应过程,这个过程大体上包含压力诱因的来源、对压力源的主观评价和压力泛滥的身心反应三个阶段。

(一)压力诱因的来源

压力源包括生物性压力源、精神性压力源和社会性压力源。

1. 生物性压力源

直接阻碍和破坏个体生存与种族延续的事件,包括躯体创伤和疾病,饥饿、性剥夺、睡眠剥夺、感染、噪声、气温变化等。

2. 精神性压力源

直接阻碍和破坏个体正常精神需求的内在和外在事件,包括错误的认知结构、个体不良经验、道德冲突及长期生活经历造成的不良个性心理特点(易受暗示、多疑、嫉妒、自责、悔恨、怨恨等)。

3. 社会性压力源

直接阻碍和破坏个体社会需求的事件,包括纯社会性的(重大社会变革、重要人际关系破裂等)和由自身状况造成的人际适应问题(如社会交往不良等)。

(二)对压力源的主观评价

如果只有压力诱因,还不足以形成压力。因为个体若不把这种刺激当作一个严重问题,没有做出相应的反应,或者个体愿意把这种内外刺激看作自己能力资源可以应对的挑战,那么就构不成所谓的压力。只有当人们感受到环境刺激和内在期望已经超出了自身资源与能力水平，并对自己的身心造成了威胁，才会确认压力的存在。由此可见，压力反应是否出现及反应强度均取决于我们对失败后果严重性的主观评价。

（三）压力泛滥的身心反应

压力的影响具有双重性，压力引起的反应也是多方面的，可以应对的压力不仅没有破坏性，而且会给人带来更强的动力。但如果个体感到自己无法处理压力源时，就会采取一定的防卫措施，以保护自己不受压力的伤害。一般来说，当面临压力时，人会产生一系列身体上和心理上的反应。这些反应是一系列生理和心理反应的综合表现，在一定程度上是机体主动适应环境变化的需要，它能唤起和发挥机体的潜能，增强抵御和抗病能力，但如果反应过于强烈或持久，就可能导致生理、心理功能的紊乱。

三、压力反应

（一）压力反应的阶段

医学界及心理学家研究发现，人在面对压力时，通常有三个反应阶段。

第一阶段：警觉阶段（健康状态，感受到危险、威胁，准备做些事消除危险）。

第二阶段：抵抗阶段（容易生病的亚健康状态，已经处在压力状态下过长的时间）。

第三阶段：衰竭阶段（身体严重透支，已经患某种疾病，身体已经有器质性病变）。

在第一阶段和第二阶段，人有能量做一些努力来抗争，有机会消除或减少压力。这就像有蚊子打蚊子，有老虎打老虎，打不过就逃跑，总之有能力与导致压力的事物进行抗争，或使其改变，或逃离。当一个人到了应对压力的第三阶段时，身体已经严重透支，心理上往往就会产生习得性无助，放弃努力和抗争，身心俱疲，或已经麻木，往往这时就会有各种疾病产生。

一些负面事件只是让我们感到不爽，而不是令我们有很大的情绪起伏，这时我们通常处在应对压力的第一个阶段——警觉阶段，这时我们会意识到有些事物给自己带来压力和威胁，会对它们小心起来。这个时候，我们会心跳略微加速，有些紧张，身体分泌肾上腺素，准备迎接挑战，或逃离危险。

从身体层面来讲，人通常在警觉阶段不太容易生病，只是心情有些波动，而且很容易调整。但是，若不能及时消除压力源，不能尽快解决问题，导致压力的事物（或内在压力源）长期存在，人就会进入应对压力的第二阶段——抵抗阶段。

在抵抗阶段，人不只是情绪有波动，身体也会出现很多的变化。人在抵抗阶段持续一段时间后容易出现体重变化、头痛、头晕、眼睛疲劳、胃痛、气喘、便秘、心跳加快、血压上升、血糖增加与血液凝结、食欲减退、睡眠障碍、心惊肉跳、口干、尿意频、无力、易倦、全身慢性疼痛、性功能障碍或性欲减退、月经不调或停止泌乳等症状。如果压力源（令你有情绪压力的事物或内在经验）在此中断，即可恢复正常。这个时期，人还没有出现比较明显的病症，这个状态往往被称为亚健康状态。

如果这些情绪和压力长期持续，人身体的调节能力会逐渐减弱或丧失，于是进入应对压力的第三阶段——衰竭阶段。到了衰竭期，人通常已经生病了。所以，若想避免自己生大病，一定要在警觉阶段和抵抗阶段及时进行调整，释放压力，调整身心状态。

在衰竭阶段，人长期处在压力下，耗尽了免疫系统与身体能量，导致最后崩溃。这时，体内有关激素的分泌功能已出现障碍，人变得软弱无力，再也无法应对压力情境。这个阶段会出现心脏病、高血压、胆固醇增加、心室肥大、皮肤起疹、淋巴腺炎、甲状腺异常、秃头、胃及十二指肠溃疡、狭心症、心肌梗死、癌症、冠心病、支气管哮喘等。假如压力状态继续存在，参与压力反应的身体组织将大量病变，严重者可导致死亡。

可以说，应对压力的第一阶段是人无法避免的，也是有助于生存的；第二阶段也是人在短时间内可以承受的，只有第三阶段是极其危害人的身心健康的。因此，及时觉察和调整自己的情绪和压力，让自己更多时间处在很少压力，甚至无压力的状态，才能给自己的身心健康做好保障。

（二）压力的心理反应

压力导致的心理反应可以在生理、认知、情绪、行为四个方面表现出来。

1. 生理反应

头痛的频率和程度不断增加；肌肉紧张，特别是颈部、肩部、背部、头部的肌肉紧张；皮肤干燥、有斑点或刺痛；消化系统出现问题（胃痛、腹泻）。心悸和胸部疼痛也经常是与压力有关的预警信号。

2. 认知反应

注意力不集中，走神；优柔寡断，小事情也不敢做决定；记忆力衰退，经常忘记做事情；判断力变差，导致做出错误决定；对周围的环境持消极态度。

3. 情绪反应

容易烦躁，或者喜怒无常；消沉和经常发愁，生活无乐趣；丧失信心和自暴自弃；精力枯竭，缺乏积极性；充满疏远感，冷漠。

4. 行为反应

睡眠不好，失眠或者睡眠时间过长，多梦或经常做噩梦；比平时更多饮酒或者抽烟；不愿意和朋友或者家庭成员交流，觉得累；坐立不安，烦躁。

四、压力的调适与缓解

（一）压力调适的方法

1. 转移注意力

如果心理压力特别大，我们要学会释放，可以通过放声大吼、大哭等方式，将心底的不开心完全发泄出来，也可以做一些自己喜欢做的事情来转移自己的注意力，如画画、听音乐、看电影等，继而达到缓解压力的效果。

2. 养成良好睡眠习惯

简单来说，就是固定睡觉的时间，在需要休息时再上床睡觉，其余时间避免在床上待得太久。如果睡眠质量低或者有失眠现象出现，可以采取一些辅助睡眠的措施，如使用耳塞、眼罩，或者播放一些入睡前的助眠音乐等。若在尝试上述方法后还是改善不了睡眠质量的话，可能代表你有失眠的症状，需要向专业的心理机构或医疗机构寻求帮助。

3. 学会时间管理

有效的时间管理，能使压力得到有效的控制。明确自己的目标及方向，分别拟出长期和短期计划，按照自己眼下待处理的事项进行安排，并按部就班地去完成，优先处理最重要的事情，预留出时间处理突发状况，从而有条不紊地应对每一天的挑战。

4. 学习放松的技巧

（1）腹式呼吸放松训练。腹式呼吸也称放松呼吸。它是一种通过深且缓慢的呼吸方式来减轻压力、进行放松的简单训练方法。

（2）想象放松训练。想象放松训练是通过指导语引导我们想象自己处于一个舒适安全的环境里，想象暖流经过全身各个部位，带走紧张感和不适感，以达到身心放松的效果。

（3）体育锻炼和瑜伽，以及深呼吸和冥想可以有效缓解压力。

5. 要培养利他精神

利他就是对人的兴趣大于对物的兴趣，关注别人胜于关注自己。我们要学会和自己相处，接纳自己的优点和缺点，培养自己在一人面对困难时，解决困难的能力。

6. 心理咨询

通过与专业心理疏导人员聊天等方式，排解心中的消极负面情绪，进而缓解心理压力。

心理活动

我的压力升温表

【目的】让同学清楚了解自己的压力组成。

【时间】约20分钟。

【适用对象】团体所有成员。

【工具】一张A4纸、一支笔。

【步骤】如果用压力温度计给你测量，目前你的压力值是多少？它们都由哪些事件组成？请在纸上，把它们画出来。绘制属于自己的压力升温表，寻找自己的压力事件并分享。

每个人都有压力，压力是生活中不可避免的一部分。我们不能像关掉水龙头一样随心所欲地关掉它，但可以去管理它，学会用最佳的方式和压力相处。

心理测试

生活事件自评

请仔细回想，过去12个月内，你和你的家庭是否发生过表5-4中列举的事件。请仔细阅读表中每一个项目，如果没有发生过，请直接在"未发生"下面打"√"；如果发生过，请根据事件给你造成的苦恼程度，把最符合你苦恼程度的数字圈起来。（其中0代表未发生；1代表没有；2代表轻度；3代表中度；4代表重度；5代表极度。）

表 5-4 青少年自评生活事件量表

生 活 事 件	未发生	发生过及对你的影响程度				
		没有	轻度	中度	重度	极度
1. 被人误会或错怪	0	1	2	3	4	5
2. 受人歧视、冷遇	0	1	2	3	4	5
3. 考试失败或不理想	0	1	2	3	4	5
4. 与同学或好友发生纠纷	0	1	2	3	4	5
5. 生活习惯（饮食、休息等）明显变化	0	1	2	3	4	5
6. 不喜欢上学	0	1	2	3	4	5
7. 恋爱不顺利或失恋	0	1	2	3	4	5
8. 长期远离家人，不能与家人团聚	0	1	2	3	4	5
9. 学习负担重	0	1	2	3	4	5
10. 与老师关系紧张	0	1	2	3	4	5
11. 本人患急病、重病	0	1	2	3	4	5
12. 亲友患急病、重病	0	1	2	3	4	5
13. 亲友死亡	0	1	2	3	4	5
14. 被盗或丢失东西	0	1	2	3	4	5
15. 当众丢面子	0	1	2	3	4	5
16. 家庭经济困难	0	1	2	3	4	5
17. 家庭内部有矛盾	0	1	2	3	4	5
18. 预期评选（如三好学生）落空	0	1	2	3	4	5
19. 受批评或处分	0	1	2	3	4	5
20. 转学或休学	0	1	2	3	4	5
21. 被罚款	0	1	2	3	4	5
22. 有升学压力	0	1	2	3	4	5
23. 与人打架	0	1	2	3	4	5
24. 遭父母打骂	0	1	2	3	4	5
25. 家庭给你施加学习压力	0	1	2	3	4	5
26. 意外惊吓，发生事故	0	1	2	3	4	5
27. 如有其他事情，请说明	0	1	2	3	4	5

第六章　大学生恋爱与性心理

教学目标

【认知】认识爱情，了解恋爱心理及大学生常见的恋爱心理问题，了解性心理知识。
【情感】正确看待爱情，形成健康的恋爱观。
【行为】掌握恋爱心理调适方法及性心理调适方法。

心理案例

小沁进入大学，终于可以不受父母的约束了，想要谈一场轰轰烈烈的恋爱。开学不久，小沁认识了同班同学小胡，二人都没谈过恋爱，经过短暂聊天接触，很快确定了恋爱关系。恋爱初期，他们像普通大学情侣一样，一起吃饭、学习、散步，偶尔出校看电影，逛商场。有一天，小沁的朋友小思问："我们班有个同学正在追求我，但我不懂到底什么是真正的喜欢。作为一个正在热恋中的女孩，你有什么经验能分享给我吗？"小沁说："只要这个人一开始你不讨厌，不论现在喜欢与否，在一起试试，说不定相处之后就会真正喜欢了。"小思回复："那你当初不是因为喜欢小胡才在一起的吗？"这时小沁又陷入了纠结："我是因为想谈恋爱而谈恋爱，还是遇见了喜欢的人才想跟他谈恋爱？也许只是想体验一次恋爱的感觉吧……"

思考与讨论：
（1）你认为小沁是因为什么和小胡谈恋爱的？
（2）你会为了体验恋爱的感觉而谈恋爱吗？为什么？

第一节　恋爱心理概述

一、爱情

爱情是一种高尚的情操，健康的爱情会使人身心愉悦，让人产生美好的心理体验。
与友情相区别，爱情具有以下的特点。
（1）爱情以正常性生理发展为基础。一般来说，爱情是基于男女两性之间生理差异的基础上发展起来的生理和情感需要；当性生理功能和性心理出现异常时，爱情可能出现某些变异。
（2）爱情是一种社会情感，既受到社会法律和道德的约束，也包含经济和价值利益的交换。
（3）爱情是一种具有强烈的相互吸引力和愉悦体验的高级情感，性爱是爱情的必要构成成分，但性爱并不等于爱情。

（4）男女双方彼此尊重和关心是爱情的基础，忠诚与信任是爱情的保证，专一性或排他性是爱情的核心。

由此可见，爱情是人的自然属性和社会属性的统一体。爱情是男女双方相互需要、相互欣赏和倾慕，自愿结合为一个家庭，并具有排他性的一种高级情感和社会承诺。男女双方培育爱情的过程称为恋爱。

二、爱情的理论

（一）爱情三角理论

美国心理学家罗伯特·斯滕伯格提出了爱情三角理论，阐释了爱情的本质，如图 6-1 所示。爱情三角理论是目前最重要且最为人熟知的理论之一，按照这一理论，爱情有三种成分，斯滕伯格将这三种成分形象地比喻为"爱情三角形"的顶点。这三种成分分别是亲密、激情和承诺。

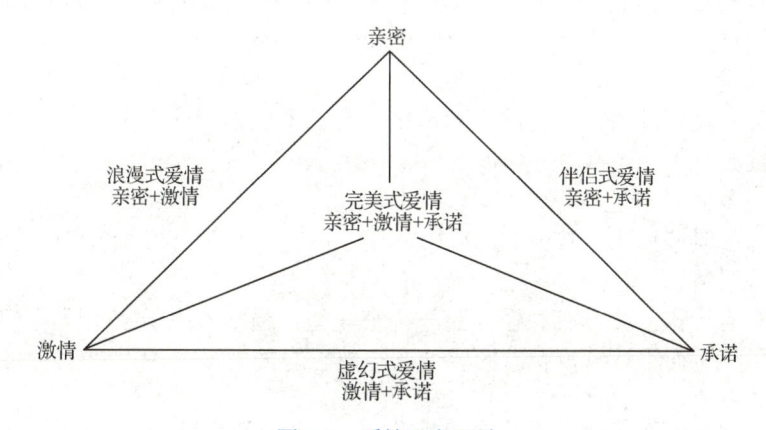

图 6-1 爱情三角理论

1. 亲密

亲密指在爱情关系中能促进亲近、联结等体验的情感，它能引起亲近和温暖的情感体验。这是爱情中的情绪成分，它包括以下内容。

（1）改善所爱的人的福祉的愿望。
（2）与所爱的人在一起体验到快乐。
（3）对所爱的人高度关注。
（4）在需要帮助时首先想到所爱的人。
（5）双方互相理解。
（6）分享自我。
（7）接受来自所爱的人的情感方面的支持。
（8）对所爱的人提供情感方面的支持。
（9）能与所爱的人进行亲密的沟通。
（10）重视对方在自己生活中的价值。

亲密这一成分也广泛地存在于较深的友谊关系中。

2. 激情

激情是基于浪漫、身体吸引之上的性冲动与性兴奋，是爱情中的性欲成分，是爱情的主要驱动力，也是爱情中的情绪成分。激情是一种强烈的情感表现形式，往往发生在强烈刺激或突如其来的变化之后，具有迅猛、激烈、难以抑制等特点。激情能引起浪漫恋爱、体态吸引，以及爱情关系中的其他现象。在爱情关系中，性的需要是引起这种激情体验的主导方式。

3. 承诺

承诺是爱情中的理智成分，它对情绪和动机是一种控制因素。承诺是指维持关系的决定和意向，具体来说包括两方面：在短期方面，指一个人有意识地做出了爱另外一个人的决定；在长期方面，指那些能维持爱情关系的担保、投入、忠心、义务感或责任心，反映了个体想要长久地维持一种关系的意向。但是，在一段爱情中，不一定同时具备这两个方面。一个人做出了爱另一个人的决定并不一定意味着会长久地和这个人维持关系，而有时一个人想要长久地维持和另一个人的这种关系却不一定意味着他做出了爱的决定。

亲密、激情与承诺组成了"爱情三角形"的三个顶点。成为对爱情进行描述的维度，圆满的爱包含这三种成分，在此基础上，爱情可以分成8种类型。

（1）喜欢式爱情。

两者之间只有亲密体验，没有激情和承诺。常见于长期相处产生的相知感，存在朋友式的默契，这种关系只能为亲密，如异性友谊。

（2）迷恋式爱情。

两者之间只有激情体验，双方彼此吸引，相互渴望，但真正相处起来可能有些困难。

（3）空洞式爱情。

两者之间只有承诺，并没有激情体验与亲密关系，通常是由于某些原因而进行关系的维护。例如，为了孩子而维持婚姻状态的感情已经破裂的夫妻。

（4）浪漫式爱情。

两者之间有亲密关系和激情体验，但没有承诺。追求轰轰烈烈的爱情过程，但不在乎结果。

（5）伴侣式爱情。

两者之间存在亲密关系和承诺，但缺乏激情。例如，老夫老妻，依靠亲情和责任相互照顾与陪伴。

（6）虚幻式爱情。

两者之间有激情体验和承诺，但由于缺乏了解，没有亲密关系。

（7）完美爱情。

两者之间同时具备亲密、激情与承诺三要素。激情使双方相互渴望，亲密和承诺保证了彼此间稳定、长久的关系，这是对爱情最完美的诠释。

（8）无爱。

两者之间不具备任何一种要素，如同陌生人一般。

心理测试

爱情测量

表6-1为斯滕伯格爱情三角量表，确定你与爱人之间的感情，哪一种成分含量最高。用1～

9分来表示你对每个描述的赞同程度，1分表示"完全不同意"，5分表示"一般"，9分表示"完全同意"。

表 6-1　斯滕伯格爱情三角量表

	爱情状态描述	分　　数
亲密成分	1. 我很支持爱人的幸福	
	2. 我和爱人之间关系很好	
	3. 在我需要时，我很信赖爱人	
	4. 爱人也能在需要时信赖我	
	5. 我愿意和爱人分享我自己及我拥有的东西	
	6. 我从爱人那里得到许多情感支持	
	7. 我给爱人许多情感支持	
	8. 我和爱人沟通良好	
	9. 在我的生活中，我非常看重爱人	
	10. 我感觉与爱人亲近	
	11. 我和爱人之间的关系让我感觉舒服	
	12. 我感觉我真正理解爱人	
	13. 我感觉爱人真正理解我	
	14. 我感觉我能真正信任爱人	
	15. 我可以向爱人分享自己内心深处的个人想法	
激情成分	16. 只要见到爱人就会让我兴奋	
	17. 我发觉一整天我都会频繁地想到爱人	
	18. 我和爱人的关系非常浪漫	
	19. 我发现爱人非常具有个人魅力	
	20. 我认为爱人很理想	
	21. 我无法想象另一个人可能带给我爱人带给我的快乐	
	22. 和其他人相比，我更愿意和爱人待在一起	
	23. 没有什么比我和爱人之间的关系更重要	
	24. 我特别喜欢和爱人保持身体接触	
	25. 在我和爱人的关系中有一种叫"魔力"的东西	
	26. 我崇拜爱人	
	27. 我不能想象我的生活中没有爱人的状况	
	28. 我和爱人的关系充满激情	
	29. 当看到爱情题材的电影和书时，我都会想到爱人	
	30. 我对爱人充满激情	
承诺成分	31. 我知道我关心我的爱人	
	32. 我保证我会和我的爱人保持关系	
	33. 因为我已经对爱人做出了承诺，我不会让其他人干扰我们的关系	

续表

爱情状态描述		分　　数
承诺成分	34. 我相信我和爱人的关系是稳定的	
	35. 我不会让任何事情干扰我对爱人的承诺	
	36. 我期望我对爱人的爱一直到永远	
	37. 我会常常感觉对爱人有强烈的责任感	
	38. 我认为我对爱人的承诺不会变化	
	39. 我无法想象我与爱人关系结束的情景	
	40. 我能确定我对爱人的爱	
	41. 我认为我和爱人的关系会长久	
	42. 我认为我和爱人的关系是我做出的一个好决定	
	43. 我感觉对爱人有一种责任感	
	44. 我打算继续和爱人保持关系	
	45. 即使与爱人很难相处，我也会维持我们的关系承诺	

心理案例

A 女生是经贸学院某专业大学二年级的学生，性格开朗，但外表一般。她在大学二年级开学时认识了某院男生，两个人刚交朋友的时候关系很好，每天一起吃饭，一起学习。相处一段时间后，男生感觉两个人性格不合，就提出分手。A 女生情绪反应特别大，坚决不同意分手，当时还在学校门口发生口角和肢体冲突，被值班教师制止。当时，女孩子情绪很激动，通过与辅导员谈话，逐渐平息。后来，两人又和好，此后经常因为一点小事发生冲突，甚至动起手来。

思考与讨论：
A 女生的爱情属于哪种类型？

（二）成熟的爱情关系

成熟、稳定、良好的爱情关系包含哪些要素呢？心理学家艾瑞克·弗洛姆认为成熟的爱包含以下五个基本要素。

1. 给予

爱情是一种积极的情绪，成熟的爱情关系包含的要素也是积极的。因此，爱情首先是给予，而不是索取。给予等同于付出，给予代表着力量的最高表现。人能够通过给予体验到自身的力量、富有与活力。虽然有时候给予可能意味着牺牲，但由于人能够通过给予表现自己的生命力，通常给予比索取能带给人更多的愉快体验。

给予的东西包含物质的，但更多的是在一个人内心有生命力的东西，如与人分享自己的欢乐、兴趣、知识、悲伤等。总之，给予是包含物质并超越物质的，是一个人身上有生命力的东西。给予不仅能够给对方带来积极的情绪体验，而且丰富了自己的内心世界。

人应该用爱去换爱，用信任换取信任。如果你想欣赏艺术，就必须是一个有艺术修养的人；如果你想对他人施加影响，就必须是一个能促进他人进步和鼓舞他人的人。

打算以爱的形式给予的人不应该把对方看作自己帮助的对象，而应该同对方建立一种真正的、创造性的紧密关系。

2. 关怀

关怀是爱的表现形式，成熟的爱情是对于我们所爱之物生长的积极关怀。如果在两者之间缺乏这种对生长的积极关怀，那么这是不完整的爱，是口头上的爱，是病态的爱。关怀因爱而生，对所爱者不仅要关注和关怀，更要尽心尽责。

3. 责任心

责任心的含义是"一个完全自觉的行动"，是"我"对另一个生命表达出来或尚未表达出来的愿望的答复。在爱情中，责任心意味着双方会为彼此的感情而努力，承担自己在爱情中应该承担的责任。

4. 尊重

如果没有尊重，那么责任心就有可能把爱情变成控制和占有。爱情中的尊重，是希望爱的人能够自由地成长、发展，成为更好的样子，而不是用所谓的责任心"绑架"对方，要求对方为自己妥协和牺牲。

尊重的含义是实事求是地正视对方和认识对方独有的个性。"我"希望一个被"我"爱的人首先是独立的个体，能以自己的方式，为自己去成长、发展，而不是服务于"我"。爱情不是改变，爱一个人就应该接受他本来的面目，而不是要求他成为"我"希望的样子。爱情是自由的，在爱情中的双方都不应控制对方或被控制。

5. 了解

人们只有认识对方、了解对方，才能做到真正尊重对方。如果没有了解的引导，爱情中的关心和责任心都会是盲目的；而如果不是从关心的角度出发去了解对方，那么了解便是一句空话。了解作为爱的一个方面，不能停留在表面，要深入事物的内部。只有深入了解对方，才能够真正站在对方的角度理解对方。

在成熟的爱情关系中，应该是因为我爱你，所以我愿意给予你，我愿意关怀你，我愿意尊重你，我愿意更多地了解你，我愿意为我们的爱努力。只有同时具备以上五个基本要素，才是成熟的爱情关系。

心理活动

爱怕什么（节选）[①]

爱挺娇气挺笨挺糊涂的，有很多怕的东西。

爱怕撒谎。当我们不爱的时候，假装爱是一件痛苦而倒霉的事情。假如别人识破，我们就成了虚伪的坏蛋。

---

① 作者毕淑敏，有改动。

你骗了别人的钱，可以退赔，你骗了别人的爱，就成了无赦的罪人。假如别人不曾识破，那就更惨。除非你已良心丧尽，否则便要承诺爱的假象，承受心灵深处的绞杀，永无宁日。

爱怕沉默。太多的人以为爱到深处是无言。其实爱是很难描述的一种情感，需要详尽地表达和传递。爱需要行动，但绝不仅是行动，或者是语言和感情的流露，也是行动不可或缺的一部分。

爱需要表达，就像耗电太快的电器，每日都得充电。重复而新鲜地描述爱意吧，它是一种勇敢和智慧的艺术。

爱怕犹豫。爱是羞怯和机灵的，一不留神它就吃了鱼饵消失。爱的初起往往是柔若无骨的碰撞和翩若惊鸿的动力。在爱的极早期，就敏锐地识别自己的真爱，是一种能力，更是一种果敢。爱一个事业，就奋不顾身地投入；爱一个人，就勇往直前地追求；爱一个民族，就挫骨扬灰地献身。

思考与讨论:
大学生爱情到底怕什么？

第二节 恋爱心理的发展阶段

一、对异性的敏感期

随着青春期的来临、第二性征的出现及性意识的觉醒，青少年的生理和心理发生急剧变化，且性别不同的青少年产生的变化也不同。在这个时期，青少年开始对性别差异非常敏感，在异性面前时常会感到羞怯和不安。常见的现象是，学生们在班级里面分成男女两个阵营，同时羞于谈论关于恋爱的话题，并且对于异性交往的关注较之前更多。

二、对异性的向往期

随着性生理的发育成熟，青少年性心理开始发展。在这个时期，男、女青年之间会产生异性之间的相互吸引，同时出现彼此希望接触的意愿。但是，处在这一阶段的男、女青年的生理和自我意识尚不成熟，他们的恋爱心理也是不成熟的，他们向往的对象基本上是泛化的、不稳定的、缺乏专一性的。此阶段也称为泛爱期。

三、恋爱择偶期

在恋爱择偶期，男、女青年的性心理已逐步发展成熟，恋爱观也逐渐建立起来，对异性的向往开始明确，想要选择自己的恋爱对象，建立爱情关系。处在恋爱择偶期的男、女青年的恋爱心理已经较为成熟。

大学生的年龄一般是17~23岁，正处于对异性的向往期向恋爱择偶期的过渡阶段，是由不成熟的恋爱心理向成熟的恋爱心理过渡的阶段。在这个阶段，拥有良好的恋爱观对于大学生来说至关重要，能够使大学生与异性相处更加融洽，更容易做到相互理解、支持和包容，对于恋爱有更加成熟的思考和规划。因此，大学生需要学习恋爱相关知识，树立良好的恋爱观，为自己的恋爱择偶打下良好的基础。

第三节　大学生恋爱中的心理问题及调适

一、大学生常见的恋爱心理问题

恋爱是一个长期的发展过程，大学生在恋爱过程中的择偶心理容易发生偏差。因此，大学生在恋爱中通常会遇到不同的心理问题，常见的有以下几种情况。

（一）单相思

单相思是大学生恋爱问题中最常见的心理问题之一。单相思是指异性关系中的一方倾心于另一方，却得不到对方回报的单方面的"爱情"。单相思是进入爱情的准备阶段，也有可能完全停留在这样的状态之中，而无法得到必要的发展。单相思是很多大学生面临的一种感情痛苦，是一种不可能得到爱情的感情体验。单相思常常会使人自作多情，想入非非，产生爱情错觉，即在异性间的接触、往来关系中，一方错误地认为对方对自己有意，或者把双方正常的交往和友谊误认为是爱情来临。单相思是一种虚幻的爱情，是恋爱心理的一种认知和情感的失误。爱情是相互的，是两情相悦的。大学生要从单相思中解脱出来需要做到以下几点。

1. 客观理性地分析

用多种方法了解对方的心意，可以通过沟通来分析、辨明对方的意愿，也可以直接表达爱意来看对方的反馈，还可以通过其他同学从侧面了解对方真实的想法。

2. 冷静对待恋爱问题

要明白爱情应该是两情相悦的，是强求不来的。当发现自己是单相思时，就要及时寻求从单相思中解脱出来的方法，并积极实践。

3. 及时转移感情注意力

一旦发现自己是单相思，追求的对象对自己根本没有爱的意思，就应该及时地转移感情注意力，可以将精力放在学习上，或放在自己的兴趣爱好上，慢慢地调整心态，从单相思中解脱出来。

（二）多角恋

如果一个人同时喜欢两个以上的异性并保持恋爱关系，或者同时接受两个以上异性的追求，就是"三角恋"或"多角恋"。在恋爱纠葛中，三角恋或多角恋是最为突出的问题。多角恋不仅导致当事人自己痛苦，而且经常使另外两个人或几个人也陷入痛苦之中。有一些大学生将多角恋视为自己魅力十足的表现，或并不在乎自己或他人的感受，将爱情视为游戏。大学生要从多角恋中觉醒需要做到以下几点。

1. 认识爱情的选择性与排他性

爱情具有选择性，可以自由选择恋爱对象，但爱情同时具有排他性，只能选择一个恋爱对象。

2. 冷静、理智地分析，重新审视自己与对象之间的恋爱关系

当发现自己处于多角恋中，自己的恋人对其他人产生感情确实会让你很痛苦，此时一定要进行冷静、理智的分析，与恋人进行坦诚的沟通，再做出抉择。

3. 急流勇退

如果发现自己走进了别人的恋爱关系中，需要鼓起勇气退出。实际上，这是一种积极解决多角恋关系的策略，并能够有效降低多角恋关系对自己及他人的伤害。

（三）失恋

无论做什么事情，都没有人能够一直成功，恋爱也是一样，有成功就有失败。失恋对于任何人来说都是一种深沉而剧烈的痛苦体验，也有可能造成一定程度的心理创伤。大学生要让自己尽快从失恋的痛苦中挣扎出来，保持心理健康，可以从以下几个方面着手。

1. 合理认知与评价

正视爱情，爱情并不是生命的全部，任何人都有爱或不爱的权利。正视失恋，失恋并不等同于失败，也不等同于失德和失态。坦然面对失恋，自己还有学业、亲情和友情，顺其自然，在合适的时候自然有合适的人走到你的身边。

2. 行为转移

听一听自己喜欢的音乐，看一看以前想看却没看的书，或做其他自己感兴趣的事情。如果有机会也可以换个环境，暂时离开能够触动恋爱回忆的情境、物品和人，能够有效地减少失恋引起的消极情绪。

3. 宽容与重生

在经过认知调整和行为转移后，多数人通常能够摆脱失恋带来的伤害，但要彻底从失恋中走出来，还需要有一颗宽容的心，以及重新面对爱的勇气。当学会宽容、谅解和遗忘时，你就可以收拾行囊重新出发，在寻找真爱的路上也能够发现新的自己。

4. 寻找失恋的意义

罗曼·罗兰曾说过，每一个创伤都标志着向前迈进了一步。一个人能够从失败中吸取教训，同样也能够在失恋中学会爱，让自己变得更加成熟。面对失恋，大学生应及时疏导和调节自己不良的情绪反应，纠正和抑制极端的消极心理倾向和行为，以积极的人生态度战胜挫折。

如果能正确认识到自己的需要，正确认识他人关于爱的权利，正确认识恋爱在自己生命中的位置，同时用恰当的、积极的方式去宣泄和转移不良情绪，大学生就会走出失恋并慢慢成熟起来。

心理案例

小桐是一名大学三年级学生，从小学至大学成绩均在班级名列前茅，家庭经济状况良好。由于父母工作忙碌，小桐从小由爷爷奶奶抚养。父母对其学习要求较高，小桐养成了内向的性格，对自己要求严格，追求完美。一个月前，小桐与男友分手，情绪低落，常常茶饭不思，夜不能寐，生活、学习、社交效率下降。

小桐与前男友相恋两年多，每天都在一起。男友对小桐无微不至，小桐也对他百依百顺，处处为他着想。大学三年级时，男友报名参加学校的国际交流项目。在他出国这段时间，因为时差关系，小桐每天颠倒作息，就是为了能在晚上和他视频联络。可是，渐渐地，小桐发现男友主动联系她的次数越来越少，直到无意间发现男友在微博上和一位女生互动非常频繁，语言甚至有些暧昧。小桐向男友询问，没想到对方竟然直接跟他摊牌，提出分手。小桐想不明白，自己那么爱他，以他为中心，为他付出了一切，为什么还留不住他的心。现在，男友离开自己，和别人好上了，自己的人生完全失败了。自从两人分手后，小桐寝食难安，不愿意去上课，学习效率直线下降，也不愿意和同学们交流，情绪低落，甚至觉得自己就是累赘，毫无价值。

思考与讨论：
（1）小桐对爱情的看法有什么错误？
（2）如何摆脱失恋的困扰？

二、恋爱心理调适

（一）确立正确的恋爱观

1. 端正恋爱动机

恋爱动机是产生恋爱行为的内因，决定恋爱目标及恋爱生活方式的选择。由于大学生拥有不同的成长环境，大学生的恋爱动机也各有不同。有的大学生因喜欢而恋爱，有的因无聊而恋爱，有的因好奇而恋爱。恋爱是为了寻求志同道合的终身伴侣，大学生应端正恋爱动机，寻找志同道合，思想品德、事业理想和生活态度等大体一致的恋爱对象，以理性的标准来选择自己的幸福。

2. 深刻认识爱的本质

只有正确地认知爱情，才能更好地面对爱情。爱情是相互给予，而不仅是为了得到，恋人之间彼此分享快乐、幸福和悲伤等。爱是责任，所有的爱情都包含神圣的责任，这种责任不是义务，不是外界强加的，而是内心的自觉，即为自己所爱的人承担风险，而不只是感官上的愉悦与寂寞时的陪伴。爱是彼此尊重，真诚的爱是建立在双方平等与理解的基础上的。

3. 摆正爱情的位置

对大学生来说，摆正爱情在人生中的位置，正确处理爱情与事业的关系，就是要处理好爱情与学业的关系，分清主次，合理安排。

4. 担负起爱的责任

大学生需要担负起恋爱的责任，而不是将恋爱当成游戏。在恋爱过程中要有责任心，要为双方的未来考虑，而不仅是享受恋爱的甜蜜。

（二）培养爱的能力

大学生要培养以下几种爱的能力。

(1) 识别爱的能力。
(2) 表达爱的能力。
(3) 接受爱的能力。
(4) 拒绝爱的能力。
(5) 解决爱的冲突的能力。
(6) 保持爱情长久的能力。

(三) 发展健康的恋爱行为

大学生要发展健康的恋爱行为，具体要做到以下几点。
(1) 言谈文雅，举止大方。
(2) 亲昵动作，文明高雅。
(3) 控制感情，理智行事。

心理视窗

学会爱的表达艺术

爱的表达艺术主要指恋爱之初的表达，即求爱的表达，以及爱情发展到一定程度后的表达艺术。

当爱上某个异性时，怎样恰到好处地表达呢？最重要的是准确地把握对方的性格特点和心理状态，并根据自己的特点选择最佳的表达时机、合适的表达地点和恰当的表达方式。选择最佳时机，即选择对方和自己都处于好心情的时候，双方关系融洽，情绪轻松愉悦；选择合适的地点，即选择一个能私下面谈的地点，不会给对方和自己造成心理紧张和不适；选择恰当的方式，即选择自己擅长，对方又容易接受的表达方式。求爱的表达方式多种多样，面对面的语言表达、书信表达、电话表达、电子邮件表达、信物表达等都是很好的方式。

爱情发展到一定程度，双方渴望用语言、行为，尤其身体的接触来表达自己的感情。大学生的性爱行为主要有握手、挽臂、接吻、拥抱、爱抚等。这里面的表达有含蓄与外露、高雅与粗俗之别。如果双方过多地倾向肉体接触或屈从于性的生理诱惑，则是粗俗的表现。用含蓄而文明的方式表达爱，不仅符合社会道德要求，而且有助于爱情的健康发展。过分亲昵的行为，粗俗甚至野蛮地示爱，反而会引起对方反感，给纯洁的爱情蒙上一层阴影，甚至造成恋爱挫折。有些大学生在校园里不分场合地搂抱甚至亲吻，是不合时宜的表达方式。

请同学们按照上面介绍的方法，结合自己的实际情况，分析自己的恋爱表达方式是否合理，从而加以调整，找到适合大学生身份的爱情表达方式。

第四节 性心理概述

所谓性心理，主要是指与性特征、性欲、性行为有关的心理状况和心理活动，也包括男女交往的心理活动、婚恋价值观等。性心理具体表现为性感知、性思维、性情感、性意识和性的价值观等。

一、性心理的发展阶段

美国心理学家赫洛克认为青春期性心理的发展一般可以分为以下四个时期。

(一) 性抵触期 (12～14 岁)

在青春发育之初,有一段较短的时期,青少年总想远远地避开异性,少女表现得尤为明显。这主要与生理因素有关,青少年发现了自己的生理发育变化,进而产生对性的不安、害羞和反感,因此本能地对异性采取回避、冷淡的态度。此时期约持续一年。

(二) 仰慕长者期 (14～16 岁)

在青春发育中期,男女青年常常会较为关注周围的某些在体育、文艺、学识及外貌上特别出众的同性或异性的年长者,对他们仰慕爱戴,且喜欢模仿他们的一举一动。

(三) 向往异性期 (17～19 岁)

在青春发育后期,性生理与性心理逐渐发育成熟,青少年转而对与自己年龄相仿的异性产生兴趣,并希望在接触过程中吸引异性的注意力。但双方自我意识过强,具有理想主义倾向,在接触的过程中容易产生冲突,常会变换交往对象。

(四) 恋爱期 (20 岁以后)

青春发育完成,已达成年阶段,此时期爱情的显著标志是集中于一个钟情的对象,彼此之间相处时间变多,在生活中相互照顾,在学习与工作中互相帮助。处在此时期的青年对周围环境的注意减少,不愿意参加集体性社会活动,经常陷入对婚后美满生活的想象和憧憬。女性通常充满浪漫的幻想,向往被爱,容易多愁善感;男性则有强烈的爱别人的欲望,从而得到独立感的满足,他们的情绪往往比较兴奋。

目前,我国在校大学生的年龄一般为 17～23 岁,处于从向往异性期向恋爱期过渡的阶段。在这一阶段,性的成熟与整个身体的发育已经基本完成,但性心理的发展并未达到成熟,导致大学生存在成熟的性生理与不成熟的性心理的矛盾。因此,大学生在这个阶段加强对自身性心理的了解和学习,有利于更好地探索自我、发现自我。

二、大学生性心理的特点

(一) 性生理的发展与性心理的成熟不同步

从青春期到青年期是人的性器官和性生理发育最迅速的时期,男子出现遗精,女子出现月经,男女生理发育已经基本成熟,已经具备完成性交、受孕、生育、哺育等生殖功能。而基于性生理的发展,大多数青年人开始对异性充满强烈的好奇、爱慕、本能性的性欲冲动,同时会产生谈婚论嫁的想法。但是,大学生的性心理尚未完全发展成熟,处在这一时期的男女青年对性器官、性生理、孕育和避孕知识并未完全掌握,对性冲动的自制性和理智性不足,对性交所带来的婚前早孕、流产、性病、心理创伤等许多后果预计不足,以及对这些结果在经济和心理上的承担能力不足。另外，大学生往往对异性和性爱的审美情趣大多数具有生理性的和朦胧的认识特点，甚至存在一些认识误区，若发生不道德、不理智和不卫生的婚前性爱关系，则可能导致过度的紧张、恐惧、内疚和道德自责。

（二）在向往恋爱的同时对异性了解不深

男女青年走进大学，不再处在高考的压力之下，也远离了父母的唠叨与管教，在各种活动精彩纷呈的校园里，大学生与异性接触交往的热情日渐高涨，恋爱现象和失恋事件成为大学校园内的一个热点问题。校园中的恋爱甜蜜而美好，很多大学生都对爱情充满美好的憧憬，有些大学生满腔热情地投入恋爱之中。与此同时，争吵也经常在校园恋爱中存在，这些争吵往往是由于双方观念不一致而产生的。除争吵外，男女双方有时甚至发生肢体冲突，乃至轻生或杀人。虽然大学期间的恋爱很甜蜜，但事实上，大学期间男女青年的恋爱关系以失败告终的居多。恋爱的人多、成功走入婚姻的人少，其原因有以下几个方面。

1. 学习压力

由于长时期的学习压力，青年男女之间缺乏深入的交流与了解，各自对异性心理世界、男女交往关系、性和婚姻的认识十分不足。

2. 以自我为中心

在当代的大学生中，独生子女占比较大，在家里习惯了父母的呵护。他们的情感依赖性强，心理承受能力弱，以自我为中心，缺乏独立意识和照顾别人的能力。因此，在恋爱的过程中，不少人常表现出要求对方的多，而为对方付出和着想的少。

3. 脱离现实

热恋中的人大多数沉迷于谈论"我爱你"的情感诉求和肌肤接触的性生理信号，而对爱情和婚姻涉及的经济、生育、工作、住房、姻亲等复杂的社会现实和社会责任并未真正深入探讨，所以随着对对方了解的深入和面对毕业的现实压力，双方在价值观、性格、心理需求等方面的矛盾就凸显和激烈起来。

（三）恋爱动机多样，目的不明

恋爱的理性目的应该是以婚姻为目标的，但大学生的恋爱动机和目的呈现出多元化发展趋向，通常有以下几种。

（1）认为上大学就必须快点谈恋爱，抓紧时间找到优秀的伴侣。

（2）为解闷和缓解孤独，不至于自己消磨闲暇时间，有个性伴侣。

（3）抱着游戏爱情的心态，认为大学期间不谈恋爱就算白上了大学，荒废了青春，只享受恋爱的感觉，并不看重恋爱的结果。

（4）为证明自己对异性有魅力，只想让别人围绕自己转。

（5）从众跟风，不想让别人瞧不起自己没有异性朋友，不想让别人认为自己没有吸引力。

（6）想快点摆脱对父母经济的依赖，找一个经济上或感情上的依靠。

恋爱的过程会给双方带来身心的愉悦，同时有助于增进大学生对异性的了解，也能为未来的婚姻做好心理上的准备。但很多大学生只将恋爱当作一种消遣，只强调恋爱的自由，而不愿意承担相应的社会责任，那么这样的恋爱关系一定是以失败告终的。

（四）学业和恋爱双趋冲突

人的精力是有限的，时间也是有限的。虽然很多大学生抱着学业和爱情双丰收的期望，但实际上往往无法兼顾。首先，投入恋爱的确会耗费不少时间，恋爱双方都需要了解对方，与对方共处。其次，陷入热恋中的大学生在学习时难免有注意力难以集中的情况，从而导致一定程度的成绩下降，而这时学业和爱情之间的矛盾就更加凸显。另外，很多大学生虽然主观上明白要以学业为第一，可事实上却变成爱情至上。在学业和恋爱上花费时间与精力分配的矛盾不仅使大学生学习成绩退步，而且使身心十分疲惫。心理学家将这种个体同时面临两种或两种以上具有吸引的目标，而只能选择其中一种目标时产生的内心冲突，称为双趋冲突，即所谓鱼和熊掌两者不可兼得。

心理案例

上大学后，小 A 和身边的朋友一样，都邂逅了爱情。但随着与女友交往程度的加深，小 A 开始因恋爱焦虑而苦恼。他说，自己在恋爱中患得患失，一方面想给对方一点私人空间，另一方面又想让对方多陪自己。他对与女友有关的事情感到多疑，一件正常小事可以脑补出一堆事情，总认为对方不够爱自己。他还喜欢自以为是地付出，自己觉得很对，但对方认为是错的。以上焦虑导致他的学习和生活受到影响，平时胡思乱想，自我怀疑，在学习上不够专注，在生活上小心翼翼，总怕自己做错什么事，引起对方的不满。

思考与讨论：
（1）小 A 的困扰是什么原因导致的？
（2）小 A 怎么做才能摆脱困扰？

三、健康的性心理标准

大学生一方面需要健全的性器官和性功能，另一方面需要健康的性心理和性行为。健康的性心理既是正常恋爱的基础，也是未来婚姻幸福的保障。一般认为，健康的性心理应具备以下基本特征。

（1）正确认识和接纳自己的性别。

性心理健康的人，能正视自己的性心理发育、性心理变化，能在所处的社会环境中正确评估自己，能客观地评价自己和他人，并乐于承担相应的性别角色。

（2）具有正常的性欲望。

性欲望是能够获得性爱和性生活的前提条件。具有正常的性心理首先是具有性欲望，如果没有性欲望就不会有和谐的性生活，就会影响性心理健康。

（3）符合年龄特征。

性心理和性行为符合年龄特征，即性生理和性心理的发展要保持统一。

（4）正确对待性变化。

人在生长和发育的过程中，性生理因素、性心理因素和性社会因素是交互呈现的，个人在其中建立自我同一性才能保持三者的和谐状态。三者的和谐状态要求个人能够正确对待性生理成熟带来的一系列身心变化，在出现性冲动后，能够正确释放、控制、调节，使之符合社会规范的要求。

（5）对性没有犹豫、恐惧感。

个人能够把性作为生活的一部分而科学对待，不存在对性的恐惧和怀疑。

（6）和异性保持和谐的人际关系。

在交往过程中，保持独立而完整的人格，做到互相尊重、互相信任。

（7）性行为正当、健康，符合社会伦理道德规范。

四、大学生常见的性心理障碍

性心理障碍是指个体满足性欲的行为方式或性质对象明显偏离正常，并以此类性偏离作为性兴奋、性满足的主要或唯一方式的精神障碍。对于如何定义性行为的异常，至今还没有达成共识的绝对标准，这是一个难以确切回答的问题。在此，提供以下三个要点供大家参考。

（1）凡是符合社会公认的道德准则或法律规定，且符合生物学需求的，可视作正常性行为，否则可看作异常性行为。

（2）性行为致使性对象受到伤害，且当事人也为这种行为感到痛苦，或在某种程度上蒙受伤害，例如严重的指责、地位或名誉受损，甚至遭受惩罚。带来上述后果的性行为可看作适应不良的行为。

（3）长时间反复、持续发生的极端变异方式的性行为。性行为从正常到异常可以看成一个连续谱，其两端是正常和异常，中间存在的任何正常变异方式属于正常性行为的变异，但任何明显、极端的变异形式都属于异常性行为。

（一）性心理障碍的常见类型

1. 性偏好或性指向障碍

性偏好或性指向障碍是指为了获得性满足而对无生命物体或人体的一部分的依赖，通常开始于青春期，多见于男性。对物品或异性某一特质的一般偏好是正常的，只有到了痴迷并且必须借助这些物品才能引起性兴奋的程度才算异常。例如，恋物癖、恋发癖、裸露癖、虐待癖（施虐狂和受虐狂）等。这些人对异性本身或与异性的正常性行为没有兴趣，而是把性欲的满足投注在特殊的事物上面，他们常常通过对物品的抚摸、玩弄、吸吮、嗅闻、接触等方式激起性兴奋或性高潮，同时伴以自慰来获得性满足。

性偏好异常往往会影响正常的异性交往，性偏好异常者甚至对正常性爱不感兴趣。这种性变态行为会引发患者不惜用非法手段（如偷窃、抢劫等）去获取性满足刺激物（如异性内衣、丝袜、手帕等），同时可能造成不良的社会认知，甚至违法犯罪，所以需要专业的干预或治疗。需要特别说明的是，在北美、欧洲和亚洲的不少国家，同性恋不再被视作性指向障碍，同性恋婚姻也得到了法律的认可和保护。

2. 性身份障碍

性身份障碍是心理上具有与自身生物性别相反的性别认同或性别感。诊断必须满足两个标准：对自己生物性别的厌恶和变成另一性别的渴望。要确诊性身份障碍需要有显著的痛苦或者在社会、职业或其他重要功能领域的明显损害。如果个体仅仅热衷于异性装扮或其他异性活动，而没有反复发作的心理痛苦或功能损害，或者个体在躯体上具有两性症状（如先天性肾上腺增生、生殖器分化不良），均不能诊断为性身份障碍。

性身份障碍主要包括以下四种类型。

（1）异性症。

患者渴望像异性一样生活，被异性接受为其中一员，通常伴有对自己的解剖性别的苦恼感及不相称感，希望通过激素治疗和外科手术以使自己的身体尽可能地与所偏爱的性别一致。时间至少持续存在 2 年以上，才能确立诊断，且不应是其他精神障碍的症状，也不伴有雌雄同体、遗传或性染色体异常等情况。

（2）双重易装症。

患者在生活中某一时刻穿着异性服装，以暂时享受作为异性成员的体验，但并无永久改变性别的愿望，也不打算以外科手术改变性别。在穿着异性服装时并不伴有性兴奋，这一点可与恋物性易装症相区别。

（3）童年性身份障碍。

这一障碍通常发生于童年早期（一般在青春期前就已经充分显露），其特征为患者对自身性别有持续的、强烈的痛苦感，同时渴望成为异性（或坚持本人就是异性）；持续地专注异性的服装或活动，而对本人的性别予以否认。这类障碍相对少见，只有正常意义上的男性或女性概念出现全面紊乱时，才可以考虑该诊断，仅有女孩子像"假小子"、男孩子"女孩子气"是不够的。如果患者已经进入青春期，该诊断则不能成立。

（4）其他性身份障碍。

性身份障碍的形成与幼年成长中对性欲的处理、性别身份的建立、自我形象及两性间的人际关系发展有关。性欲异常会对个人精神造成困扰，也会影响恋爱婚姻关系，甚至可能进一步导致伤害行为。

（二）其他性心理困扰

1. 性认知偏差

性认知偏差是指在与性有关的问题上基于自身认知结构的谬误，包括有关统计、或然率的常见误解，以及错误的决策和思维模式。常见的性认知偏差有以下两种。

（1）压抑。

有些大学生认为性是下流的、难以启齿的现象，往往会回避性的问题，对待性的问题无所适从，甚至谈性色变。

（2）放纵。

有些大学生受到性自由、性解放思想的影响，摒弃所有的性道德观念，放纵自身的性欲望和性行为，不分对象、不加选择，随意地与他人发生性关系。

无论是压抑还是放纵，都是性认知的偏差导致的。性是人类种族延续的本能，同时又与爱情、婚姻和家庭密不可分。大学生要正确认识性问题，以正确的态度对待生活中不能避免的性问题。

2. 性行为焦虑

性行为焦虑是对性行为产生焦急、忧虑和不安的情绪状态，同时还伴有心慌、出汗等植物性神经症状和肌肉紧张、运动性不安。性行为焦虑者在性交（甚至只要想到性交）时便会出现身不由己的紧张和焦虑，有时只要与异性接吻、拥抱或被抚摸也会触发焦虑。此时出现的心跳加快、出汗等现象与性行为本身产生的生理反应不同，因为它带有明显的不快与无奈。性心理矛盾、冲突及各种性适应不良都会引起性焦虑，青春期性焦虑主要表现在对性生理成熟的焦虑，对自我体相和性功能的焦虑。总体来说，大部分性焦虑现象都是因为缺乏正确的性知识引起的，也可能因受过性骚扰、性侵害而长期对性感到焦虑、排斥。严重的性焦虑甚至会影响正常的学习生活。缓解性焦虑的正确做法是寻求帮助，通过正确的途径获得性知识，充分认识性生理与性心理的一般发展过程。

第五节　性心理的调适

一、认识性心理

性心理障碍的产生原因复杂，涉及生物因素、父母教养方式、家庭社会支持系统、偶然事件的创伤、个性，以及童年伙伴与社会文化的影响等多种社会化因素。因此，当一个青年人知晓自己有性心理障碍时，应像罹患其他疾病一样，正确认知，坦然面对。首先，要明白有性心理障碍不是你的错，你无法选择自己的家庭和父母，也无法决定自己有什么样的成长经历。其次，要明白性心理障碍属于疾病，是可防可治的，并且根据各类研究，绝大多数性心理障碍都是后天形成的，与基因遗传等先天的生物因素关系并不大，因此需要建立起治疗的信心。另外，性心理障碍的矫治主要靠心理咨询和心理治疗的方法，而且需要当事人主动配合，坚持长期的行为训练才可能奏效，因此需要建立起治疗的决心。最后，性心理障碍并非少见，患者不应因此自卑自怜，孤独自闭，而要勇敢主动地求助于专业的服务机构和心理专业人员的帮助。

二、掌握性知识

具备科学的性知识，是大学生加强自我预防和调适能力的前提。大学生应该对性有一个科学的认识，通过一些健康的渠道了解和学习性知识，摒弃在性卫生、性心理、性知识方面一些不科学、不健康的观念。大学生应该具有与年龄和文化程度相匹配的性知识水平和性行为方式。大学生要认识性的社会性，应该培养与社会规范和道德标准相符合的性观念和性行为，而不要盲目地压抑或放纵，正确调整性冲动。

三、接受性教育

性教育包括性生理、性心理、性行为、性道德和性法律等方面的内容。

1. 性生理教育

（1）性器官的生理解剖知识教育，使大学生对两性器官的结构和功能有科学的认识。

（2）科学地认识第二性征，认识月经与遗精的规律性。

（3）性病理教育，使大学生对常见的性生理疾病的发生原因、治疗方法及预防措施有基本的了解，获得基本的保健知识，以及性交、怀孕、避孕常识。

2. 性心理教育

性心理教育的内容与形式非常广泛，也饱受争议，需要注意以下几个基本点。

（1）性的本质是健康和美好的，但做出与性相关的决策需要足够谨慎，因为性可能带来潜在的负面后果。

（2）每个人都应该用足够的时间来了解性在自己生活中的地位和重要性。

（3）面对性伴侣，我们都应该努力使性关系变得充满责任感、浪漫感，避免性关系带来伤害。

（4）个体在性特性、性别认同和性行为方面差异巨大，认真探寻有益于自身健康、快乐、满意、和谐的性生活方式十分重要。

（5）人在一生中不可避免地会经历一些性的问题，通常经过一定的努力可以克服。因此，当事人要积极寻求解决问题的方法。

3. 适当的性行为

每一个体对于性都有独特的性兴趣、偏好、取向、需求、观念、行为与体验。在不同的时期，这些性特质更多的是一个动态的过程，会给我们带来许多改变。所以，适当的性行为，因人而异，同一个个体也需要合乎时宜。

（1）个人性行为。

在这个私密的世界里包括性意识、性幻想、自慰等，并往往组合在一起。自慰是个人性行为最具代表性的一种。早些年针对大学生的一项调查研究显示，98%的男性、64%的女性有过自慰行为，自慰的时间越早，发现的性愉悦越多。

（2）交互性行为。

交互性行为方式多种多样，千变万化。大学生触及交互性行为，一般发生在情侣之间，最具代表性的是表达关系亲密程度的接吻。

4. 性道德和法律教育

大学生应该用道德和法治的力量来控制过失性性行为。

总之，性心理是大学时期健康成长不可忽视的一个方面，其涉猎的范围非常广泛，并非只是本章提到的内容，同学们还可以通过其他规范的途径学习。

第七章　挫折心理与逆境信念

教学目标

【认知】了解挫折的概念及挫折产生的原因。
【情感】了解挫折的种类，能够清楚知晓自己所处的逆境状态。
【行为】掌握从认知、行为和人格层面应对挫折的方法。

心理案例

找不回原来的自己

我来自北方，现在在南方上大学。我在高中时成绩很优秀，教师欣赏我，同学仰慕我，喜欢跟我玩。我一直很自信、很高傲，可是这一切都随着进入大学发生了改变……我有很多想表达的东西，但由于口音问题无法摆脱，让我感觉自己非常廉价，身份、人格一再降低。我一次次地告诉自己不是这样，但这就是现实。以前我可以随意表达自己的想法，大家都听得懂，我是公认为比较睿智的人，但现在不是这样。北方人的幽默对南方人来说似乎难以理解，很多好的想法、主意、点子被人忽视，竞选社团也失败了，这让我沉沦其中不能自拔，导致我在大学一年级连续挂科，缺乏自信，参加多项比赛都未能入选。我一次次想：我的能力真的很差吗？我感到非常恐慌和迷茫，而且这种噩梦似乎还在继续，人际关系也变得越来越差。这种绝望和压力是前所未有的，我无法摆脱这些阴影，寝食难安，压力重大，缺乏安全感，特别抑郁。我已经再也找不回原来的自己了。

思考与讨论：
在多重压力之下，"我"能否走出困境，找回那个阳光自信的自己呢？

第一节　挫折概述

一、挫折的含义

挫折，是指人们在有目的的活动中，遇到阻碍目的实现的障碍。在心理学上，挫折指个体有目的的行为受到阻碍而产生的必然的情绪反应，会给人带来实质性的伤害，表现为失望、痛苦、沮丧、不安等。挫折易使人消极妥协，其包含三个方面的含义，一是挫折情境，二是挫折认知，三是挫折反应。

（一）挫折情境

挫折情境指对人们有动机、目的的活动造成的内外障碍或干扰的情境状态或条件，构成刺激情境的可能是人或物，也可能是各种自然、社会环境。例如，考研失利、失恋、被室友讽刺孤立等。

（二）挫折认知

挫折认知指对挫折情境的知觉、认识和评价。其中，挫折认知是核心因素，挫折反应的性质及程度主要取决于挫折认知。例如，遇到同样的挫折，不同个体之间可能存在不同的评价，这就是对挫折认知的不同体现。

（三）挫折反应

挫折反应指个体在挫折情境下产生的烦恼、困惑、焦虑、愤怒等负面情绪交织而成的心理感受，即挫折感。每个人面对挫折都会有不同的情绪反应，例如，和朋友发生矛盾后，有人难过而不理会对方，也有人用犀利的语言攻击对方。

二、挫折心理产生的原因

众所周知，人的需要、动机只是一种主观愿望，与客观现实之间总是存在这样或那样的矛盾。这种主观愿望和客观现实之间的矛盾是挫折心理产生的重要原因。

挫折心理是指人们在通往既定目标的道路上，遇到挫折产生的心理上紧张和情绪上的不适应状态，其中有对阻碍目标实现的种种主观因素和由于某种障碍和干扰致使需要不能满足而产生的愤怒、恐惧、焦虑、悲观、痛苦、不安等心理反应。因此，大学生挫折心理产生的原因是多方面的，随着社会的进步和外部环境的变化，大学生受挫的成因又有了新的变化和新的特点。

（一）大学生挫折心理产生的心理学分析

个体心理素质是大学生挫折心理产生的根本原因，主要是指个体因需要、动机、气质、性格等心理因素导致活动失败、目标无法实现而产生挫折感。

1. 个性不完善

个性是指个人在与社会生活交往的各种关系中形成的带有倾向性的、本质的、比较稳定的心理特征的总和。个性是在个人生理素质的基础上，在一定社会历史条件下，通过社会实践形成和发展起来的。它的实质是人的社会实质的表现。现代社会心理学的研究表明，个性是决定一个人对现实事物的积极态度和积极选择的诱因系统，它可以对人的各种心理活动起支配作用。个性完整、思想成熟、性格坚强、行为规范、社会适应能力强的学生遇到挫折时表现冷静，能正确认识问题的成因，并做出理智反应；反之，社会适应性差，就容易产生挫折感。

大学生虽然思想活跃、兴趣广泛、勇于探索、富于独创性，并表现得朝气蓬勃和充满活力，但从社会成熟性来看，个性还不完整。例如，他们的情绪不稳定、认识不深、自尊心与好胜心过强；思想浪漫，容易偏激；世界观不明晰，缺乏扎实的实践基础。这些不完善的个性成了挫折心理的温床。

2. 主观认知偏差

认知是指我们对周围事物的想法和观点，也就是人的认识活动。主观认知偏差，是指人们对客观环境、事物、条件不能有正确的认识，以主观要求客观，当主观要求得不到满足时，就会产生挫折感。

挫折刺激正是通过人的认知而作用于情绪，产生这样或那样的心理行为反应。由于认知不同，同样的挫折情境对每个人造成的打击和心理压力是不同的。一般来说，心理较成熟和思想境界高的大学生，因对挫折能持正确认知而较少产生挫折感，反之则会有严重的挫折感。

（1）大学生对自我抱负水平的认知不足。一个人的自我评价、期望水平恰当与否，往往是造成心理挫折的重要因素。大学生都有自己的理想和追求，并由此而决定其学习态度和努力方向。不少大学生往往过高地评价自己的实力，而对客观条件及相关因素估计不足，因而期望值定位在较高的水平。在实现目标的过程中，如果一个人的实际成就高于其抱负值，就感到满足，产生成就感；如果一个人的实际成就低于其抱负值，就感到焦虑，产生挫折感。实际成就越低于抱负值，挫折感就越强烈。

（2）大学生对自己的主客观条件缺乏正确的认识。这里所讲的主观条件包括个人的身高、容貌、习惯、能力、生活缺陷、疾病等；客观条件包括社会风俗、家庭经济基础、学校地理环境、教学管理水平、专业志愿选择等。这些都会给当代的大学生发展带来困难和限制。而大学生是一个知识群体，又处于青春勃发期，好自我表现，他们渴望和寻找机会在别人面前表现自己的才干，或者引起异性的注意。

（二）大学生挫折心理产生的社会学分析

1. 社会环境因素

当代大学生身处复杂的社会环境中，快节奏的社会变化和各种外来思潮的涌入，直接影响大学生的价值选择，容易使他们产生心理失调和挫折感。随着我国各项改革的进一步深化，大学生已不再是"天之骄子"，大学毕业面临更为激烈的职业竞争，大学生必须和大多数同龄人一样为生存而拼搏。这些反差很容易使大学生产生挫折感。

2. 家庭影响

家庭的一些潜在或显性的条件，如家庭的自然结构、人际关系、教育方式、抚养方式，以及家长的素质等对大学生的心理挫折都有直接或间接的影响。有关研究表明，大学生的不少心理问题是与家庭生活的不良背景、早期不良家庭生活经历联系在一起的。

家庭环境的影响主要表现为父母对子女的态度和教养方式上。家庭环境对人的心理的影响几乎是全方位的，社会环境对个体心理的影响多是通过家庭的折射或过滤实现的。尤其那些自小娇生惯养和过分受保护、被溺爱的孩子进入大学后，更容易产生心理挫折。另外，家庭经济困难、家庭成员关系紧张也是导致大学生产生挫折心理的主要原因。

有些人表现得蛮横无理或做出一些违背社会规范的反常举动；有些人表现出内向、孤僻的性格，很少与人交往，不易表露感情，郁郁寡欢；这些都容易产生心理挫折。除父母的教养方式以外，其他的早期经历，如分离、不良的境遇等，都会对个体的人格特点和人际关系产生影响。这种影响到成年仍然存在，并且极大地影响人际关系。此外，家庭的社会经济状况对大学生的心理产生潜在影响，贫困大学生除面对所有大学生要面对的个人发展与就业压力外，还面临巨大的生活压力与经济压力，因为经济而影响其学业发展与个人发展而导致更多的心理冲突，从而产生挫折感。

（三）大学生挫折心理产生的教育学分析

随着我国高教改革步伐的进一步加快，高校招生规模不断扩大，高校后勤社会化改革不断深化，学分制、二级学院等教学管理改革全面推广，学生的思想观念日益复杂，传统的学生管理工作中的管理观念、管理方式和管理体制已很难适应时代发展的需要，教育体制和高校管理方式的不当在一定程度上会影响大学生的挫折心理。

例如，教育体制、高校教学内容与管理方式及高校环境等，都直接影响着大学生心理的发展。

三、挫折的种类

心理挫折既是一种常见的生活现象，也是一种常见的心理现象。大学生常见的心理挫折有以下几种。

（一）环境适应挫折

大学生活伊始，步入一个全新的环境，学习方式、生活环境都将发生改变。刚刚走出中学校园的学生需要在新环境里一边磨合，一边摸索。由于中学时对大学充满了憧憬，学生也将考大学作为唯一的和最终的目标来鼓励自己。但当真正跨入大学校园后，有些学生突然发现事实并非原来所想象的那样，进而思念起过去的中学生活，一部分学生表现出对现实的失落感，而另一部分学生觉察自己在高手如云的新集体里不适应。进入大学后，由原来依赖父母到相对独立地生活，学生在心理上会产生类似孤独感等一系列适应问题，这是需要慢慢过渡的。

（二）学习挫折

学习挫折指在学习和智力活动中遭遇的挫折。例如，教师讲课内容听不懂，记忆力衰退，考试失败等。一些大学生进入大学后，难以调整学习节奏和学习状态，对于大学课程多、课时少、授课量大、灵活多变的教学方式难以适应，高中式的努力收效甚微。因此，他们感到自己不如别人，产生强烈的心理落差和挫折感。还有的大学生是因为自己的高考分数低，为了能步入大学校园不得不放弃自己理想中的专业，选择了自己不喜欢的方向或者录取时被调剂到其他专业，学习动力不足，容易丧失学习的热情，常常处于被动学习的状态，内心充满抵触与压力，并进而在学习上产生挫折感。

（三）人际交往挫折

人的社会性决定了交往的必然性。有的大学生兴趣广泛，人际交往的需要极为强烈，他们渴望拥有良好的人际关系，渴望得到别人的认同，力图通过人际交往去认识世界，获得友谊。然而，大学是个大熔炉，生活背景不同、思想观念、价值取向、行为方式各异的个体在相处中难免会出现不和谐的"音符"。尤其被父母宠惯的大学生，个性更为鲜明，在人际交往中的矛盾表现更为激烈。有些大学生性格特点或道德素养方面存在些许问题，又不能正确认识和改正，导致不被群体接受，交不到知心朋友，因此把自己封闭、孤立起来，内心被孤独、焦虑情绪占据，产生人际交往挫折。

（四）恋爱挫折

大学生正处于情感不断丰富、不断成熟的特殊时期，而且随着性意识的觉醒，开始关注两性之间的关系，渴望接触异性，向往美好的爱情。但大学生的人生观、价值观尚未完全成熟，思想认识有一定的局限性，容易受外界思潮的影响而产生困惑，也是情感最脆弱的时期。对爱情的理想化认识，使大学生时常面临情感挫折，往往事与愿违，容易出现单恋和失恋。在大学校园里发生的许多严重问题往往是由爱情挫折引发的，如心理障碍、心理疾病、学习障碍、纪律问题、情绪问题，甚至自残等极端问题。

（五）择业挫折

度过四年大学生活，择业求职是终点，也是起点，大学生不可避免地要接受各种矛盾的冲击和考验。由于就业竞争激烈，很多大学生看不到现实的出路，找不到理想的方向，对前途深感迷惘。用人单位的要求也越来越高，加之很多大学生在校时一心读书，与社会接触较少，缺乏对社会真正的了解，很容易产生"毕业之际就是失业之时"的苦闷、焦虑的挫折心理体验。

四、挫折的防御机制

挫折的防御机制是人在遇到挫折时，有意无意地寻求摆脱由挫折产生的心理压力、减轻精神痛苦、恢复正常情绪和心理平衡的一种自我调节和自我保护的方式。挫折的防御机制一般可以分为两大类——积极心理防御和消极心理防御。

（一）积极心理防御

积极心理防御是正视挫折，承认挫折，正确分析挫折产生的主客观原因，总结经验教训，采取积极的行为方式，最后战胜挫折。其主要表现为坚持、认同、补偿、升华、幽默和宣泄。

1. 坚持

坚持指个体发现目标难以达到，要求自己做出加倍努力，使得目标最终实现的一种行为方式。例如，电影《阿甘正传》中的主人公阿甘是一个智商并不高的人，其面对挫折的方法是忽视它，坚持不懈地努力实现自己的目标，最终赢得了人们的尊重，赢得了自己的事业，也获得了自己的生活。正如有的学者所说，成功就在最后的坚持之中。

2. 认同

认同指接受或顺从他人或团体的态度和行为倾向，以增强自己对能力、安全等方面的感受。其具体表现形式有两种：一种是个人在现实生活中无法获得成功时，将自己比拟为某一成功者，借以在心里减轻挫折产生的痛苦；另一种是迎合能满足自己需要的人，按照他们的希望去支配自己的思想、行动来冲淡自己的挫折感，并以此求得内心的满足。例如，大学生常以一些历史名人、科学家或小说人物、教师、同学等作为自己效仿的对象，建立自己心中的榜样，并依照榜样进行积极的自我激励与自我暗示。

3. 补偿

补偿指人们因生理或心理缺陷，而企图用种种方法来弥补这些缺陷，或当某一目标受到阻碍或在某一领域失利时，转而去谋求另一目标、另一领域的成功，以此来减轻挫折感。所谓"失之东隅，收之桑榆"，就是这种补偿作用。有的人觉得自己的身体素质欠佳，不能在运动场上骁勇称霸，于是在学习上拼命用功，在考场上夺冠折桂；有的人功课不好，便在社交场合大出风头；有的人视力存在障碍，但触觉和听觉异常敏锐。

4. 升华

升华指在较低层次的目标受挫后，转而指向更高级的社会能接受的目标，或者当个体遭受挫折或打击后，不是被痛苦的情绪淹没，而是把痛苦、愤怒的情绪转化为积极的情绪和行为。一个有强烈妒忌心理的学生看不得别人比自己强，但理智又不允许他将这种心理表现出来，于是可能通过发奋学习来试图超过对手。一般来说，升华是一种较为成熟的积极的防卫机制。

5. 幽默

幽默是积极的行为反应，但并不是所有人都能做到，必须有积极的生活态度，表现出睿智与从容。例如，在身处逆境或面临尴尬局面时，可以使用比喻、夸张、双关语、谐音等手段，以淡然处之的"大将风范"，机智、婉转、风趣地表达自己的意图或意见，从而达到化解困境、摆脱失衡状态的目的，这就是幽默。这种幽默不是拿别人开玩笑，而是自嘲。一个人要是学会自嘲，说明他的心理成熟了，也说明他认识了自己，社会适应能力增强了。例如，有人失恋了，自嘲说："只谈过一次恋爱的小子，不要羡慕他！"大学生在学习和生活紧张之余，培养一定的幽默感，不但有利于身心健康，而且容易缩短自己与周围人的距离，破除人际关系的僵局，促进人际交往。

6. 宣泄

宣泄指心情烦躁，用理智控制不了自己的情绪时，改用语言宣泄。例如，可以及时找家长、教师、朋友，尽情倾诉自己的苦衷、愤怒和不平，获取别人的理解和同情，以解脱或减轻自己的烦恼，还可以大叫几声，痛哭一场，把自己内心破坏性的能量都释放出来，再冷静地处理问题。但是，宣泄要注意场合、时间和尺度。

（二）消极心理防御

1. 退行作用

退行作用是指恢复幼稚行为的一种心理防御术。有时人们在遇到挫折后，会放弃已经掌握的比较成熟的适应技巧或方式，而恢复使用较幼稚的方式去应对困难，或满足自己的欲望。退行作用又称退行现象。

事实上，人的一生，难免有想重回到未成熟时代的想法，以重温旧梦的方式获得满足，只要无伤大雅，可用退行作用进行心理调节。例如，父亲与孩子捉迷藏，像个小孩子似的趴在地上玩。这种短时间、暂时性的退行现象，不仅是正常的，而且是极其需要的。

2. 幻想作用

幻想作用指一个人遇到现实困难时，因无法自理而利用幻想的方法，使自己从现实中脱离或留在幻想的境界中，以情感与希望任意想象如何处理心理上的困难，来得到内心的满足。这是一种与退行作用十分相似的心理防御机制。它可以说是一种部分的，而且是思维上的退行现象。例如，一个在现实中备受欺凌的女孩，她可以想象自己有一天碰到一位英俊的王子，帮助她脱离苦境带来幸福……这是西方童话中的"灰姑娘幻想"。对能力弱小的小孩子说来，以幻想方式处理心理问题，是正常的现象。但如果一个中学生仍然常常采用这种方式应对实际问题，就存在问题了；当其将现实与幻想混为一谈时，就会沦为病态。

3. 逆反心理

逆反心理指一个人感觉到自由被剥夺时唤起的一种企图恢复自由感的动机状态，以对抗任何一种外部控制措施为表现形式。人越是意识到有外部威胁的存在，逆反心理越强烈。用通俗的语言来讲，逆反心理就是"你要我向东，我偏要向西"。人们平常所说的"变本加厉"也属于逆反心理。

4. 合理化作用

合理化作用又叫文饰作用或自我安慰，指个人遭受挫折或无法达到所要追求的目标，以及行为表现不符合社会规范时，用有利于自己的理由来为自己辩解，将面临的窘迫处境加以文饰，以隐瞒自己的真实动机或愿望，从而使自己解脱的一种心理防御机制。文饰常见的表现形式有"酸葡萄"式、"甜柠檬"式、"怨天尤人"式和"迫不得已"式。我们通常说的"傻人有傻福""破财消灾"都是指这种心理。

总之，无论是利用什么防御机制，我们都要直面困难。直面困难的人会从困难中得到许多意想不到的收获，困难最终会变成当事人的生命财富。正确利用心理防御机制可以使我们获得强大的精神动力和足够的自尊、自信，从而使我们走向成功。

第二节 逆境信念与逆商

一、逆境信念的含义

逆境信念是指个体在遇到逆境时，对逆境的理解，包括它的形成原因、可能产生的后果，以及采取什么样的应对措施。在中国传统文化的影响下，逆境信念可以分为两种类型，一是积极的逆境信念，二是消极的逆境信念。

（一）积极的逆境信念

积极的逆境信念指在以仁、礼为主的儒家思想的影响下造就的个体处于逆境形势下的积极部分，指向个体战胜逆境的潜能，强调在面对逆境时，个体表现出来的积极向上的价值观和强大的意志力，可称为"抗逆力""心理韧性""心理复原力"。例如，"吃得苦中苦，方为人上人""勤能补拙"和"人定胜天"等，均体现逆境产生的积极影响。

（二）消极的逆境信念

消极的逆境信念指在以佛教与道教理念的影响下造就的个体处于逆境形势下的消极部分，指向逆境带来的消极影响，强调在面对逆境时，个体表现出来的无能为力。例如，"人穷志短""知足常乐"等，均体现逆境产生的消极影响。

二、逆商

逆商全称"逆境商数"，又称"挫折商"。它是指人们应对逆境时摆脱逆境、战胜困难的能力。逆商和智商、情商一样重要，被划分为四个部分，分别是掌控感、担当力、影响力和持续性，这四个部分可用于评估个体的逆商指数。

（一）对逆商的衡量

1. 掌控感

掌控感指个体对环境的控制能力，面对困境时，控制能力强的人认为困难可以战胜，会积极想办法解决问题，并且善于将困境转化成机遇；控制能力弱的人只会被动接受，选择逃避问题。

2. 担当力

担当力即责任承担能力。责任承担是对困境产生的原因和责任进行分析，将原因归为内因和外因两类：内因是将困境的原因归咎于自己能力不足，认为失败是自己的错误导致；外因是指外在的条件和机会不成熟，以及不可抗拒的因素等。高逆商者会将失败归因于内在因素，并愿意积极承担责任；低逆商者恰恰相反。

3. 影响力

影响力指对逆境效果范围的掌握、对负面影响的控制和对未来发展方向的把控。高逆商者将逆境带来的不良影响最小化，不会对未来发展产生消极影响，甚至还会促进未来发展；低逆商者无法降低逆境对身心的影响，无法有效控制，有时甚至将影响范围无形扩大，会将在逆境中受到的伤害带到生活和工作的各个领域。

4. 持续性

持续性指看待逆境存在的时间长短，包括目标意志是否坚定、负向影响的时间长短。高逆商者认为事在人为，只要积极解决问题，很快就会战胜困难；低逆商者则认为困难无法战胜，更倾向于把失败的原因归结于永恒的、不可抗拒的因素，陷入困境的持续时间很长。

面对逆境的高逆商表现与低逆商表现如表 7-1 所示。

表 7-1　面对逆境的高逆商表现与低逆商表现

维度	高逆商反应	低逆商反应
掌控感	1. 能够保持冷静、果断、坚定 2. 内心有安全感、掌控感 3. 专注于自己可以影响和改变的事情并采取行动	1. 感觉自己的力量很渺小，感觉事情不受自己控制 2. 不能控制自己的情绪和想法 3. 非常容易感到焦虑、压力 4. 缺乏掌控感和安全感
担当力	1. 无论是谁的原因，都能主动站出来，采取行动以改善困境 2. 致力于解决问题 3. 即便追溯原因，也是为了解决问题，而非指责他人	1. 但凡逆境不是自己的原因造成的，就不会采取行动 2. 喜欢追溯原因、问责他人（为印证不是自己的问题），而非致力于解决问题

续表

维度	高逆商反应	低逆商反应
影响力	1. 能够客观、理性地评估逆境产生的负面影响 2. 能够控制不良情况，使其不蔓延到工作和生活的其他方面	1. 遇到不好的事情，把负面影响过分夸大、过分灾难化 2. 产生不必要的忧虑和不安 3. 心事重重，很难释然
持续性	1. 能够保持乐观、积极、豁达、关注当下，对未来抱有希望 2. 能够在较短时间内平复心情、走出阴影	1. 心态比较悲观、消极 2. 容易陷入过去的事情，而非关注当下和未来 3. 需要花较长时间走出阴影

（二）提高逆商的方法

1. 觉察

觉察即感受自己所处的逆境，体验内心真实的情绪。例如，在平时的学习、工作和生活中，当你感到困难、烦躁、无能为力，脑海里冒出"我做不到""我太笨了"等消极想法时，要快速提醒自己"这是逆境，逆境来了"，然后问自己："这件事我还能掌控吗？""我能做些什么？""这个事情的影响有那么大吗？""它会影响多长时间？"在自我提问和回答的过程中，我们会逐渐归于平静，发觉并没有那么糟。

2. 探究

探究即探究自己对逆境造成的结果的担当。当逆境出现的时候，我们要主动去面对逆境的结果，主动去想办法，想一想现在应该做什么、能做什么，从而让自己找回掌控感，成为控制力强的人。

3. 复盘

复盘即通过分析事实依据，让自己深刻知道，现在遇到的事情其实并没有想象中那么糟糕，具体可以通过提问的方式来帮自己分析。例如，你可以问自己："这个局面是不是已经无法掌控了？""这件事会影响其他哪些方面？""这个困难会持续很久吗？"在向自己发问的过程中，尽力去联想一些你认识的或者你看到过、听说过的和你有类似经历的人或者比你更困难的人，看看他们是如何战胜困难和挫折，走出逆境的。这样可以帮你找回一些掌控感，激发出自己战胜困难的勇气。

4. 行动

行动即通过前面一系列的思考和复盘，把自己所有能做的事情列出来，然后从中挑选一件事情去做。我们之所以要做事，是因为做事会让我们有掌控感，事做成之后会让我们获得自信。这种做事的掌控感和自信，会让我们更快速地战胜逆境。

第三节 挫折心理调适与逆境信念的培养

一、大学生挫折承受力的培养

挫折承受力是指个体在遭遇挫折情境时，能否经得起打击和压力，有无摆脱和排解困境而使自己避免心理与行为失常的一种耐受能力，即个体适应挫折、抵抗和应对挫折的一种能力。一般来说，挫折承受力较强的人，往往挫折反应小，挫折时间短，挫折的消极影响少；而挫折承受力较弱的人，则容易在挫折面前不知所措，挫折的不良影响大而易受伤害，甚至导致心理行为失常。挫折承受能力是后天学习来的，是维护个体心理健康的一道防线。

因此，无论是家庭还是学校，都应该教育大学生学会承受日常生活中遇到的挫折，鼓励他们从挫折失败中获得经验教训，增强克服困难的信心，而且要通过提供适度的挫折情境，采取恰当的方法来锻炼大学生的挫折承受能力。

（一）客观分析问题

1. 正确认识问题

大学生对挫折情境的评判会对其心理应激反应产生重要的影响。要战胜挫折，就要克服个体对挫折认识与态度的偏差，纠正错误认知，客观而辩证地对待挫折。首先认识到挫折是普遍存在的，应该认识挫折的两面性，挫折并不都是坏事，它促使人为了改变情况而奋斗，能磨炼性格和意志，增强创造能力和智慧，使人对生活、对人生的认识更加深刻和更加成熟。

2. 构建积极的心理防御机制

当自我受到威胁和伤害，导致心理失衡时，自我的心理防御机制便会自发地发挥作用，因为每个人的内心都具有一种减轻痛苦和寻求心理平衡的适应性倾向。如果一个人面临心理危机，而又不寻找消解的策略，其心理防御机制不能及时有效起作用，就可能产生心理疾病。当然，对心理防御机制要有正确的认识：一方面，必须认识到心理防御机制对缓冲挫折、减轻焦虑有积极效应，它提供了个体消解心理挫折的方法；另一方面，必须明白心理防御机制不是解决心理挫折问题的灵丹妙药。心理防御机制可能因人、因时、因地和因情的不同，其影响也有差异。因此，在心理防御机制的选用上，必须视具体情况进行分析。如何学会适时、适度并合理有效地运用心理防御机制，对每位大学生来说都是一门必修课。

3. 寻求社会支持

社会支持是指一个人通过社会关系和社会组织获得他人在物质与精神上的帮助与支持，从而增强挫折承受力，消除或减轻挫折带来的精神紧张状态。来自各方面的精神和物质上的支持，可作为一种保护性因素，缓解挫折对个体的打击，帮助个体应对挫折，从而增强挫折承受力。相反，缺乏社会支持，则会妨碍积极的心理应对，降低人的挫折承受力。大学生在遇到挫折时要学会求助，可以根据情况向朋友、辅导员、家长、心理咨询师、教师、学校领导求助。一个人对事物的认识往往是有限的，经别人点拨一下，可以豁然开朗。一旦在别人的疏导下解除了困扰，大学生就会更加坚强、心理更加成熟、适应能力更强，抗挫折能力得到提高。

（二）锻炼坚强的意志

1. 建立科学的世界观，树立崇高的理想

树立为社会发展做出贡献的奋斗目标，满怀抱负，把精力用在学习上，积极进取、勤奋学习、克服学习上的难题，这样既能增长本领、磨炼坚强的意志，也淡化了生活中的矛盾。

2. 调节抱负水平

抱负水平是指个体在进行活动前，设定自己要达到的目标或成就标准。抱负水平过高或

过低都不利于增强个体的自尊心和自信心。在过低的抱负水平下，即使成功，人们也不能产生成就感；抱负水平过高，在达不到预定目标时，就容易产生挫折感。所以，要使个体在活动中产生成就感又不至于受挫折，就要提出适合个体能力水平的具有挑战性的标准。

3. 挖掘自身潜力，与社会发展相适应

首先，学好书本知识，这是主动思考和创新的基础。其次，接受必要的训练，发展自己，努力使自己符合社会的需求。从失败中吸取教训，以积极的态度冷静分析遭受挫折的主客观原因，及时找出失败的症结所在，发现自己的弱点，力争改进；发现自己的优点和长处，从而振作精神，拥有战胜挫折的勇气，树立信心，提高对挫折的承受能力。

二、逆境信念的培养

在追求成功的道路上，许多人缺乏正确面对逆境的态度。他们往往遇难而退，拒绝一切机会。他们忽略、掩盖甚至放弃人类内在追求进步的本能要求，以及生活给予的许多东西。在生命中蕴藏着巨大的潜能，在逆境中愤然崛起便是其中一项。不能面对逆境的人会忽视生命中的这种潜能，而且有意无意地逃避。

逃避逆境者往往想过得过且过的生活，他们会说："这就足够了。"他们往往找一些堂而皇之的借口放弃梦想，放弃追求，选择自认为平坦、轻松的人生道路。但是，随着时间的推移，他们有可能付出更大的代价，遇到更大的逆境，所遭受的痛苦比直面挑战、勇敢面对现实而承受的痛苦要大得多。

一个人最痛苦的时刻莫过于回首自己平庸而辛酸的一生。只有敢于面对逆境的人，才能收获成功。这种人不畏艰难，在逆境面前保持微笑，并将一生定义为"面对逆境的挑战"过程。这种人被称为立体的人，他们勇往直前，无论环境有利还是不利，无论人生幸运还是不幸，都不会停止前行。在逆境面前，他们始终保持激情，绝不让年龄、性别、身体缺陷或者任何其他障碍阻挡自己实现成功愿望的脚步。

立体的人具有坚定的信念，遇到困难，信念会促使其战胜困难。对待逆境，立体的人会以自己的方式去解决，不断调整前进的方向，寻找更适合自己的道路。

心理视窗

真正内心强大的人，经历过风雨，体验过高山低谷，也见识过人生百态。唯有让自己不断变得强大，生活才会变得越来越好。

遇事能扛

面对烦恼，每个人都有难过的时候，内心强大的人懂得自我消解。

内心强大不等于无坚不摧，但一定是做到了遇事扛得起。哪怕遇到再大的难题，依然稳得住自己，会去想办法解决问题，而不会盲目地随意发泄情绪。

做好自己该做的事，不被别的人、别的事打乱节奏。

人生，从外打破是压力，从内打破是成长。要学着做一个不被轻易击垮的人，扛得住事，经得起磨砺。

第七章 挫折心理与逆境信念

行事沉稳

你身边是否有这样的人，听到别人的夸奖就沾沾自喜，遭到他人的质疑就陷入自我否定。当一个人总是受外界因素影响时，迷失的往往是自己。

真正内心强大的人不会被别人左右。他们行事的目标清晰，一旦朝着一个方向出发，就能坚定不移地走好每一步，不犹疑，不后退。

宠辱不惊，得失泰然，就是内心强大的人最好的姿态。

事过翻篇

不让自己活在过去，是一个人变强大的重要标志。

人生是一趟旅程，当内心负担过重，放不下的事过多时，就如同携带了沉重的行李。

不如抛掉烦恼，卸去负累。想不通的事，就别想；不开心的事，就把它留在昨天。

该翻篇的翻篇，不纠结过往，只为腾出双手，拥抱现在和未来。

不怕失败

生活中有的人，因为害怕失败而拒绝开始，明明有很多想法，但就是一直停留在设想阶段，不敢付诸行动。

然而，逃避得越久，越容易在现实面前碰壁。

真正能成事的人，深知人生遇到的挫折都是必经之路，但都是暂时的。他们永远不会失去从头再来的勇气，而是选择一次次迎难而上，迎接挑战。

正如一句话所说，"纵有疾风起，人生不言弃"，只要自己不放弃，就没有什么能将我们打败。

学会独处

独处并不意味着要拒绝与人交往，而是为自己保留一个开阔的空间、一种内在的从容。

减少不必要的应酬，腾出时间和精力，去做自己想做的事情，更好地提升自己，这就是独处的意义。

享受与自己相处的时光，在内心修篱、种菊，于无人处静观云卷云舒，淡看花开花落。

当你拥有独处的能力时，就能活出独立的人格，成就更强大的自己。

心理活动

蜗牛的家与硌脚石

【目的】引导学生体验压力和焦虑，尝试找出情绪的来源；帮助学生理解两种不同的压力来源。

【时间】约40分钟。

【适用对象】团体所有成员。

【工具】周杰伦的《蜗牛》《小白船》两支乐曲和播放音乐的设备。

【步骤】

1. 蜗牛的家（配乐：《蜗牛》）

如果人数过多，就可以请部分学生自愿参加。参加的学生围坐成一圈，然后把身体屈成九十度，用手从背后托起椅子，将椅子背在背上。每个人与前面的人保持距离，防止椅子互相磕碰。接着，所有学生保持弯腰驼背的姿势，转向顺时针的方向，跟着前面的同学"蹒跚"地向前走。教师提供指导语，想象大家都是小小的蜗牛，背上背着沉重的壳。

控制行走速度，不要太快完成任务，留出足够的时间让学生体验"蜗牛壳"的压力。所有学生走完一圈，回到原地，放下椅子坐好。

接下来，进行讨论与分享，引导大家思考：

（1）刚才背上压着东西是什么感觉？

（2）这种感觉在生活中是否存在？

（3）蜗牛背着它的房子，每天压在我们背上的是什么？

2. 硌脚石（配乐：《小白船》）

给每位学生发六粒玉米，让他们将玉米分别放到两只鞋里（凉鞋除外）。然后，教师开始播放音乐，要求学生根据旋律自由跳舞，或根据教师随时发出的指令在教室内奔跑，持续至少5分钟，以体验到"硌脚"，产生心烦的感觉。

接下来，进行讨论与分享，让大家围成一圈，引导大家讨论：

（1）刚才鞋里有硬东西，你的感觉是什么？

（2）现实生活中是否有类似的情境和情绪反应？

（3）是什么事总是让你感觉"硌得难受"？

允许学生发散思维，谈得越具体越好。例如，有些学生说"我曾经改过自己的成绩，这件事成了我的硌脚石。每次发考卷的时候都会不由自主想起来，让我感觉很难受。"教师鼓励学生把自己的压力来源写下来。

最后，教师进一步引导学生思考：如果我放下了背上的"蜗牛壳"，如果我倒出了鞋里的"硌脚石"，我的心情会有什么变化？生活会有什么变化？

心理测试

心理韧性测试

表7-2为心理韧性量表。根据自己过去一个月的情况，对比表7-2中的描述，选出最符合自己的一项，在合适的数字上面打钩。0代表"从不"；1代表"很少"；2代表"有时"；3代表"经常"；4代表"总是"。答案没有对错之分，如实回答即可。

表7-2 心理韧性量表

项　　目	从不	很少	有时	经常	总是
1. 我能适应变化	0	1	2	3	4
2. 我有亲密、安全的关系	0	1	2	3	4
3. 我对自己的成绩感到骄傲	0	1	2	3	4
4. 我努力工作和学习，以达到目标	0	1	2	3	4

续表

项　　目	从不	很少	有时	经常	总是
5. 我感觉能掌控自己的生活	0	1	2	3	4
6. 我有强烈的目的感	0	1	2	3	4
7. 我能看到事情幽默的一面	0	1	2	3	4
8. 事情发生总是有原因的	0	1	2	3	4
9. 我不得不按照预感行事	0	1	2	3	4
10. 有时，命运或上帝能帮忙	0	1	2	3	4
11. 无论发生什么我都能应付	0	1	2	3	4
12. 我能处理不愉快的情绪	0	1	2	3	4
13. 过去的成功让我有信心面对挑战	0	1	2	3	4
14. 应对压力使我感到有力量	0	1	2	3	4
15. 我喜欢挑战	0	1	2	3	4
16. 我能做出不寻常的或艰难的决定	0	1	2	3	4
17. 我认为自己是个强有力的人	0	1	2	3	4
18. 当事情看起来没有希望时，我不会轻易放弃	0	1	2	3	4
19. 无论结果怎样，我都会尽自己最大的努力	0	1	2	3	4
20. 我能实现自己的目标	0	1	2	3	4
21. 我不会因失败而气馁	0	1	2	3	4
22. 经历艰难或疾病后，我往往会很快恢复	0	1	2	3	4
23. 我知道去哪里寻求帮助	0	1	2	3	4
24. 在压力下，我能够集中注意力并清晰思考	0	1	2	3	4
25. 我喜欢在解决问题时起带头作用	0	1	2	3	4

第八章 网络文明与数字素养

教学目标

【认知】认识健康上网的必要性和重要性，学习领会病理性互联网使用与游戏障碍、网络欺凌和网络信谣传谣的行为表现和心理机制。

【情感】了解病理性互联网使用与游戏障碍、网络欺凌和网络信谣传谣的行为现实特征与造成的危害，从情感上高度认同健康上网的重要性。

【行为】掌握病理性互联网使用与游戏障碍、网络欺凌和网络信谣传谣预防及应对方法，培养健康上网的能力。

第一节 病理性互联网使用与游戏障碍

心理案例

小李从小学习成绩优异，性格开朗大方，阳光帅气的他经常被家长拿来作为同龄人中学习的榜样。高中毕业，小李不出所料地被保送到一所"211"大学。然而，在进入大学后，面对全新的学习、生活模式，他却有些无所适从。跟以前高中时候完全不一样，教师不会围着大家打转，同学们很多时候都要靠自学。

在大学一年级的第一个学期，小李每天起早贪黑，早上 6 点起来背英语单词，晚上在图书馆复习到关门才回宿舍。然而，每天埋头苦读的他，成绩一直一般，再也没有以前的光环。

一个学期下来，小李突然发现身边的同学要么成绩优异，要么在学生会做得风生水起。有些在假期做兼职工作的同学甚至已经赚回了学费。"那时候，感觉自己一事无成。"他回忆，自己当时完全接受不了现实，甚至产生了逃避的心理——"不是我做不到，是我不想做。"于是，小李开始沉迷于网络游戏，日夜在网吧玩游戏，把学业抛到脑后。

很快，小李的成绩开始下降，在教师沟通无果的情况下，他甚至在大学一年级期末出现从未出现的挂科现象，而且一挂就是六门。为此，学校对他提出了退学的警告。

"好不容易通过保送进的大学，怎么就要退学了呢！"小李的父母听闻后心急如焚，在暑假带着孩子来到浙江省人民医院精神卫生科的诊室。

医生称，小李的情况和大学校园环境改变、新生角色的改变有关。

医生表示，进入一个全新的环境，需要很大的勇气和充足的准备，有点不适应是正常的，不要紧张，不要担心，给自己一点时间慢慢适应。家长也要给孩子一点时间，不要催，不要慌；如果真的适应不了，可以看心理医生，医生会帮助大学新生更好地解决问题，更好地适应新的环境。

一、青少年病理性互联网使用

近年来，互联网对青少年的生活影响日益密切。青少年病理性互联网使用受到广泛的关注。有研究指出，青少年病理性互联网使用的检出率为5%~27%，并且在青春期中后期日益加剧。病理性互联网使用指无法控制对互联网的使用，导致明显的痛苦和功能损害，如强迫性使用、戒断症状、耐受症状、健康问题，以及时间管理问题。病理性互联网使用也称为"网络成瘾""强迫性互联网使用""问题性互联网使用"等。病理性互联网使用被定义为过度地将大量时间投入互联网使用当中，成为一种问题。病理性互联网使用常常被认为是一种潜在的心理健康问题，会引发严重的心理和生理问题。例如，部分被此问题困扰的青少年报告出现睡眠障碍、抑郁症状、物质滥用、人际障碍与学业问题等。病理性互联网使用的流行程度和危害性逐渐增加，人们对其兴趣日益增长。互联网游戏障碍（疾病）与病理性互联网使用的概念有相似之处，被美国心理学会的《精神障碍诊断与统计手册》（DSM）收录（2013），并提议纳入国际疾病分类（2018）。这些决策的制定突出严格监控病理性互联网使用发展情况的重要性，有助于更好地理解它的发展规律，帮助从业者采取干预措施去遏制其出现。

网络成瘾与游戏障碍的研究发展史如图8-1所示。

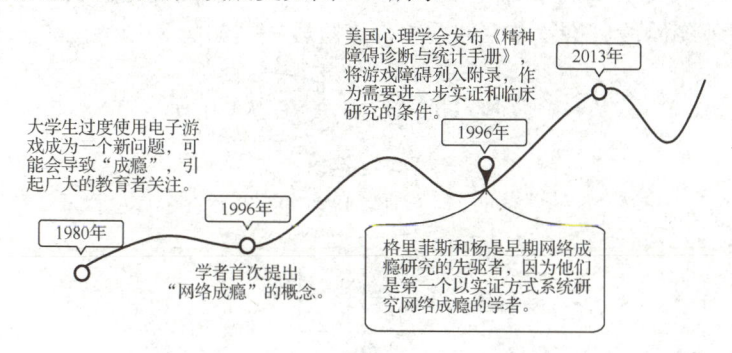

图 8-1 网络成瘾与游戏障碍的研究发展史

互联网使用的日益普及和频率提升导致滥用症状的临床病例出现。自20世纪80年代以来，心理咨询师建议大学生认真对待过度使用电子游戏的问题，因为它可能导致"成瘾"。1996年，"网络成瘾"的概念首次出现，最初是作为一种讽刺性的调侃，作为对日常行为病态化的反应。格里菲斯将这种现象理解为类似物质成瘾，这是基于个人在12个月的时间里必须经历以下症状的至少三种——容忍、戒断、缺乏控制、复发、大量时间上网、负面后果等。在这个最初的提议之后，格里菲斯和Young成为网络成瘾早期研究的先驱，因为他们是第一个使用实证方法研究网络成瘾现象的学者。在美国心理学会的物质滥用诊断之后，Young拟定了网络成瘾标准（八项）。这些标准是根据病理诊断改编的。这些早期的研究可以看作网络成瘾领域实证研究的开始。

二、病理性互联网使用的解释模型

（一）Young的ACE模型

Young提出ACE模型，将其作为理论框架来解释网络性成瘾行为。ACE模型包含三个变量 A、C、E，分别指匿名性（anonymity）、便利性（convenience）和逃避性（escape）。她认为这是导致用户网络性成瘾的原因。

国内的研究者用 ACE 模型解释网络成瘾，认为三个特点同样是病理性互联网使用行为的主要原因。[①]匿名性是指人们在网络里可以隐藏自己的真实身份，在网络上便可以做任何自己想做的事、说自己想说的话，不用担心谁会对自己造成伤害。研究者指出，互联网的匿名性和网络欺骗、偏差甚至犯罪行为相关，互联网提供了一个虚拟的环境，让那些害羞和内向的个体在其中交流时感到相对安全。便利性是指网络使用户足不出户，点击鼠标就可以做想做的事情，如网上聊天、网络游戏、网上购物、网上交友服务都很便利。逃避性是指当碰到倒霉的事情时，用户可以通过上网找到安慰。情感需要使网络用户发展出适应性的在线人格，这为用户提供了从消极情感（如压力、抑郁和焦虑等）、困难情境和个人困苦（如职业枯竭、失业、学业麻烦和婚姻失败等）中暂时逃避的机会。这种即时性的心理逃避与虚幻的在线环境联系在一起，成为强迫性上网行为的主要强化力量。

（二）格罗霍尔的阶段模型

格罗霍尔在 1999 年针对网络成瘾行为提出了阶段性假设，他认为我们观察到的网络成瘾行为是阶段性的。网络用户大致要经历三个阶段，第一阶段是着迷阶段，第二阶段是觉醒阶段，第三阶段是平衡阶段。格罗霍尔的网络使用阶段模型如图 8-2 所示。

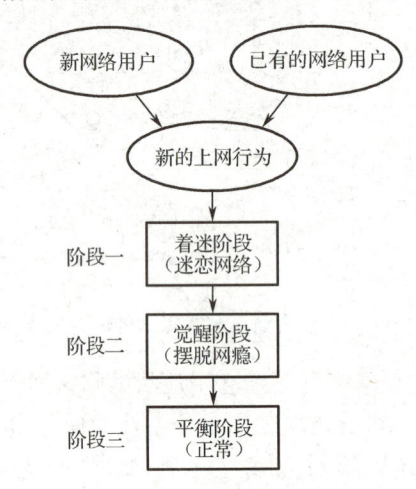

图 8-2　格罗霍尔的网络使用阶段模型

有研究者发现网络用户的在线聊天行为是阶段性的：一开始个体完全沉迷于网络聊天；接着就会渐渐醒悟，同时聊天行为减少；最后达到一种正常化的聊天行为水平。

格罗霍尔认为，对于大多数网络成瘾的人来说，他们只是"网络新人"，属于刚开始上网不久的人群，处于上网行为发展的第一阶段。在这个阶段，网络环境对他们的吸引力非常强大，他们几乎完全被这种新技术、产品或者服务迷住了，整天沉浸在这样的一种新鲜环境中不能自拔。但是，他们在适应这种环境之后，网络对他们的吸引力就不会跟之前一样强烈了。很多用户被困在第一个阶段，没办法出来，他们被认为是网络成瘾用户，可能需要一定的帮助才能到达第三个阶段。

[①] 陈侠，黄希庭，白纲. 关于网络成瘾的心理学研究[J]. 心理科学进展，2003(3): 355-359.

对于已经存在的网络用户而言，这个模型同样可以解释他们在发现一种新鲜而有吸引力的在线活动时的过度使用行为。格罗霍尔认为，与新网络用户相比，有经验的网络用户更容易从发现并过度使用新的网络产品到达平衡阶段。从某种意义上说，这个阶段模型适用于所有的网络使用行为。所有的用户都会自己逐渐到达第三阶段，只是其中的一些人需要的时间比其他人多而已。

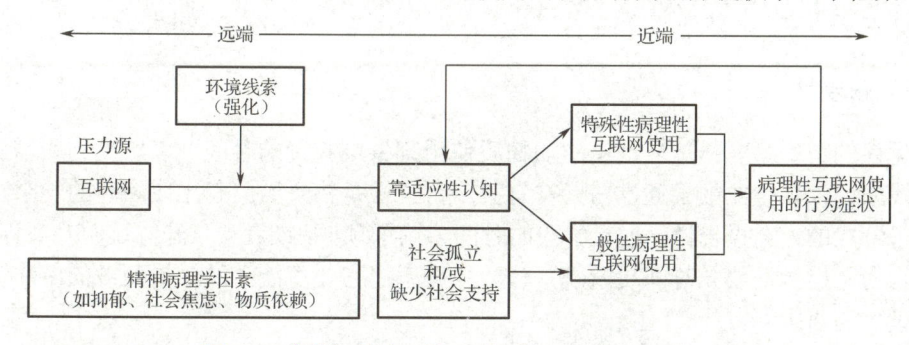

（三）戴维斯的病理性互联网使用认知-行为模型

病理性互联网使用认知-行为模型是戴维斯于 2001 年提出的，如图 8-3 所示。病理性互联网使用分为特殊和一般两种类型：特殊性病理性互联网使用是指个人出于特定目的病态地使用互联网的情况，如网络游戏、网络赌博；而一般性病理性互联网使用指的是一种更为普遍的互联网使用行为，如沉迷于网聊，或者在网上漫无目的的冲浪行为；这被认为与互联网的社会方面有关。导致病理性互联网使用症状的原因被分为近端和远端诱因，以及必要、充分和促成因素。病理性互联网使用的远端诱因的性质应在素质-应激框架内进行解释。根据这一框架，病理性行为受到个体易感性和生活中的重大事件的影响。其中，精神病理学因素是易感性，包括抑郁症、社交焦虑、物质依赖，它是病理性互联网使用症状的远端必要原因。也就是说，精神病理学因素必须存在或必须发生，才能出现病理性互联网使用症状。压力源是不断发展的互联网新技术，它是导致病理性互联网使用症状的重要原因，接触新技术经验本身并不能缓解症状，但作为一个促成原因，它是病理性互联网使用发展过程的催化剂。体验互联网和相关新技术的一个关键因素是个人从活动中获得强化。当一个人初尝一种新的互联网功能时，他会被随之而来的感觉强化。这个因素能强化病理性互联网使用症状的发展，并有助于维持相关症状。因此，当个体具有抑郁、焦虑等不良情绪状态，并受到压力事件的影响时，就容易沉迷网络，造成网络成瘾。从认知-行为模型的角度理解病理性互联网使用，我们可以研究它的多种相关因素。这个模型为病理性互联网使用的认知行为治疗提供了一个框架。

图 8-3　戴维斯的病理性互联网使用认知-行为模型

三、游戏障碍的概念与症状

游戏障碍是一种依赖游戏的现象，指无法抑制地反复、长时间玩网络游戏，沉迷其中而不能自拔，对于网络游戏带来的生理、心理快感极度依赖，这种上网行为可能造成个体显著的身体、心理与社会功能方面受损。2013 年，美国心理学会发布了《精神障碍诊断与统计手册》的更新版本，将网络游戏障碍纳入附录，作为需要进一步实证和临床研究的情景。

游戏障碍在《精神障碍诊断与统计手册》第 5 版（DSM-5）中被建议归属为精神疾病范

畴。在 DSM-5 中，游戏障碍包括九个标准，即渴求症状（对网络使用有强烈的渴求或冲动感），戒断症状（易怒、焦虑和悲伤等），耐受性（为达到满足感而不断增加使用网络的时间和投入的程度），难以停止上网，因游戏减少其他兴趣，即使知道后果仍过度游戏，向他人撒谎玩游戏的时间和费用，用游戏来逃避现实或缓解负性情绪，玩游戏危害或失去友谊、工作、教育机会。DSM-5 清楚地将行为置于成瘾和相关疾病的新诊断实体中，需要在 12 个月内满足 5 个或以上的症状才能诊断，即必须导致个人临床上显著的损害或痛苦。2019 年 5 月 25 日，第 72 届世界卫生大会将电子游戏上瘾行为正式列为"精神疾病"。

（一）渴求症状

渴求症状是指对网络使用有强烈的渴求或冲动感。这一标准与药物滥用和赌博障碍的症状相似，反映了"认知突出性"的构造。这一症状可能与因游戏减少其他兴趣的症状（症状五）有些重叠，但渴求更多的是一个认知过程，而兴趣的丧失则更多地表现为一个行为过程。其表现为总是回忆过去玩的游戏，也可以是在幻想中游戏。渴求与沉迷有关，但它应该与玩游戏时短暂的热情区别开来，玩家不仅要在玩游戏时思考游戏，还要在不玩游戏的时候思考游戏，整天都在思考游戏。

（二）戒断症状

戒断指的是当一个人无法参与一种行为或试图减少或阻止这种行为时出现的症状。在许多药物滥用障碍中，戒断和耐受性是生理依赖的特征。尽管赌博和某些物质不会引起生理依赖，但戒断症状也会出现在障碍患者身上，有游戏问题的人也会报告这些症状。在游戏情境下的戒断行为通常表现为消极情绪状态（如悲伤、焦虑）和活跃状态（如不安、易怒）的症状。与游戏相关的戒断症状必须与因外部力量阻止或阻止游戏情节而产生的情绪相区分。如果父母在孩子玩游戏时突然切断网络，孩子很可能表现出极端的情绪。然而，这些突然的情绪反应并不是戒断。戒断指的是一个人无法开始玩游戏，或者有意停止玩游戏时出现的症状。

（三）耐受性

耐受性的特征是在一项活动中增加物质使用剂量或花费的时间，以感受到所需的效果。对于游戏来说，期望的效果通常与兴奋有关。耐受性是物质滥用和赌博障碍的一个症状。许多玩电子游戏的人会报告说他们玩游戏的时间超过了预期，或者一旦开始玩游戏就停不下来。耐受性指的是感觉需要长时间玩游戏来体验兴奋感；它还可能涉及对更刺激的游戏或更强大的媒体设备的需求。

（四）难以停止上网

在诊断药物滥用和赌博障碍及网络游戏障碍时，持续的欲望或难以停止是另一个症状。关于这一标准的调查不仅应该关注阻止游戏的尝试，也应该关注减少游戏的尝试。其表现为想要停止或减少一种游戏的行为，但不能自控。这一症状表示游戏行为已经上升到一个有问题（非正常）的水平。

（五）因游戏减少其他兴趣

在诊断游戏障碍时，玩家会报告因游戏造成其他娱乐活动的显著减少。游戏行为占主导地位，其他社交和娱乐活动有所下降。这被称为"行为显著性"，其显著特征是玩家因为游戏而对其他活动或爱好（包括与朋友见面）失去兴趣（或很少参与）。

（六）即使知道后果仍过度游戏

游戏障碍症状涉及尽管知道过度游戏会引起有关的持续的生理或心理问题，但仍继续游戏。在游戏的例子中，个体会继续玩游戏，即使意识到这种行为的显著负面后果，负面后果更可能是心理和社会而不是身体上的后果。例如，因为游戏，上学或工作迟到，花费太多的钱，与人争吵或忽视重要的职责。游戏可能对健康产生不利影响（例如，失去太多睡眠），对该症状应考虑到社会和发展方面的因素，因为功能障碍会因年龄而有所不同。应该将该症状与症状九（玩游戏危害或失去友谊、工作、教育或就业机会）做区分，其后果不必像症状九那样严重。

（七）向他人撒谎玩游戏的时间和费用

这一症状与赌博障碍类似，指的是对他人撒谎或掩盖行为的程度。欺骗的对象通常是家庭成员、朋友或其他重要人物。在评价这一症状时，应考虑到社会环境。和与父母同住的孩子相比，独自生活的成年人不太可能撒谎或隐藏玩游戏这一事实。然而，游戏已经上升到这样一个水平，即个人对他人隐藏它意味着它已经成为一个问题。

（八）用游戏来逃避现实或缓解负性情绪

这一症状也与诊断赌博障碍的症状相似。它指的是从事一种逃避或缓解消极情绪的行为，如无助、内疚、焦虑或抑郁。问题行为成为一种改变情绪或应对困难的方法。这一症状与玩游戏是为了逃避或忘记现实生活中的问题及缓解消极情绪有关。为了逃避不良情绪而玩游戏应与为了避免戒断症状而玩游戏区分开来（症状二）。值得指出的是，这一标准是指游戏对悲伤、抑郁或焦虑情绪的反应，这些情绪来自与游戏无关的个人情境。

（九）玩游戏危害或失去友谊、工作、教育或就业机会

这是与赌博障碍相关的最严重的症状之一，它指的是由于问题行为而危害或失去友谊、工作、教育机会。它旨在反映比因游戏忽视家庭作业或上学、上班迟到更实质性的问题，那些行为更符合症状六。与父母关于游戏的争吵通常不会升级到关系破裂的程度，但如果一段关系因为游戏而受到威胁（例如，涉及肢体暴力或离家出走的争吵），那么这一标准就会被满足。同样，如果为了玩游戏而忽视学习，以至于取得更糟糕的课程成绩，不及格或退学，那么这个标准就会被满足。

心理测试

测一测你是否存在游戏障碍

（1）你是否花大量时间想着游戏（即使没在玩的时候），或计划什么时候玩下一次？

（2）当尝试减少或停止游戏时，或当不能玩游戏时，你是否感到不安、暴躁、易怒、焦虑或悲伤？

（3）为了得到过去得到过的同样的兴奋度，你是否感到需要增加玩游戏的时间、玩更刺

激的游戏或使用更强大的游戏装备？

（4）你是否觉得应该少玩游戏，但未能减少花在游戏上的时间？

（5）因为游戏，你是否失去兴趣或减少了其他娱乐活动（爱好、会见朋友）？

（6）即使知道负面后果，你是否继续玩游戏？例如，没有足够的睡眠、上课或上班迟到、花太多钱、与他人争吵或忽视了重要的职责。

（7）你是否向家人、朋友或其他人撒谎自己玩游戏的程度，或尽力不让你的家人或朋友知道你玩游戏的程度？

（8）你是否通过玩游戏来逃避或忘记个人问题，或缓解不舒服的感觉，如内疚、焦虑、无助或沮丧？

（9）你是否因为游戏危害或失去重要的关系、工作、教育机会？

如果在 12 个月内满足 5 个或 5 个以上的症状，而这些症状导致个人临床上显著的损害或痛苦，请及时联系专业人士进行咨询和处理。

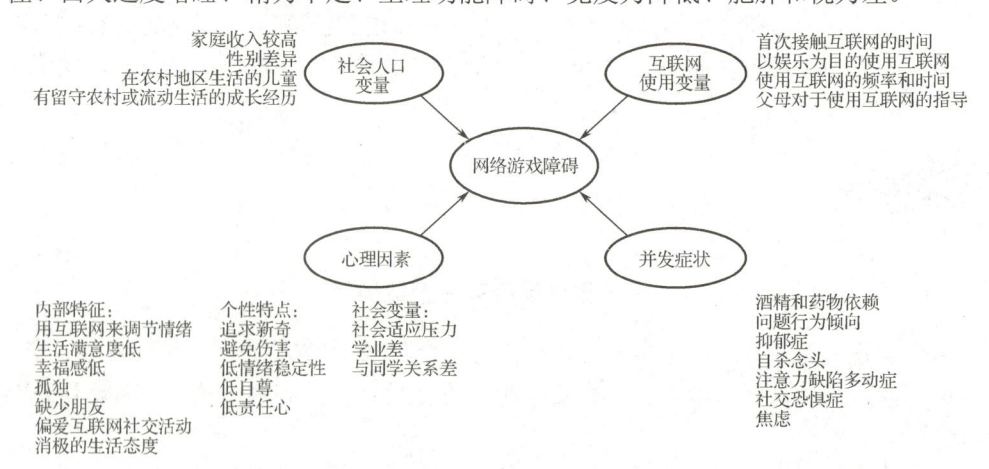

四、网络游戏障碍的影响

网络游戏障碍的影响因素主要为社会人口变量、互联网使用变量、心理因素和并发症状，如图 8-4 所示。有研究发现，青少年网络游戏障碍有以下的社会人口变量：家庭收入较高、性别差异、在农村地区生活的儿童、有留守农村或流动生活的成长经历。网络游戏障碍的互联网使用变量包括首次接触互联网的时间、以娱乐为目的使用互联网、使用互联网的频率和时间。特别指出的是，父母对于使用互联网的指导与网络成瘾有关，尤其父母很少就互联网使用与孩子进行交流，没有与孩子订立互联网使用的规则。网络游戏障碍的心理因素主要包括内部特征、个性特点和社会变量三个方面。内部特征包括用互联网来调节情绪、生活满意度低、幸福感低、孤独、缺少朋友、偏爱互联网社交活动和消极的生活态度等。个性特点包括追求新奇、避免伤害、低情绪稳定性、低自尊、低责任心等。社会变量包括社会适应压力、学业差、与同学关系差等。此外，还有各种家庭因素与游戏成瘾有关：家庭冲突、父母关系不良、感知到父母的监控等。并发症状包括酒精和药物依赖、问题行为倾向、抑郁症、自杀念头、注意力缺陷多动症、社交恐惧症、焦虑等。最后，许多身心问题都与上网问题有关，如健康状况不佳、白天过度嗜睡、精力不足、生理功能障碍、免疫力降低、肥胖和视力差。

图 8-4 网络游戏障碍的影响因素

五、大学生健康上网

（一）抵制网络不良信息

互联网上存在海量的色情、暴力信息，相当一部分大学生缺乏有效的识别和抵御能力。而网络又充满新奇和刺激，可以满足他们的好奇心和挑战欲望。网络的匿名性和便捷性更是为一些道德法治意识不强的大学生接触不良网络信息提供了空间。根据行为主义的观点，这些不良信息类似"强化物"，会进一步加剧病理性互联网使用的发生，甚至增加青少年网络犯罪发生的概率。因此，大学生应该自觉抵制网络不良信息，不浏览不良网站，陶冶情操，启迪心智，提高网络素养。

（二）辩证看待数字化生活与学习

美国未来学家唐·塔斯考特写了关注青少年网上经历的《数字化成长》一书，将青少年称为"网络一代"。而千禧年后出生的青少年更被称作"网络原住民"。他们在互联网上学习新的方法、新的网络语言和新的价值观，逐渐形成数字化的社会环境。从长远来看，数字化生活与日常生活密不可分，适应网络环境对青少年成长有积极的意义。网络也给大学生的学习带来便捷，如丰富的网络学习资料、便捷的生活资源等。因此，网络并非洪水猛兽，需要辩证看待数字化进程对青少年日常学习和生活的影响，使网络有利于大学生的成长。

全面认识、理智对待网络的作用是预防网络成瘾的先决条件。网络为人们提供了无限的虚拟空间，这对于使用者无疑是巨大的诱惑，而网络也会让人们迷失方向。大学生要清醒地认识到网络是生活、工作和娱乐的工具，但不是生活的全部，不能代替现实生活。每个人都应该有节制地使用网络，而不要沉迷其中。

（三）不沉迷互联网与游戏

沉迷网络游戏会给缺乏自制力的大学生带来学习成绩下降、旷课甚至违法犯罪等危害。长时间在网络中消磨，让其取代其他户外活动、线下社交，会使人际关系疏离。有研究指出，大学生网络成瘾行为与个体的自我控制能力有关，大学生在日常的心理素质塑造中，需要加强对自控力的培养，避免网络沉迷。

（四）有序的学习与生活方式

大学生应该树立正确的学习目标，养成良好习惯，及时改变行为规律，早睡早起，作息规律，热爱学习，健康饮食，享受生活；制订学习及娱乐计划，按重要性排序。如果自己不能控制上网的时间，可由家人或教师监督完成。

（五）上网时间可控，设置健康时限

研究表明，每周上网时间长的学生，更易有孤独、抑郁、不善于社交、自我封闭等特点。因为孤独，大学生与网络为伴，补偿线下社交活动的缺失。有研究显示，网络逗留时间长，加剧网络成瘾的程度，进而增加对心理健康的不良影响。因此，大学生在日常的网络使用中应合理设置健康时限，避免漫无目的地网络流连。例如，制作上网时间提示卡片或用闹钟定时，在规定的时间及时下网；设定健康上网的时间限度，自觉控制上网时间，形成有节制的

上网行为。

（六）理性疏导情绪，选择健康的放松方式

青少年网络成瘾还与个人的心理品质有关。一些在现实生活中应对困难能力差、情绪调节能力差、自我认同度低的人容易上网成瘾。部分大学生平时生活太压抑，学习压力大，只有在网络中才能得到释放。因此，大学生应掌握调节负性情绪的技巧，理性疏导不良情绪与压力，积极应对生活中的困难和挫折，不在网络中逃避。

日常的大学校园可以创设多彩的课余文化生活，如歌舞、绘画、演讲等文艺、体育活动或心理成长团体，选择健康的放松方式。大学生的课余生活多姿多彩，好奇心得到满足，潜能得到发挥，就可以避免脱离现实生活，到虚拟世界中寻求满足。大学生在专业知识学习上也应有一定的主动性和选择权，在自己的专业领域里得到更多的发展，充满自信与成就感，将来能够更好地适应社会。

（七）加强体育锻炼，积极参与社会活动

大学生应积极参与社会活动，发展自身兴趣爱好，丰富课余生活，开阔眼界，使个人的生活丰富多彩，心情愉悦，否则生活将变得无趣而乏味，内心就会充满空虚和苦闷。缺乏兴趣爱好的大学生在学习和工作的压力下，很容易觉得生活索然无味，就会从网络虚拟世界中寻找所谓的"精彩"。

大学生应该到户外积极参加体育运动，养成体育锻炼的良好习惯。经常锻炼的大学生容易结识志趣相投的伙伴，不仅可以提高身体素质，还能锻炼人际交往能力，并且能有效替代网络在日常生活中占据的时间，有益身心，一举多得。

第二节 网络欺凌与数字文明培养

心理案例

2022年7月，24岁的女大学生郑某因染粉色头发拍毕业照而遭遇大规模网暴，以致抑郁而终。郑某是浙江师范大学2022届本科毕业生。2022年5月，为了拍毕业照，她把头发染成了喜欢的粉色，还向一些网友要了拍照攻略。她如愿拍到满意的照片，将照片发至网络并配文"在明媚的夏日开怀大笑"。然而，就是这样不经意的行为招致网络暴力攻击，让一个不经世事的女孩承受巨大的心理压力。郑某在2022年7月接受极目新闻记者采访的时候表示："这件事十分影响我的生活和学习，现在无论怎么努力，学习效率已远不如从前，情绪和精力都被这件事给打搅了。因为这件事，我现在抑郁很严重，昨天又去医院拿了诊断报告。我现在整晚整晚地睡不着觉，白天吃饭也没有胃口。我现在不敢去看一些经常登录的社交媒体，我知道肯定有一些正直的网友为我鼓劲加油，但肯定会有负面的声音，这是不可避免的。我现在对这些很敏感。我正在努力地调整，无论是通过看书进行自我调节，还是求助专业的心理医生，效果都不是很好。"

2023年2月19日晚，一则关于郑某的令人心碎的消息传来，她和抑郁症抗争半年多后

不幸离世。

思考与讨论：
（1）为什么网络施暴者没有愧疚之心？
（2）作为旁观者，我们可以做些什么？

一、网络欺凌概念界定

网络欺凌是指个体或群体故意采用涉及电子技术的信息和通信方式，发送或张贴让人难受的文字、图片，用以对另一个体或团体进行蓄意的、反复的骚扰或威胁。

网络欺凌者借助电子媒介对另一方实施攻击行为，主要采用以下方式。
（1）散布谣言，捏造不实信息，利用网络传播。
（2）揭露隐私，将他人的个人信息公布于网络。
（3）假扮冒充，隐藏真实身份，利用他人的信息在网络上活动。
（4）孤立排斥，组建网络小团体，排斥某个体。
（5）网络论战，针对某事件在网络上进行讨论，甚至对骂。
（6）网络诈骗，利用网络侵害他人财物。
（7）网络骚扰，在网络上对他人长期进行谩骂、性骚扰等。
（8）网络跟踪，通过"人肉搜索"对他人定位、跟踪等。

据此，青少年网络欺凌可以界定为，发生在网络空间的一方（青少年个体或群体）利用网络技术与信息载体对另一方（青少年个体或群体）实施的欺凌、侮辱，从而造成后者精神、财产等受到损害的行为或事件。

有学者认为，网络欺凌是传统校园欺凌在互联网空间的扩展和延伸，具有传统校园欺凌的一般性特征，还具有特殊性，二者之间存在密不可分的联系。

二、网络欺凌特点与危害

2020年，我国未成年网民规模达到1.83亿人，未成年人的互联网普及率达到94.9%。调查显示，2020年未成年网民在网上遭到讽刺或谩骂的比例为19.5%；自己或亲友在网上遭到恶意骚扰的比例为7.2%；个人信息未经允许在网上被公开的比例为4.9%。[①]

作为一种新样式，网络欺凌呈现出网络时代背景下青少年"偏差行为"的新特点。网络的开放性、快捷性、虚拟性与隐蔽性等特征与青少年所处的特殊发展过渡期结合，加上商业的助推作用，使得网络欺凌出现了更为复杂的特征，如网络交往匿名性、网络交往间接性、网络交往广泛性、网络技术依赖性、网络空间延展性、网络伤害不易觉察性等。大多数研究表明，相对于传统欺凌，青少年网络欺凌更加频发，危害更大。

（一）网络交往具有匿名性

在网络上，欺凌者通常是匿名的。根据去个性化原理，匿名时的青少年往往更加愿意说出或做出平时不愿意表露出来的言语和行为，所以相对于传统欺凌，青少年之间的网络欺凌

[①] 数据来源：《2020年全国未成年人互联网使用情况研究报告》。

出现得更加频繁，内容更加极端。同时，匿名性还导致其他问题。在传统的青少年欺凌中，如果欺凌者观察到欺凌目的已经达成，受害者已经吃到苦头，那欺凌者一般会停止欺凌。但在网络欺凌中，由于欺凌的双方都是匿名的，因此欺凌者通常无法知道自己欺凌别人的程度，所以青少年之间网络欺凌的持续时间和影响深度要大于传统欺凌。

（二）网络交往具有间接性

在青少年的网络互动和网络欺凌中，由于欺凌者和受害者的互动都是通过网络实现的，因此欺凌者无法直接面对面地察觉到受害者的行为反应，这造成了去抑制化和去人性化的问题。由于感受不到"对方也是活生生的人"，所以相对于传统欺凌，青少年在网络欺凌中的理智、同情和点到为止更少，相反，他们表现出更多的冷血、暴躁和胡搅蛮缠。青少年的自我控制和攻击性比成年人要高，因此在网络欺凌中，青少年网络欺凌的激烈性会更高。

（三）网络交往具有广泛性

在传统的青少年欺凌中，受害者可以通过逃离现场（如逃学以逃避校园欺凌）来防止自己受到进一步伤害。同时，欺凌者也不会每时每刻都在实施欺凌，他们也存在"休息时间"。但是，在网络里，受害者几乎全天候地暴露在欺凌中，每时每刻来自四面八方的欺凌者都可能在网上发信息以欺凌受害者。同时，青少年网络欺凌的"观众"也远远多于传统欺凌。受害者在网上被欺凌时，往往有成千上万的人围观，而在传统欺凌中，围观人数比较少。根据心理学对欺凌行为的研究成果，当欺凌的"观众"越多时，受害者遭受的身心压力越大。因此，对青少年来说，网络欺凌造成的创伤往往大于传统欺凌。

网络欺凌对青少年的危害有以下具体表现。

（1）在情绪上感到悲伤、愤怒、挫败、压力、孤独和低落等，进一步导致青少年抑郁，自尊心下降，产生无助感、社交焦虑，自我存在感降低，产生非自杀性自伤甚至自杀。

（2）在生理上出现头痛、睡眠障碍、消化疾病和躯体症状等问题，增加受害者滥用酒精和药物的概率。

（3）在学习上出现学习成绩降低，注意力下降，增加逃学、逃课的发生率，提高在校的孤独感和疏离感，导致人际关系不良。

心理测试

网络欺凌调查

表 8-1 列举的是个人在网络交往（例如，QQ、微信、微博、论坛等）中可能遇到的一些行为。请你回顾最近 6 个月的经历，根据实际情况对自己遇到这些行为的频率进行选择。

表 8-1　在网络交往中遇到的行为

项　目	从未遭遇	一次	很少次	好几次	许多次
1. 有人曾在网上发布过对我有害的评论、帖子或动态	1	2	3	4	5
2. 有人曾在网上散布过我的谣言	1	2	3	4	5

续表

项　目	从未遭遇	一次	很少次	好几次	许多次
3. 有人曾在网上发布过对我有害的图片	1	2	3	4	5
4. 有人曾在网上扬言要伤害我	1	2	3	4	5
5. 有人曾在网上伪装成我，并做出过对我有害的事情	1	2	3	4	5
6. 有人曾在网上发布过对我有害的视频	1	2	3	4	5
7. 有人曾在网上嘲笑过我	1	2	3	4	5
8. 有人曾在网上恶意辱骂过我	1	2	3	4	5

表 8-2 列举的是个人在网络交往（例如，QQ、微信、微博、论坛等）中可能实施的一些行为，请你回顾最近 6 个月的经历，根据实际情况对自己实施这些行为的频率进行选择。

表 8-2　在网络交往中实施的行为

项　目	从未实施	一次	很少次	好几次	许多次
1. 我在网上发布过对某人有害的评论、帖子或动态	1	2	3	4	5
2. 我在网上散布过某人的谣言	1	2	3	4	5
3. 我在网上发布过对某人有害的图片	1	2	3	4	5
4. 我在网上扬言要伤害某人	1	2	3	4	5
5. 我在网上伪装成某人，并做出过对其有害的事情	1	2	3	4	5
6. 我在网上发布过对某人有害的视频	1	2	3	4	5
7. 我在网上嘲笑过某人	1	2	3	4	5
8. 我在网上恶意辱骂过某人	1	2	3	4	5

三、网络欺凌心理分析

（一）安德森等人的一般攻击模型

安德森和布什曼（2002）提出了一般攻击模型，为研究青少年网络欺凌行为提供了系统的理论分析框架，如图 8-5 所示。

一般攻击模型结合生物、环境、心理和社会因素解释基于多种动机的攻击行为。个体因素包括一个人拥有的所有特征，如人格特征、态度和遗传倾向。有研究表明，儿童的成长经历，如长期遭受虐待会影响网络欺凌行为的发生。个性的特质，如同理心低、易冲动特质、反社会人格、冷酷无情、不安全依恋、黑暗人格均与实施网络欺凌有关。情境因素包括情境的任何重要特征，如挑衅或挑衅线索的存在。在攻击线索方面，包括媒介暴力的接触、色情信息的接触（会改变对女性的态度）、攻击信息的接触等。接触媒介暴力会激发侵略性的信念、态度、行为模式和期望，并诱导接触者对攻击性行为脱敏，接触暴力时间越长，网络欺凌事件发生频率越高。在网络社交中沟通不良、相互不友善、言语犀利和理解错误，均容易发生挑衅和激怒对方的行为。网络社交环境中因缺乏监管束缚，无法面对面觉察受害者行为，造成网络去抑制化、去人性化和去社会化。当欺凌的"观众"越多时，网络欺凌行为越多。虚拟身份、匿名性、便利性为网络欺凌滋生提供了空间。在面对网络欺凌时，青少年在个体特征与网络环境的交互作用下，会根据当时的内在状态，如情感、认知、生理唤醒等方面，评估自身的心理资源。当个体能够通过情绪调节或者其他理性的方式去解决自己面对的网络欺凌时，将会采取理性的行动。当个体把负性情绪体验、认知压力、挫折转嫁给网络上的他人，缓解自己的心理不适和紧张时，就会攻击反抗、宣泄情绪，采取冲动性行动，形成暴力循环，进一步加剧网络欺凌的发生。

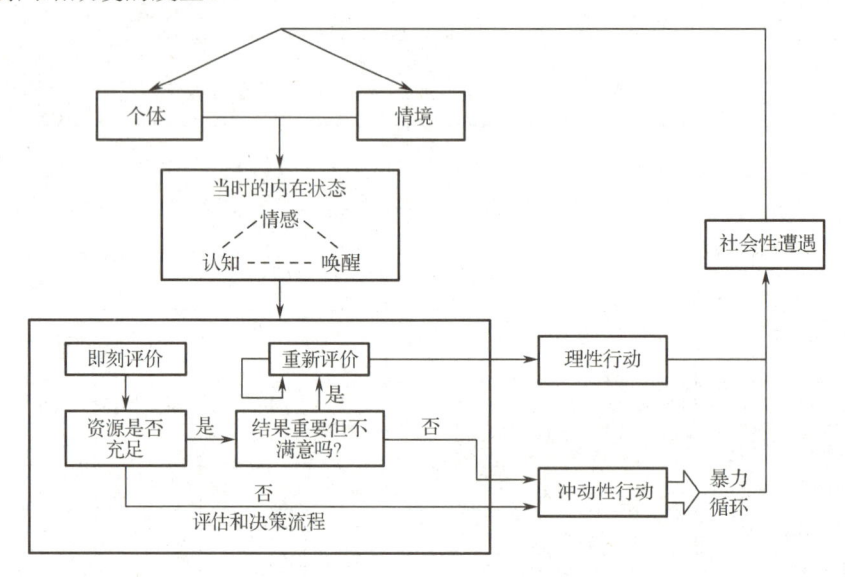

图 8-5 一般攻击模型

（二）芬克尔的 I^3 模型

芬克尔等人在 2014 年提出 I^3 模型，这是由一个结果（攻击行为）、一个中介（行为倾向）和三个因素（刺激、驱力和抑制）组成的模型，如图 8-6 所示。

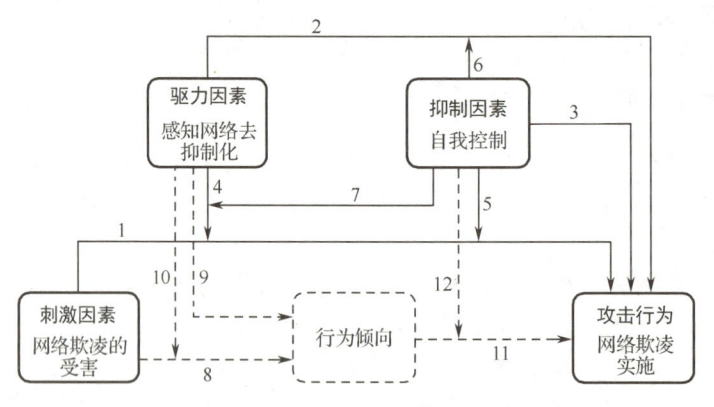

图 8-6 芬克尔的 I^3 模型

Wong 等人在 2017 年使用这个模型的理论框架对网络欺凌行为进行了解释。刺激因素指的是可能在规范上煽动或激发个人攻击的情境事件或环境。网络欺凌经历是一个刺激因素，当一个人在现实生活中遇到网络欺凌时，更容易实施对别人的网络欺凌行为。驱力因素指的是增加一个人采取攻击性行为的可能性的性格或情境因素，特别是在应对煽动触发器或攻击性冲动时。感知网络去抑制化是指个体感到约束较少，从而表现出更大的意愿在网络平台上表达自己的一种心理状态。抑制因素是指性格或情境因素，这些因素增加了个体抑制其攻击冲动的可能性，从而减弱了他们的攻击行为。自我控制是指自我控制过程的崩溃是暴力和攻击行为的直接原因。该模型假设认为网络欺凌受害经历会促进网络欺凌实施的发生；当个体感知到网络的去抑制化时，也会增加其网络欺凌行为发生的概率；当青少年是自我控制低的个体时，那么网络欺凌发生的可能性也会增加。因此，受到网络欺凌和感知网络去抑制化促进网络欺凌实施的发生，而自我控制是抑制网络欺凌的重要缓冲因素。

（三）网络欺凌模型

网络欺凌模型 BGCM（Barlett Gentile Cyberbullying Model）（见图 8-7）区分传统欺凌和网络欺凌，并有效地预测网络欺凌。[1]有一种批评认为，前人的理论假设都不能充分区分网络欺凌与传统欺凌，虽然这两种欺凌行为高度相关。学者们注意到了两者关键的差异，如匿名感知在网络世界中的重要性，网络欺凌时对权力失衡的淡化。BGCM 假设匿名感知与网络欺凌和与肌肉无关的信念相关联，会增强网络欺凌的态度，进一步促进后续网络欺凌行为的发生。

BGCM 是一种基于学习的社会心理学理论，它预测网络欺凌行为，得到大量的关注和验证。BGCM 假设每一次网络攻击都是一次学习试验，这样，网络欺凌实施者就会认为自己是匿名的，并认为自己的物理属性（与肌肉无关的信念）是没有意义的。持续的网络攻击进一步发展这些习得构念，如果得到积极强化，则会导致与肌肉无关的信念和匿名感知的发展和自动化。匿名感知会影响对网络欺凌的态度。最后，网络欺凌态度是网络欺凌行为的直接和唯一的影响因素。因此，网络欺凌态度在匿名感知和网络欺凌行为、与肌肉无关的信念和网络欺凌行为之间发挥中介作用。此外，BGCM 原则已被证明可以根据人口统计数据（即年龄、性别和上网时间），控制网络欺凌的发生。[2]

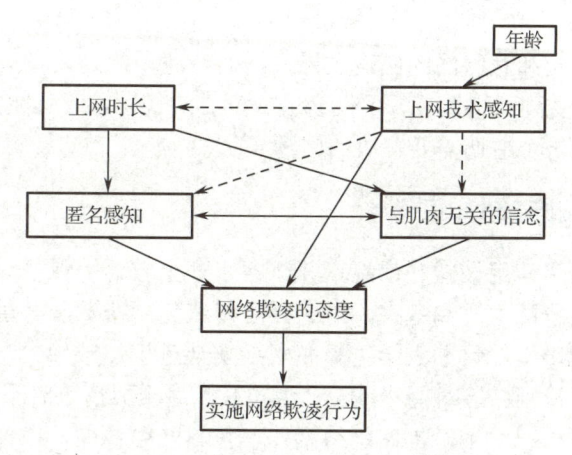

图 8-7　网络欺凌模型 BGCM

---

[1] BARLETT C P, HELMSTETTER K, GENTILE D A. The development of a new cyberbullying attitude measure[J]. Computers in Human Behavior, 2016, 64:906-913.

[2] BARLETT C P. From theory to practice: Cyberbullying theory and its application to intervention[J]. Computers in Human Behavior, 2017, 72(JUL.): 269-275.

新闻回顾

"清朗"系列专项行动重点打击网络暴力等突出问题取得显著成效

新华社北京8月23日电（记者 王思北） "从2019年以来，我们累计清理违法和不良信息200多亿条、账号近14亿个，赢得了广大网民的支持肯定。"中央网信办副主任、国家网信办副主任盛荣华23日在国新办举行的新闻发布会上介绍，"清朗"系列专项行动围绕群众关注度高、反映强烈的突出问题，持续深入开展专项治理，网络生态环境更加清朗。

据介绍，针对网络暴力、网络水军、网络黑公关等较为突出、治理难度较大的问题，中央网信办结合"清朗"系列专项行动集中力量进行整治。

"我们将那些网络群组、网站论坛、电商、小程序等平台作为治理网络暴力、网络水军乱象的一个重点，将评论、弹幕、私信等环节作为治理网络暴力问题的重点，将青少年常用的应用程序、智能设备等环节作为治理涉未成年人网络乱象的重点，在实践当中取得了良好效果。"盛荣华说，通过强化信息公示、强化用户保护、强化推荐管理等方式遏制网络水军恶意营销，纠正不良倾向。同时，始终把影响面广、危害性大的网络问题作为整治重点，保持高压严打态势，形成有力震慑。

盛荣华表示，下一步，将在梳理总结前期工作成效的基础上，进一步强化工作统筹，深化标本兼治，不断巩固拓展"清朗"系列专项行动的成果，为营造良好的网络生态提供有力保障。

新闻来源：中国政府网，2022年8月23日。

四、网络欺凌预防与应对

随着社交媒体的普及和互联网的快速发展，网络欺凌现象越发常见。对于尚处于成长期的青少年而言，如果遭受到网络欺凌，不仅会造成身心的伤害，还可能面临诸多难题和挑战，如何应对网络欺凌成为一个迫切需要解决的问题。

（一）学习网络欺凌概念性知识

大学生通过学习网络使用技能、信息素养、网络安全教育等课程，增加网络欺凌的概念性知识。认识到网络欺凌的本质和危害，对于预防和避免网络欺凌有重要的作用。学校可以开设相应的课程、知识讲座，帮助大学生提高网络安全意识，教导大学生合理使用网络。大学生学会怎样在网络中识别和应对网络欺凌，这样在遭遇类似情景时不至于不知所措。同时，大学生也要更好地保护自己，不断提高网络素养，尤其网络技能，在使用网络媒介中减少对不良信息的接触，尤其在玩游戏的过程中注意保护个人安全，提高风险防范意识。

（二）增强应对网络欺凌的积极心理品质

青少年网络欺凌的很大一部分原因在于青少年处于身心发展的不平衡期。此时，他们具有强烈的独立和逆反意识。相对于家庭和学校环境，网络环境缺乏监管束缚，所以在现实中被压抑的青少年愿意在网络中寻求释放。青少年的思维决策方式不成熟，认知和情感资源不够强大，不能够深思熟虑地应对遭遇到的情景。所以，他们很容易采取欺凌别人的方式来缓解自己的内心压力。了解这一点，学校和家庭就必须注意正确引导和培养青少年的人格和决策方式，如增强青少年的心理资源、社会问题解决能力、情绪调节能力和压力管理能力等；同时，还应当培养青少年的亲社会行为、同情心和共情能力等。

（三）遭遇网络欺凌的心理关怀

网络欺凌和传统欺凌不同，它是"看不见的拳头"，是一种心理虐待，会造成受网络欺凌者的心理创伤，所以心理辅导在反网络欺凌教育中的重要性自不待言。有研究表明，受网络欺凌后容易产生焦虑、抑郁、强迫思维、失眠、思维反刍等不良心理，更有甚者因情绪调节不良而自伤、自杀。因此，对于遭受网络欺凌的青少年，需要提供必要的心理关怀。在受到网络欺凌后，受害者会产生心理上的压力和困扰，甚至引起心理问题。受害者应该关注自身心理健康，寻求专业的心理咨询师或心理医生帮助，进行必要的心理疏导和治疗。

（四）应对网络欺凌事件的技能

1. 加强自我保护意识

防范网络欺凌的方式主要是加强自我保护意识，尤其在社交媒体上发言和互动时更应该小心谨慎。不要发表过于激烈或引人反感的言论，避免成为攻击目标。当遭受网络欺凌时，对于不良言论和攻击行为，要学会快速有效地回应和处理，避免被欺凌者控制局面。

2. 保持冷静和理智

当受到网络欺凌时，一定要冷静下来，不要冲动回复或反击，更不要妥协，否则只会让局面更加恶劣。要保持理智思考，想办法解决问题，找到合适的应对策略。

3. 学会寻求帮助

受到网络欺凌后，可以寻求家人、朋友或心理咨询师的帮助。他们可以给你提供支持和建议，让你更加冷静和理智地处理问题。如果受到的攻击涉及法律问题，也可以向律师寻求帮助。

4. 采取积极行动

针对欺凌者和攻击内容，可以采取一些积极的行动。例如，向相关平台举报、投诉或申请删除内容；向公安机关报案，要求依法追究欺凌者的责任；在网上发布正义言论，号召更多的人支持你，抵制恶意攻击。

5. 保护个人信息

在受到网络欺凌时，一定要保护好个人信息，不要透露过多的隐私，以免被欺凌者更加恶意攻击。可以采取一些措施，例如，修改账号密码、加强账号安全设置、清理社交网络等，减少被攻击的机会。

（五）数字世界的社交技能

大学生应学习和掌握数字世界的社交技能，在互联网上发言时，应该遵循基本的网络道德规范，不以攻击、辱骂等方式伤害他人。大学生也需要加强社会法律意识和道德教育，呼吁更多的人树立健康的网络文化和价值观。大学生应该培养文明上网的习惯。网络空间是虚拟的，但网络世界并不虚幻，在网络世界里要注意规范言行，约束自我，既不能主动发布辱骂、恶意中伤或骚扰他人的信息，也不能跟风起哄，参与其中。

家庭与学校应加强对青少年的思想引导，让他们明确认识到网络欺凌的危害，在心中树立道德与法律的红线。所有人应该重视网络欺凌行为对青少年造成的现实危害，勒紧网络欺凌躁动的缰绳，让抵制网络欺凌成为社会共识，让实施网络欺凌者无所遁形，不再有人沦为网络欺凌的受害者。

第三节　网络信谣传谣与识谣辨谣能力的提升

心理案例

网上发布"抢孩子"谣言　一名大学生被拘 10 天

4 月 5 日记者获悉，22 岁的礼县籍大学生陈某因在网络上传播谣言于 4 月 2 日从其学校回礼县后接受讯问。经调查讯问，陈某对其在互联网上散布谣言一事供认不讳。目前，陈某因散布谣言扰乱公共秩序被依法行政拘留 10 日。

据了解，3 月 16 日，礼县公安局网安大队民警在互联网信息巡查时发现，百度贴吧网民"cyf 吧"在百度礼县吧、礼县二中吧、礼县职校吧发信息称："从某地来了 100 多个外地人，现已经到了盐官、祁山一带，专来偷小孩、抢小孩的，礼县一带已丢了 20 多个小孩，解剖了 7 个小孩的胸部，拿走器官。凡是陌生人，戴黑口罩的人，穿黑裤子的人，若问路，就快跑，别理他们。看到的人都要传下，这是事实！让更多的人知道，转一次就可能拯救几个孩子的生命。"

该信息被发现后，网安大队立即展开调查。经查证，此类信息为虚假信息。于是，网安大队一面在官方微博、微信、贴吧上辟谣，让广大市民切勿相信，一面开展落地调查工作，迅速查清信息发布者。经调查，百度网民"cyf 吧"真实姓名为陈某，现年 22 岁，礼县洮坪乡人，系江西某学院学生。网安大队在洮坪派出所的大力支持和配合下，对信息发布者陈某依法进行传唤。

新闻来源：中国甘肃网，2016 年 4 月 6 日。

一、社交网络媒体中的信谣传谣现象

随着互联网在现今生活中的逐渐普及，新媒体时代已经降临。对高校大学生来说，网络早已成为他们学习和生活不可或缺的"必需品"。社会学家拉扎斯菲尔德说："大众媒体是一种可以为善服务，也可以为恶服务的强大工具。"社交网络媒体不只是网络传播的工具，而且具有价值传播与建构的导向性功能。然而，在铺天盖地的信息包围之下，尚处于价值观塑造期和心理断乳期的大学生，他们常常无法正确辨别事情的真伪与原委，并受网络的不良影响，成为信谣传谣的推手。

社交网络媒体是一种大众表达自我和表现个性的空间，一方面社交网络媒体的个性化和

"碎片化"使得"微"信息内容不断被模糊和扭曲,另一方面社交网络媒体易于谣言信息的聚集,使得谣言不断被强化。此外,社交网络媒体谣言虚实难辨,对其监管的难度大。在鱼目混珠的信息轰炸当中,当代大学生如何辨识信息的真伪,抵制不良网络文化,成为社会和教育工作者共同关注的问题。社交网络媒体谣言传播是以社会关注的公共事件为背景大范围病毒式的传播,其特点是潜伏时间短、瞬间爆发。大学生如果对社交网络媒体信息缺乏全面解读和判断的能力,便容易成为信谣传谣的节点。因此,大学生加强网络媒介素养,增强对网络不良文化的抵御能力,已刻不容缓。针对社交网络媒体谣言传播的特点,结合大学生心理发展的特质,下面揭示大学生信谣传谣的内部心理机制,梳理影响大学生信谣传谣的心理因素,并提出优化大学生信谣传谣心理环境的有效措施与教育方法。

二、大学生信谣传谣的心理机制

为了解大学生信谣传谣的心理机制,研究者采用整群随机抽样的办法,在广东省抽取了20所高校,共5000名大学生(一年级至四年级)作为调查对象,剔除无效问卷后得到有效问卷4801份。调查对象包括部属、省属、地方院校、高职高专四个层次的高校,样本广泛、可靠、真实,具有代表性。[①]

(一)迷惘心理(晕轮效应)

美国著名社会心理学家 G. W. 奥尔波特和 L. 波斯特曼提出并验证了谣言产生的公式:$R = i \times a$。其中,R 代表谣言(rumor),i 代表事件的重要性(important),a 代表事件的模糊性(ambiguous)。事件性质越重大,事件的传播渠道或事件本身越模糊,谣言产生的可能性也就越大,谣言产生的影响也会越大。事件的模糊性越强,对大学生造成的迷惘心理越大。当大学生对事件认识不够时,事件本身的模糊性会使其产生迷惘心理,从而使他们更容易轻信谣言,传播谣言。表8-3为大学生识别信息真实性的方式比较,由表8-3可知,当大学生面对网络信息不确定性时,他们会采取一些方法去了解事件,降低事件的模糊性,从而提高认知,降低迷惘心理,这些方法有追溯源头、咨询专家、查阅资料、查询转载量等。其中,35.7%的大学生会选择查阅资料这种方法。

表8-3 大学生识别信息真实性的方式比较

性别	统计量	追溯源头	咨询专家	查阅资料	查询转载量
男	频数	787	566	917	481
	频率	28.6%	20.6%	33.3%	17.5%
女	频数	535	302	795	418
	频率	26.1%	14.7%	38.8%	20.4%
合计	频数	1322	868	1712	899
	频率	27.5%	18.1%	35.7%	18.7%

---

① 余俊渠.大学生微博(微信)传谣信谣治理实证研究——以广东省高校为例[J].佛山科学技术学院学报(社会科学版),2016,34(2):86-96.

造成大学生网络信谣传谣行为的还有一个重要的心理效应——晕轮效应。当大学生对事件认识不清时，会偏向选择相信明星、名人或亲朋好友发出的信息。表8-4 为大学生网络信息的来源分布特征，由表8-4 分析可知，有 62.4%的大学生获得的网络信息来源于明星、名人，而 56.9%的大学生通过亲朋好友获取网络信息。在日常生活中，晕轮效应常常表现为一个人对另一个人或事物的最初印象决定了他的总体看法，从而在主观因素的作用下看不准对方的真实品质，形成一种或好或坏的"成见"。网络上的明星、名人拥有众多关注者，他们自身有强大的影响力和名人效应。在大学生看来，这些明星、名人具有一定的身份地位，他们拥有社会知名度和更多资源，能掌握更全面可信的信息。因此，大学生对信息的真伪感到迷惘时，明星、名人的转发会对其造成晕轮效应，因为他们相信明星、名人，降低了对其发出信息真伪性的判断力，从而盲目地跟风，相信和传播这些信息。因此，晕轮效应是谣言持续扩散的催化剂。同时，对大学生来说，亲朋好友熟悉度增加，因此其信任度也相对增加，也容易造成晕轮效应，使得大学生信谣传谣。

表8-4　大学生网络信息的来源分布特征

信息来源	频　数	频率（%）	置信区间（%）下限	置信区间（%）上限
亲朋好友	2732	56.9	55.5	58.2
网友	1838	38.3	36.9	39.6
明星、名人	2995	62.4	60.9	63.7
官方媒体新闻	1847	38.5	37.1	39.8
非官方媒体新闻	1270	26.5	25.2	27.7

（二）焦虑心理

对谣言的性质进行分析，不难发现有相当一部分的谣言涉及社会公共事件和公共安全问题。然而，当对此类事件认识不足时，大学生常常会产生焦虑和不安的心理。正是这种焦虑和不安的心理会激发大学生追求真相的好奇心态，驱使他们从各种渠道（正式或非正式）寻求答案。表8-5 为大学生微信传谣的原因比较，由表8-5 可知，有42.8%的大学生认为猎奇心强是网络谣言传播的原因。这种焦虑不安的心态造就了谣言滋生的环境，加速了网络谣言的传播和扩散。焦虑和不安的心理会不断地驱使人们获取更多的信息，以缓解不安的情绪。当对事件的认识越多时，人们的焦虑情绪越低。由于心智尚处于理性与感性的冲突中，在有限信息和条件模糊的情况下，大学生更容易做出非理性的判断，轻信谣言，成为谣言的传播者。

表8-5　大学生微信传谣的原因比较

性　别	统计量	识别能力弱	猎奇心强	监管不力	教育缺失
男	频数	574	1169	599	409
	频率	20.9%	42.5%	21.8%	14.9%
女	频数	401	887	493	269
	频率	19.6%	43.3%	24.0%	13.1%

续表

性　别	统计量	识别能力弱	猎奇心强	监管不力	教育缺失
合计	频数	975	2056	1092	678
	频率	20.3%	42.8%	22.7%	14.1%

（三）泄愤心理

网络谣言传播的复杂性在于不仅与事实相关，而且与情感、态度和偏见相关。传播谣言的关键在于鼓动情绪，发泄情绪，获得朋友的关注和安慰，并表达内心的不满。发泄情绪类谣言的制造者通常为社会变革的反抗者和受冲击者。为表达内心的不满，他们蓄意制造恐慌与动荡。社会处于转型时期，生活的压力和社会的矛盾使人们产生一定的负面情绪，使其迫切需要寻找宣泄的空间。在网络平台中发布失实的言论可释放负能量和压力，发泄不满情绪，获得心理上的快感和满足。该类网络谣言容易鼓动大学生的情绪，引起投射心理和共鸣，从而使大学生轻信此类谣言。当他们对此类谣言进行转发传播时，同时也宣泄了自己的不满情绪和压力。因此，信谣者和传谣者都会在接受谣言的同时对谣言进行大肆的渲染和扩散，造成更广泛的二次传播。

（四）失衡心理（认知失衡）

弗里茨·海德认为，人类普遍具有一种对平衡、和谐的需要。一旦人在认知上失去平衡，就会在心理上产生紧张和焦虑，从而促使认知结构向平衡的方向转化。解决认知失衡的方式有两种：一是合理化解释，即试图将某种不合理的、失衡的行为做出合理的、平衡的解释；二是回避性阅听，即极力回避或有选择地阅读、听对自己不利的和容易引起自己心理失衡的信息。当网络上传播的谣言与大学生已有的认知结构一致时，为了保证自身认知的平衡，大学生会选择接受并相信该谣言，以保持认知上的平衡；当网络上传播的谣言与大学生已有的认知结构不一致时，为了避免自身引起认知的失衡而带来内心的焦虑与冲突，大学生会选择回避性地阅听或对谣言做合理化的解释，以达到认知上的平衡。很多时候，大学生虽然不确定谣言的真实性，但宁愿相信谣言是真的，因为谣言与其原有的认知结构相似或相近，为了保持心理上的平衡，因此选择相信。表 8-6 为大学生转发不确定信息的原因，由表 8-6 可知，由于兴趣所在，有 33.3% 的大学生在不确定信息真实性的情况下对其转发。

表 8-6　大学生转发不确定信息的原因

性　别	统计量	保存记录	广为传之	表明兴趣	纯属习惯
男	频数	526	610	920	695
	频率	19.1%	22.2%	33.4%	25.3%
女	频数	377	461	678	534
	频率	18.4%	22.5%	33.1%	26.0%
合计	频数	903	1071	1598	1229
	频率	18.8%	22.4%	33.3%	25.7%

（五）功利心理

网络上的谣言相当一部分以商业利益为目的，为了获取人们的关注，或以求助或利他等形式博取人们的同情心，以掩盖其以获利为目的的动机。例如，微信上某商户宣传只需要关注转发并点赞，便有机会获得礼品；还有各式各样的"轻松筹"。大学生传播该类谣言的动机在于期望获得利益，或者出于利他心理，同情弱者，希望帮助他人。然而，一些以获得商业利益为动机的造谣者利用大学生的这种心理，使其成为传播谣言的工具，以达到获利或宣传的目的。

（六）从众心理

从众心理指个人受到外界人群行为的影响，而在知觉、判断、认识上表现出符合公众舆论或多数人特征的行为方式，即俗话所说的"随大流"。网络有其虚拟性，很多时候传播谣言者总是戴着匿名的面具，而且传播的参与者越多，从众的行为越容易产生。这是因为，在网络上传播谣言，多人参与而有效地分担了责任，人们不会考虑传谣而需要承担的后果。通常情况，大学生会认为多数人的意见是对的，少数服从多数。这样大学生就容易缺乏分析，不独立思考，错信谣言，成为网络谣言的传播者。从表 8-3 可以发现，大学生在判断网络信息真伪时，有 18.7% 的人会选择查询转载量，这便是典型的从众行为。另外，有学者认为，大学生从众转发谣言是出于群体认同和交往的需要，是为了获取同伴的关注和认同。

三、优化大学生心理环境，提升识谣辨谣的能力

（一）建立互动心理沟通机制

作为高校对学生的网络素质教育，教师在日常的管理和教育中应该渗透正确的网络使用观念和正确的舆论价值导向，师生应建立互动心理沟通机制。教师应言传身教，为学生遵守网络舆论道德规范做出表率，同时在网络互动平台中多进行师生互动，对学生进行动态跟踪，对于"易感人群"要及时反应，进行疏导和干预教育，以规范其网络使用行为。此外，建立互动心理沟通机制有助于教师更好地关注和了解学生的情况。学生使用网络平台时会透露自己的心里话，教师可通过学生的只言片语、图片视频挖掘其背后的思想意识和心理动机，更好地把握其行为的本质、规律和特点，以进行针对性的教育。

（二）完善朋辈心理沟通制度

把关人（gate-keeping）理论最早由美国社会心理学家、传播学者卢因提出。该理论认为，人人都可能成为谣言传播者、接收者和把关人，无论是对信息进行转发和再创造，在这些过程中，都可以产生谣言。因此，完善朋辈心理沟通制度有其必要性和重要性。网络环境的净化需要大家共同营造，学生群体中的每个人都应充当把关人的角色，营造健康的网络环境，加强网络自净能力，相互监督和教育。当学生朋辈群体中出现失实信息时，每个学生都是把关人，对信息进行独立分析和判断，理性地判别信息的真伪，并迅速反应，对传播谣言的同学及时提醒和教育，净化学生朋辈群体内部的网络环境，减少消极的从众效应发生。

（三）构建多元立体心理能力体系

面对网络上铺天盖地的信息，如何辨别信息真伪，不受网络不良风气的感染和影响，加强学生的网络素养和对不良信息的抵御能力是高校教育者关心的热点话题之一。培养大学生的网络素养应构建多元立体心理能力体系，如选择能力、理解能力、质疑能力、评估能力、创造和生成能力，以及思辨反应能力。学校应全方位多元立体建构大学生的心理能力体系，提高学生辨别谣言、抵制谣言的能力，不盲目相信媒介传播的信息，运用自己的理性思考能力，提高对网络负面信息的免疫力和抵抗力，克服从众心理。

（四）加强人文关怀和心理疏导机制

大学生信谣传谣的动机多源于对事情的本质认识不清，事件本身给学生带来心理上的焦虑与不安，或事件爆发时群体的消极从众效应。因此，提高学生抵御谣言的能力、对其进行人文关怀和心理疏导是十分重要的。在谣言爆发和传播时，特别是与社会公共危机等重大事件相关的谣言，学校对大学生进行人文关怀和有效的心理疏导，能缓解其不安心理，稳定其情绪，使其能理性客观地看待问题，抵御谣言的不良影响。同时，学校平时多对学生进行心理教育，有助于大学生建立网络心理健康防火墙，抵制网络不良信息，做到不造谣、不传谣、不盲从、不跟风，杜绝庸俗、低俗、媚俗之风，营造健康的网络使用环境。

第九章　家庭与个人成长

教学目标

【认知】了解家庭结构、功能及其对个人成长的影响。
【情感】觉察自身的家庭关系，体验和谐家庭关系的重要性。
【技能】学习如何从大学生角度去建立和睦的家庭关系。

心理案例

小李来自农村家庭，从小成绩优异，尊敬父母。父母对小李非常期待，但很少给他压力，为供他上大学拿出了家里的大部分积蓄，并一直鼓励他。小李为此非常感动，来到大学后，把自己的所见所闻都告诉父母。为了减轻家庭负担，小李利用课余时间去兼职、勤工俭学，经常打电话回家问候父母，亲子交流紧密且融洽。

小强来自离异家庭，从小跟着父亲生活，很少见到母亲。父亲经常指责、辱骂小强。有时候压力大或者喝醉酒的时候，父亲甚至动手打小强，把怨气撒在小强身上。小强内心对父亲非常不满，来到大学后很少与父亲联系，假期也基本不回家。每次向父亲要学费的时候，他都感到十分难受，觉得自己活着就是个累赘。

思考与讨论：
（1）上述两位同学的家庭有什么区别？
（2）你与家庭的关系是怎样的？
（3）家庭对你产生了什么样的影响？

第一节　认识家庭

一、家庭结构

家庭结构是建立在婚姻关系和血缘关系的基础上的，但并非简单的家庭人口数量或世代的累加，而是两者的有机结合。家庭结构是家庭外在形态和内在构成的结合。根据家庭代际层次和亲属关系来划分，家庭结构外在形态大致分为核心家庭、主干家庭、联合家庭、单亲家庭和重组家庭。家庭的内在构成是指家庭中成员的构成及其相互作用、相互影响的状态，以及由这种状态形成的相对稳定的联系模式，家庭内在构成的主要因素包括家庭子系统、家庭边界、家庭角色与分工，以及家庭权力架构等。

（一）外在形态

1. 核心家庭

核心家庭是指已婚夫妇与未婚子女组成的家庭，比较典型的是"一家三口"。这种家庭内只有三种关系，即夫妻关系、亲子关系和兄弟姐妹关系。核心家庭的主要特点是人口少，结构简单。在核心家庭中，父母与子女发生互动的频率和机会相对于其他类型的家庭更高、更多，更易建立起亲密的亲子关系，父母对子女有较高的权威性，子女更容易接受父母的教诲，有利于发挥家庭的教育功能。

但是，核心家庭的出现，改变了先前教养经验的传递方式，年轻的父母第一次成为教育者，他们缺少教育子女的经验。部分核心家庭的父母工作繁忙，与孩子的情感交流时间较少。而且，核心家庭的孩子更容易受到家庭暴力，成为父母的发泄对象。

2. 主干家庭

主干家庭是指在一个家庭中有两代以上，而且每一代只有一对夫妇组成的家庭。主干家庭在我国是较为普遍的家庭结构之一，特别是在农村，比较典型的是祖父母、父母、孩子组成的三代家庭。代际层次可以是三代，也可以是四代、五代等。主干家庭的特点是代际关系较为复杂，包括夫妻关系、亲子关系、祖孙关系、婆媳关系等。在主干家庭，祖父母许多已经从工作岗位上退休，他们没有工作负担，有足够的时间可随意支配，可以帮助照顾、教育第三代，弥补双职工家庭中父母教育精力上的不足。老一辈人积累了丰富的社会经验和生活经验，在抚育孩子上是"过来人"，可以弥补年轻父母育儿经验上的不足。

但是，主干家庭在教育孩子上的劣势同样明显。

（1）祖父母与父母的育儿观念不同，容易产生冲突。由于家庭成员层次较多，人与人之间的关系不同，再加上两代人在年龄、经历和思想观念方面存在较大的差异，因此往往容易在教育思想、教育方式上出现冲突。父母更相信书上介绍的科学育儿方法，而老一辈更相信自己之前的育儿经验。

（2）有些主干家庭，老一代爱孙辈胜过爱自己的儿女，他们常常带有一种歉意，认为年轻的时候忙于生计，没有能力给儿女们创造好的条件，现在物质生活水平提高了，他们会加倍地爱孙辈，尽可能满足孙辈的一切要求，甚至到了溺爱的地步，这样会使孩子容易形成放纵骄横、以自我为中心的不良品质。

（3）在主干家庭里，由于结构复杂、人口多，充斥着婆媳矛盾、父子矛盾，若经常争吵不休，对孩子的成长很不利。

3. 联合家庭

联合家庭是指由有血缘关系的两个或多个性别相同的人及其配偶和子女，或者两个以上同辈兄弟姐妹结婚后组成的家庭类型，或有父母长辈，或没有父母长辈。联合家庭的特点是结构十分复杂、人口多，主要分布在我国的农村地区。电视剧《外来媳妇本地郎》就是演绎联合家庭日常生活的经典作品。在联合家庭中，家庭暴力现象和父母的情感问题一般少于其他结构类型的家庭，成人之间互相监督、交流十分有利于各种矛盾的处理和解决。这不仅能给儿童创造一个轻松的生活环境，也能让儿童更好地懂得怎样与人友好相处。联合家庭的儿童在家庭中可以与同辈的兄弟姐妹共同学习、娱乐，有利于社交能力的培养和身心健康的发展。

联合家庭有以下不足。

（1）在联合家庭中，祖父母儿孙满堂，容易对儿童溺爱。祖父母往往出现偏爱某个儿孙的现象，从而容易引起其他儿孙的妒忌和被忽视心理，久而久之，往往导致儿童产生报复心理。

（2）在教养方式上，不同父母的育儿观点不一致，当孩子犯了错误时，父母对孩子严厉教育时容易受到其他人的影响，使父母左右为难，也使儿童出现投机心理或两头讨好的现象。

4. 单亲家庭

单亲家庭是指因夫妻离异或一方去世，由父母或母亲一人与孩子组成的家庭。单亲家庭的特点是结构简单，家庭成员较少。离异单亲家庭和丧偶单亲家庭看似现状一样，都是由父母中的一方在抚养孩子，但在本质上差别很大。离异单亲家庭，虽然父母中的其中一方不和孩子生活在一起，但父亲和母亲都存在，他们都还在承担抚养孩子的责任；丧偶单亲家庭则不同，对孩子而言，孩子真实地失去了父母中的其中一方。

在单亲家庭中，如果抚养孩子的一方处理不好自己的情绪或情感问题，不能给孩子以乐观向上的积极生活影响，甚至责怪孩子，会增加孩子的忧虑感与丧失感。另外，因为孩子失去了父母其中一方，另一方为了弥补孩子，在教育孩子过程中可能过分满足与迁就孩子，容易扭曲孩子的世界观，影响孩子健康人格的发展。一般来说，不会有家长乐意创造单亲家庭的局面，通过家长的合理引导与耐心教育，单亲家庭的孩子能够从中体会生活世事无常，在逆境中锻炼出坚毅的品质。

5. 重组家庭

重组家庭是指一个家庭中至少有一个成年人在曾经的婚姻或关系中有孩子，即父母中至少有一方的孩子与另一方或伴侣没有血缘关系或收养关系的家庭。在重组家庭中的孩子一般都会与家庭单元外的亲生父母保持一定的联系，容易产生分离感和失落感。重组家庭是父母积极生活态度的体现，即抚养孩子的一方家长在经历生活的磨砺后，没有自暴自弃，而是以积极的姿态勇敢地开启新的情感生活，并主动投入新生活的建设中，这对孩子而言就是很好的榜样。重组家庭中存在负责的人际关系，孩子需要面对情感融合的挑战，在这个过程中能够锻炼孩子的勇气及社交能力。

重组家庭在经营新的家庭生活时，在教育孩子方面会遇到更大的挑战。

（1）孩子的适应问题。重组家庭需要通过沟通交流，形成新的家庭互动模式。对一些年龄较大的孩子来说，因为有原生家庭生活的经历，而且与新家庭以外的亲生父母保持联系，孩子会觉得自己有两个家，对自己的处境比较迷茫，难以适应。

（2）孩子的情感问题。在重组家庭中，继父母和孩子建立关系的时间比建立与配偶之间关系的时间更长。但当孩子与继父或者继母建立了良好的友情时，孩子可能怀疑自己对于亲生父母不再忠诚，陷入愧疚感的旋涡中。

（3）两个家庭的教育观念冲突。不同家庭成员的价值观念及育儿方法都不一样，孩子在两个分离的家庭中接受两种不同的教育模式，容易产生心理矛盾。

（二）内在构成

1. 家庭子系统

家庭子系统也称家庭次系统或亚系统，是由家庭中的两人或更多的人组成的家庭中的小团体。一个家庭拥有多个分化的子系统，家庭依赖子系统来分化和执行功能，不同的子系统执行不同的功能。在家庭中，子系统通常可以按照代际、性别、兴趣、功能来划分，其中最重要和最常见的子系统包括夫妻子系统（丈夫与妻子）、亲子子系统（父母分别与孩子）、手足子系统（孩子之间）。

2. 家庭边界

家庭边界，是指个体、子系统或系统与外部环境分开的无形的边界线，是一种情感的屏障和距离。界限规定了家庭成员之间、子系统之间、家庭与外界环境之间的空间距离，用来决定谁是内部成员，谁是外人，谁能加入及怎样加入的规则。因此，界限在维持所有家庭子系统的相互依赖的同时，有助于保证每个子系统的自主性，是维系家庭中个体或团体完整性的重要条件。

3. 家庭角色与分工

家庭角色与分工主要用来说明作为整体的家庭其实有着明确的内部分工。家庭其实就是一个小社会，家庭成员之间有相应的角色担当和责任分工，这是家庭系统合理运行的必然要求。家庭成员通常担任超过一个角色，每一个角色都要承担相应的责任。家庭中清晰的分工是非常重要的，同时家庭成员需要弹性地帮助其他成员承担责任。

4. 家庭权力架构

家庭权力架构主要用来表示家庭成员之间的权力分配，简单来说，就是家庭事务的决定权归谁。父权家庭、母权家庭及平权家庭是常见的家庭权力架构。在家庭系统中，家庭成员之间的权力大小是有差别的，权力源于家庭成员的地位，也源于家庭成员间的结盟。权力涉及每个家庭成员对家庭成员和家庭事务的影响力和控制力。但是，权力大小也不是绝对的，与事件的情景和背景，以及家庭成员联盟的方式有关。

二、家庭功能

家庭功能是指家庭在社会生活中所起的作用，这种作用因国家及社会发展阶段的不同而有所不同，也会受到家庭生命周期的制约。家庭是个人和社会的纽带，其最根本的作用就是满足家庭成员生理、心理和社会各层面的最基本需求。家庭的作用主要体现在维护家庭完整、满足家庭和家庭成员需求、实现社会期待等方面。一般来说，家庭功能主要有以下几种。

1. 经济功能

家庭经济功能包括家庭中的生产、分配、交换、消费。它是家庭功能其他方面的物质基础。

2. 生育功能

从人类进入个体婚制以来，家庭一直是一个生育单位，是种族延续的保障。

3. 教育功能

家庭教育功能包括父母教育子女和家庭成员之间相互教育两个方面，其中父母教育子女在家庭教育中占有重要的地位。

4. 抚养与赡养功能

家庭抚养与赡养功能具体表现为家庭代际关系中的双向义务与责任。抚养是上一代对下一代的抚育培养，赡养是下一代对上一代的供养帮助，这种功能是实现社会继替必不可少的保障。

5. 感情交流功能

感情交流的密切程度是家庭生活幸福与否的标志。感情交流是家庭精神生活的组成部分，是家庭生活幸福的基础。

6. 休息与娱乐功能

休息与娱乐是家庭闲暇时间的表现，随着生活条件的改善，人们的休息和娱乐逐渐从单一型向多向型发展，日渐丰富多彩，家庭在这方面的功能也日益增强。

三、家庭沟通方式

美国著名家庭心理治疗师维琴尼亚·萨提亚在治疗中非常强调家庭沟通的重要性，她认为想要解决家庭中的矛盾，应该注意从家庭沟通模式入手。萨提亚总结出以下五种家庭沟通类型。

1. 讨好型

讨好型的人忽略自己，内在价值感比较低。他们的言语中经常流露出"这都是我的错""我想要让你高兴"之类的话。他们在行为上过于和善，习惯道歉和乞怜。讨好型沟通的家庭，表面一团和气，但家庭成员之间缺乏真挚的爱，而且会养成一个人依赖而又固执、软弱而又任性等不良人格特点。

在讨好型沟通模式中，孩子更容易形成的是任性。孩子很少迁就父母，久而久之，对家庭成员缺少包容力。

2. 责备型

责备型的人常常忽略他人，习惯攻击和批评，将责任推给别人。他们的言语中经常流露出"这都是你的错""你从来没有把一件事情做好"之类的话。究其内在经历，责备型的人通常孤单而失败，他们希望与别人隔绝，以保持权威。

这是一种很具破坏功能的家庭沟通模式，被指责者或逆来顺受，或一味逆反、攻击性强，对子女人格的成长不利。

3. 超理智型

超理智型沟通的人一般比较古板，有强迫症，故步自封。他们的言语中经常流露出"这个世界除了错的就是对的""你不合逻辑，没有道理"之类的话。这是一种过于客观，压抑自我感觉的沟通模式，认为人一定要保持客观、冷静。这种沟通模式喜欢使用抽象的术语，只注重客观情景，不关注他人和自己，缺乏人情味。

在超理智型家庭沟通模式中长大的孩子往往形成刻板、缺少热情、偏执、社交不良等人格特点。

4. 打岔型

打岔型沟通的人经常改变话题来分散注意力，不能专注在一件事上。他们避开个人的或情绪上的话题，讲笑话，打断话题，词不达意，不愿意真正去面对。他们让别人在与自己交往时分散注意力，也减轻自己对压力的关注，想让压力因素与自己保持距离。

这种毫无效果的沟通，不但解决不了实际问题，还会使孩子及早出现对亲子关系的逆反和抵触，容易在成人后出现自信心不足、安全感缺失等问题，以及对应的一些行为问题。

5. 表里一致型

表里一致型沟通的人在与人交流的过程中，尊重他人，注重他人感受，愿意倾听别人的话，也愿意表达自己的意见和感受，认可环境的压力，勇于承担自己的责任。在与他人交流时，他们呈现出放松、精神抖擞、乐观冷静、开朗自信。在表里一致型家庭沟通模式中长大的孩子容易形成诚实的优良品质，能够较好地解决人际交往中的矛盾。

四、大学生与家庭的关系：分离与联结

我们在媒体上经常看到一些报道和一些词语，如"啃老族""妈宝""茧居族"等。"啃老族"这个词，我们听得特别多，它是指一些不升学、不就业、不进修或者不参加就业辅导，终日无所事事的族群，主要依靠父母生活。"妈宝"主要是指那些自己不能做出独立判断和决定，事事都要问父母，经过父母同意的成年人群，独立生活能力比较差。"茧居族"指的是成年男女还离不开原生家庭独立生活，继续依赖父母，和父母的关系非常粘连，无法独立。在网络平台豆瓣上有一个"父母皆祸害小组"，孩子在成年独立后和父母切断联系，不相往来的例子非常多。这些孩子看似非常独立，但他们和原生家庭的情感联结、亲密关系几乎没有。种种社会现象都涉及个体成长和原生家庭的关系，"啃老族""妈宝""茧居族"与家庭过于联结，无法与家庭分离，而"父母皆祸害小组"与家庭过于分离，无法保持联结。大学阶段是大学生步入社会、独立生活的准备阶段，大学生要学会与家庭分离，独立自主。家是我们永远的港湾，所以大学生也要学会与家庭保持联结，把握好与家庭分离和联结的尺度，不能过于极端。

（一）与家庭分离

原生家庭与大学生分离，个体化进入大学阶段，对大学生而言是一个全新的开始。一方面，大学生离开家庭，离开父母，自己走向独立之路，这是一个自己做主、自主生活阶段的开启。另一方面，大学生离开家庭，面对挑战，面临学业压力、自我困惑、人际关系困扰、情感困惑，以及对未来选择的迷茫。这个过程又充满各种困难，难免让人焦虑、受挫、自我怀疑和退缩。

1. 分离个体化

分离是指把自己和他人区分开，个体化是指成为一个个体的感觉，包括内在自主性的发展。对大学生而言，分离个体化是指在青年阶段必须摆脱家庭依赖，作为成人世界中的一个独立的个体来开始发展，在家庭之外建立更多的新的关系。心理学家玛格利特·马勒在分析原生家庭的关系时认为，分离与个体化的完成是个体成长的一个重要标志。

2. 分离的困难

个人的成长是一个过程，需要我们面对很多变化和挑战，在这个过程中要克服很多的困难。大学生与家庭分离会有什么样的困难呢？

大学生处在成年的早期阶段，在这个阶段面临亲密感与孤独感的矛盾，需要建立亲密关系。在某种程度上，亲密关系包括自身感觉与他人感觉的相互融合，这个过程会有自我牺牲或者损失。

父母的放手，对孩子的成长来说是非常重要的，很多分离个体化的困难就来自家庭里面的父母。他们不愿意放手让孩子去尝试，在挫败和错误中成长。

分离个体化的困难还来自他人。同辈群体是一个人成长发展的重要的环境因素。尤其在青少年时期，同辈群体的影响是日趋重要的，这个影响力超过了父母和教师的影响力。如果无法进入同辈群体，并且在群体生活中实现某种社会需要，也会导致大学生的分离个体化有困难。

3. 如何实现分离个体化

英国心理学家西尔维娅·克莱尔说："这个世界上所有的爱都以聚合为最终目的，只有一种爱以分离为目的，那就是父母对孩子的爱。父母真正成功的爱，就是让孩子尽早作为一个独立的个体从你的生命中分离出去，这种分离越早，你就越成功。"

大学生应该如何与家庭分离，成为一个独立的个体呢？

（1）大学生要尝试在原生家庭之外，去慢慢适应个体独立生活的空间，也就是说要保持独立的空间，培养自己对生活的可控感。同时，大学生也要学会与原生家庭保持一定的联系，并且彼此支持。

（2）大学生要在这个过程中去摸索并完善行为模式。如果遇到了挫折，怎么去调整自己的认知，怎么学会去用成长型的思维分析问题？如果产生负面情绪，怎么去接纳自己的负面情绪并将其转化为积极的情绪？建立新的行为模式，需要大学生不断努力、不断完善。

（3）大学生要尝试去发展自己的自主性，能够为自己做决定，并且学会选择之后去承担自己应该承担的责任。

（4）大学生还要尝试在原生家庭之外，与其他人建立关系，发展友情，发展爱情。

（二）与家庭联结

家对我们意味着什么？家人分担寒潮，共享雾霭，虹影仿佛永远分离，却又终身相依。大学生要学会独立自主，并不是要与家庭彻底分离，与家庭保持良好的联结，形成和睦的家庭关系，对于大学生的成长同样重要。

1. 家庭关系的重要性

家庭关系是联结家庭成员的纽带，它可能成为个体成长路上的枷锁，也可能成为个体成长路上的重要支持。爱是披荆斩棘的力量的源泉，这意味着家庭关系的重要性。

2. 维持与家庭联结的困难

大学生维持与家庭联结有以下困难。

（1）大学生离开家庭，独立来到大学生活，与家庭的接触频率大大减少。

（2）来自个人内在的冲突：亲密感与孤独感。大学生正处在成年早期阶段，这个阶段面临的任务是解决亲密感和孤独感的冲突。人在爱的时候最脆弱，所以在很多的时候陷入亲密和孤独这个内在的冲突里。我们渴望被家人理解，渴望可以去信任和依赖对方。我们在需要对方、向对方求助的时候，希望能够得到对方的回应。这些亲密的渴求得不到满足的时候，大学生会感到很孤独。

（3）有时候，大学生想符合家庭的期待，但又想做自己想做而不被家庭同意的事情，这里面会存在家庭期待和个体需要的矛盾。

3. 如何保持与家庭的联结

大学生应该怎么保持跟原生家庭的联结，跟家人走得更近，去获得想要的支持呢？

（1）没有一个原生家庭关系是完美的，大学生在成年之后，要去修复原生家庭关系，也要去建立原生家庭之外的关系。大学生做到这一点的前提条件是提高心智化的水平，修复关系的前提是对关系有一些新的觉察。大学生要发展共情和同理心等能力，尝试从他人的视角去看待他人的感受，在这个基础上去修复和建立关系。

（2）在行为上，大学生要去增加自己的经验，学会爱自己，跟世界有爱的联动。在具体的行为上，大学生可以去做一些感恩记录，哪怕是一些微小的事件，学会去感恩并采取一些感恩行动。

（3）很多人说原生家庭对自己有过伤害，所以大学生要学会通过宽恕去得到自己成长的力量，尝试慢慢去做，去恢复和保持与原生家庭的联结。

第二节　家庭与大学生的个人成长

一、影响大学生个人成长的家庭因素

每个人都属于一个家庭，家庭中的成员是相互关联和相互作用的，任何一个家庭成员的心理行为问题都不是孤立的现象，而是整个家庭系统反应的结果。对于尚未完全脱离家庭的大学生来说，他们的许多心理问题往往与亲子关系、家庭结构、父母婚姻状况等因素相关。

（一）亲子关系的影响

亲子关系是指在家庭中父母与其子女的互动关系，是家庭中最基本、最重要的一种关系，是儿童面对的第一个也是终生面对的一种基本的社会关系。这种关系的质量对于儿童的成长远比某种教育方法更重要，它不仅直接影响儿童心理发展和心理健康水平，而且是儿童幸福感的基础来源。日本学者诧摩武俊说："不管你立足于什么理论，在从婴儿期到儿童期、青春期的孩子的人格形成过程中，父母与子女之间的关系都是一个极其重要的因素。"

有研究结果显示，亲密和谐的亲子关系使儿童具有安全依恋感，从而使其比那些没有安全依恋感的儿童更富有同情心和责任感。亲子关系是儿童最早建立的关系，这种关系的好坏对家庭以外的人际关系产生重要的示范作用，特别是同伴关系和师生关系。积极的亲子关系作为儿童的安全基地，使儿童感到被关爱与被尊重，对自己、他人和周围环境持有乐观的态度，所以会积极与父母以外的人交往，从而有助于形成积极的同伴关系。弗洛伊德认为，儿童时期是个体人格的重要形成阶段，特别是早期的亲子关系和家庭环境对儿童的人格具有较大的影响。不和谐的亲子关系容易使儿童形成不良性格和不良行为。例如，缺乏母爱的孩子容易形成不合群、任性和冷漠等不良人格特征。

（二）家庭结构的影响

我们介绍过各种类型家庭在教育孩子上的优势和劣势，不同类型的家庭自然对孩子的成长产生不一样的影响。主干家庭和联合家庭长期形成的良好家风容易被孩子接受，形成良好的品质。但是，这些家庭可能存在隔代溺爱的现象，容易让孩子形成任性、骄横等不良性格特征，而育儿观念的不一致会让孩子感到无所适从，难以形成一致的是非标准，容易产生焦虑、恐惧等不良心理特征。主干家庭虽然没有隔代溺爱的现象，但双亲缺乏教育经验且教育精力有限，对孩子的教育可能过于严格或过于放松，从而对孩子产生不良影响。破裂的家庭使孩子得不到正常的家庭教育，孩子容易形成悲观、孤僻的性格特点，行为问题也较多。

家庭结构对孩子成长的影响不仅体现在家庭的外在形态，家庭结构的内在构成对孩子的影响同样重要。典型的不良家庭内在结构有"三角缠"和"倒三角"。三角缠是一种非直接的互动，家庭成员通过第三方来实现彼此互动。它通常发生在父母和孩子之间。例如，夫妻因为争吵而冷战，孩子成为夫妻两人的传话筒。三角缠表明家庭成员之间的割裂和家庭成员的错置，阻碍家庭功能良性运行，孩子容易成为父母甚至整个家庭的替罪羊，严重影响孩子的自我发展。倒三角指家庭权力分配错位。在正常家庭中，权力一般掌控在父母手中，但有些家庭存在孩子支配父母的局面。例如，在主干家庭中，爷爷奶奶事事顺着孩子，孩子成为家庭中的"小祖宗"。在爷爷奶奶撑腰下，孩子掌握着家庭权力，这容易使孩子形成蛮横的性格特征，不利于其人际交往。

（三）父母婚姻状况的影响

父母是孩子的第一任教师，父母之间的关系对孩子的心理行为具有潜移默化的重要影响。如果父母之间和谐恩爱，孩子可以感受到家庭的温馨，有助于其健康成长。如果父母之间经常吵闹和离婚，则会给孩子的心理和成长带来负面的影响。家庭中的情绪气氛主要由夫妻关系营造，所以家庭中的夫妻关系影响家庭其他成员之间的关系，影响孩子性格的形成和发展。和谐的夫妻关系有利于营造和睦愉快的家庭氛围，孩子在这样的家庭里感到安全、愉快，有利于形成自信、乐观和待人和善等优秀品质，能很好地完成学习任务。夫妻关系不和则容易造成紧张的家庭气氛，家庭中的孩子会疑虑是否是因为自己导致父母吵架，也害怕家长迁怒于自己而受到严厉的惩罚，所以缺乏安全感，情绪不稳定，容易紧张和焦虑，而且对人不信任，容易发生情绪与行为问题。挪威医生克林格兰通过调查研究认为，在夫妻间长期存在紧张关系的家庭里，孩子最容易患精神疾病。

（四）家庭教养方式的影响

家庭教养方式是指家长对子女的教养态度、教养的言语与非言语行为的综合模式，它反映亲子关系的质量。鲍姆林德根据规则和爱两个维度，区分了四种家庭教育方式类型。

1. 过度干涉——严厉型

这种家长在各个方面都很严格，对孩子的生活进行过度的干预，经常以命令、指责的方式迫使他们做一些事情。在教育子女时，"不准""禁止"和"必须"都是他们的口头禅。他们特别重视子女的成长和前途，很在乎孩子的成绩，不让孩子有过多的娱乐，一旦孩子没有听从父母要求就会遭到严厉的批评或惩罚。这样的家长缺少感情上的温暖，也缺少与孩子的有效交流。在这样的家庭养育模式下长大的儿童容易形成懦弱、自卑、缺乏主见、独立性差、不诚实等性格特征，在未来反而难以适应社会竞争。

2. 过度保护——溺爱型

这种家长对自己的子女百依百顺，过分宠爱，总是包办孩子可以自己完成的事情。例如，当孩子遇到某些困难时，父母总是帮助他绕过去或替其承担，担心子女受到挫折。即使错误在孩子，父母也把责任归咎于其他人。正是这样的父母夺取了孩子在实践中锻炼自己的机会，使孩子容易形成野蛮、无礼、幼稚、自私的性格特征。他们对父母的依赖性极强，但自信心不足，遇到困难和挫折便不知所措，与人交往时缺乏共情能力，容易成为"妈宝男""啃老族"。

3. 放任不管——忽略型

这类家长由于离婚或工作忙等原因很少与孩子接触，对孩子的学习和生活漠不关心，所以孩子的行为很少受到约束和干预。在这种父母教养方式下成长的孩子，容易形成任性、冲动、暴躁、以自我为中心等性格特征，逆反心理和自卑心理强。

4. 温暖有度——严格型

这类父母经常对子女表示关爱，允许孩子在某些方面有独到之处，当孩子遇到困难时，往往鼓励和安慰他们。父母信任和尊重孩子的意见，能理解孩子的不同意见，能让孩子顺其自然地发展。当孩子取得某些成功时，父母会为孩子自豪。在这种父母教养方式下成长的孩子容易形成活泼、直爽、有礼貌、善于交际与合作等性格特征。

（五）家庭经济状况的影响

家庭经济状况在子女的教育与成长中起着举足轻重的作用。家庭的经济状况不但决定儿童的教育水平和教育条件，还对其学习目标、动机、兴趣、意志和自我效能产生多种影响。英国科学家海伦·皮尔逊耗时70年，横跨5代人，对7万个孩子进行了研究，研究结果表明，家庭出身的影响比我们想象中的更大。贫穷家庭的孩子比富裕家庭的孩子在成长中面临更多的困难。例如，贫穷家庭的孩子更容易出现情绪和行为问题、阅读和数学能力更差、考入重点大学的概率更低等。但是，家庭经济状况与子女学业表现之间存在复杂的辩证关系。家庭经济状况良好能给子女提供良好的学习条件和学习环境，但也易导致其骄纵、懒散的个性；家庭经济状况不佳，会造成儿童的自卑感，但同时也会锻炼一个人学习的毅力。在英国进行的研究给我们一个很重要的启示，即父母对孩子真的非常重要，缺乏父母合理的引导和教育，无论是富裕家庭还是贫穷家庭的孩子，都是非常不利的。

（六）家长心理健康的影响

父母的心理健康对子女心理健康的影响是十分明显的，这主要集中表现在父母情绪问题和精神障碍两方面。更可怕的是，父母的心理问题会导致孩子的心理问题，孩子在长大成人后，其心理问题又会代际传递给下一代，形成恶性循环的怪圈。

父母的情绪状态对子女心理健康发展起着至关重要的作用，父母的消极情绪会给子女带来明显的不良影响。有研究认为，父母情绪对子女的影响是从胎儿时期就开始的，特别是母亲如果在怀孕期间经常处于愤怒、恐惧、忧伤或不安等消极情绪，婴儿出生后极可能具有神经质的性格。一些学者认为，家长冷漠、忽视、敌意或不重视孩子，会导致孩子在情绪发展中充满焦虑和不安全感，容易产生敌意和攻击别人，违背社会准则，缺乏自我控制和社交适应能力。家长不稳定的情绪会让他们在子女面前失去威望和影响力，导致他们在家庭中表现出不称职或不负责。

父母的精神障碍，如精神分裂症、神经症、情感性精神病等，也对子女具有不良影响。有研究表明，父母患有上述精神疾病时，其子女患有各种精神疾患的比例也偏高。心理学家韦斯曼指出，与一般母亲相比，抑郁的母亲对子女更具有敌意，因而会影响子女的健康成长。另有研究指出，由有抑郁症、恐惧症或酗酒行为的父母养育的孩子患焦虑症的比例会增高，他们的情绪功能及认知能力也会受到影响。在对患有轻度精神疾病的父母对子女影响的研究中，研究者发现父母一方患有神经症时，其子女有适应不良或精神障碍问题的比例达到30%～40%。

二、家庭因素对大学生个人成长的影响

（一）自尊

自尊是个体在社会化过程中获得的对自己的价值和作用的整体情感评价和对自我的态度体验，也是个体心理健康的指标之一。自尊的产生和发展受到家庭生活环境的影响，良好的家庭环境有助于家庭成员形成对自身价值与自我接纳的良好总体感受，从而形成较高水平的自尊；而不和睦和不稳定的家庭环境对子女自尊的形成带来不良的影响。有研究表明，相比较为广泛的社会关系，亲密的家庭关系对孩子的自尊影响可能更大。另外，父母对待子女的态度和行为同样影响子女自尊的发展。高自尊子女的家庭教育特征主要有以下几点。

1. 关心和参与

高自尊子女的父母往往向自己的子女表达关心和爱，关心子女的问题。

2. 严格

高自尊子女的父母认为，不仅要使子女开心，更重要的是要让子女达到更高的要求。

3. 非强制性的纪律

高自尊子女的父母相对较少地使用体罚，取消给子女的某些特权是对子女的主要惩罚方式，或让子女独处一段时间，或与子女讨论行为好坏的原因。

4. 民主

高自尊子女的家长可以让子女自己做出决策，让他们有机会发表自己的意见，有时候也可以根据自己的意愿行事，让子女参加家庭项目。

（二）应对方式

应对是一个人在面对压力时，为了减少其消极影响而做出的认识和行动的一个过程。应对作为个体应对外界各种应激刺激和心理压力的一种防御机制，对个体身心健康的保护意义重大。经过长期的社会化过程，每个人的应对方式是具有稳定和习惯倾向性的。不同的人对事情会有不同的应对方式，积极的应对方式一般是解决问题或寻求社会支持，消极的应对方式是退避、自责和幻想等，还有混合型的应对方式，如将事情合理化。

个体的应对方式的形成与发展，与其童年的成长经验及早期的家庭教育的社会化进程有密切的联系。有研究表明，和睦温暖的家庭是青少年的一种有效的应对资源，当他们面对外部压力时，良好的家庭会给他们带来支持和积极应对方式的示范。相比温暖的家庭，冲突较多的家庭会让孩子更多地采用退让等消极应对方式。父母的教育方式对子女的应对方式同样具有重要的影响。温暖型教育方式有助于孩子采用致力于解决问题的应对方式；溺爱型教育方式使孩子倾向于采用依赖、想象或自我封闭等消极应对方式；父母的过度干涉则会引起孩子的叛逆或幻想等消极应对方式；放任型家庭的孩子由于没有获得应对策略的指导和建议，其应对方式要么是自发的，要么受到同辈的影响。

（三）人际关系

人际关系对个人成长有着重要的影响，能否与他人建立良好的人际关系是衡量一个人心理健康的重要标准之一。良好人际关系的构建，需要人际信任。家庭中的许多因素都对儿童的人际信任有很大的影响。

著名心理学家埃里克森认为，个人的人际信任感是从幼年时期的经历中产生的。在家庭生活中，如果发展出安全型的依恋个体，其人际信任水平比较高，而不安全型的依恋个体，在社会交往中可能体验到的社会价值感和人际信任感比较低。有研究显示，积极的父母养育方式不但可以增加子女的人际信任度，而且可以增加子女乐于助人的行为。反之，父母的拒绝和否认等消极的养育方式会使子女的人际信任度下降，导致子女产生爱占别人便宜、自私自利的行为。父母文化程度和家庭经济状况对子女人际信任也具有一定的影响。一般认为，文化水平高的父母，其教养方式比文化水平低的父母更多地倾向于采取多温暖、理解，少拒绝、否认等积极的教养方式，这当然有利于孩子建立人际信任感。

（四）自我发展

自我，即自我意识，是人之为人的重要特征，是个体对自己身体、心理和社会特征的认知或看法。著名心理学家埃里克森在对个体自我发展的研究中提出了自我同一性概念，他认为生理、心理及社会文化环境共同促成了个体的自我同一性的形成，也导致同一性发展过程表现出明显的个体差异。在诸多环境因素中，家庭因素在同一性的形成与发展中占据重要地位。青少年的同一性形成与家庭的关系一直是心理学家研究的重点之一。有研究显示，家庭关系对大学生自我和谐水平具有不同程度的影响，大学生自我接纳和家庭关怀度是正相关关系，家庭环境中的低亲密度、低娱乐性、低组织性是影响大学生社交焦虑的不良家庭因素。

三、克服原生家庭对自己的负面影响

网络上的"父母皆祸害小组"经常讨论一个问题："为什么憎恨父母，长大了却像他们？"心理学研究发现，如果父母关系良好，就会给子女积极影响，让子女内心充满温暖和关爱。如果父母关系不良，就会对子女产生消极影响，往往这些是子女意识不到的。所以，如果父母的关系带给你的是消极影响，大学生需要做的就是摆脱父母关系中不健康的方面，重新构筑自己爱的世界，并放弃对自己或对父母的任何偏见。下面几点可能对大学生有所帮助。

（一）找出"错误"

发现那些你觉得反复出现的错误很重要。举个例子，如果父母老是为了一件小事而争吵，你就会发现，在人际关系方面，特别是在亲密关系上，你会变得非常有攻击性。或者，你的父母从来没有互相帮助对方实现梦想和目标，你会发现你的另一半也不会支持你实现自己的理想和目标。要想从糟糕的关系中走出来，让爱情生活变得更好，首先要做的就是找到自己反复犯下的错误。

（二）摆脱父母的模式

一旦发现自己不再需要重复的思维方式和行为方式，那么下一步就是要把它们从脑海中抹去。把你希望改变的行为和习惯列出来。例如，你也许想要改变专横和妥协的习惯。当你把这些行为和习惯列出来时，你就得想一想用什么有益的方式来取代它们。如果你不再像以前那样独断专行了，你就可以这么自我暗示：在一起是要互相让步的，将来不妨坦诚讨论。

（三）不要对父母（或自己）做出评判

不要对父母或自己做任何评价也是重要的。实际上，父母是很棒的。他们已经在自己有限的知识范围内做了自己能做的。你也要学会根据自己的知识水平做自己能做的，现在你知道如何避免重复父母的错误，也要学会赞美自己能够做到的好行为。这样你会发现自己在逐渐提高，在朝好的方向发展，可以自由地享受健康和幸福的未来。如果有疑问，你就再回头看看上面的建议，按照建议练习，并且不要强加给自己任何评价，也许你会发现自己原来是很有吸引力的。

（四）与原始家庭和解

对很多人来说，在原生家庭中成长，经受着来自父母的影响，却未必有机会看到他们的"全貌"。我们没有经历过他们的前半生，我们对他们的过去所知甚少，甚至可以说，我们对上一辈生活过的时代一无所知，很少有类似的体验。我们只知道，如今的他们就是这样的人，却不知道他们"为什么是这样的人"。看到父母破碎不堪、苦苦挣扎的内心与过去时，我们才能理解他们为什么会做出那样的行为，才能生出体谅和悲悯。

你不再抱怨原生家庭，而是思考自己在亲密关系中遇到的负面东西来源于哪里，学会理解和原谅，开始用心去改善这一切，让事情朝着乐观的方向前进时，一个新的关系模式才会产生。

第三节　共建和谐家庭

一、和谐家庭的特征

（一）和睦的家庭关系

家庭成员之间的关系是温暖的、亲密的、可信赖的。家庭成员之间融洽相处，具有相互交谈的愿望，并能倾听别人的谈话。家庭成员之间还会相互关注目光接触、表情和沉默等各种非言语行为。家庭成员之间能以诚相待，直接表达自己的感觉和想法，关爱的传递是双向的，较少用埋怨或责备的口气说话。

（二）温暖的家庭氛围

家庭环境是明亮舒适的，未必是豪华美丽的，但家庭气氛是和乐愉悦的。家庭成员互相关心，互相帮助，家庭中没有只管自己不管他人的现象。每个人都维持既可靠又积极的自我形象，能真实流露或分享感受，无论是痛苦的或快乐的，都能被接纳和尊重。家庭里面充满真诚、尊重、幽默、创意、活力和关爱。每个人轻松自然，眼神接触且温和，关系开放和友善。

（三）良好的家庭结构

家庭结构完整，父母与孩子界限清晰。每个家庭成员的个性和家庭的共性能够有效融合，家庭成员的角色清楚且适当，不会出现一些家庭成员联合对抗另外的家庭成员的现象。

（四）完善的家庭功能

家庭具有快速平息家庭争吵和得出令人满意结论的能力。家庭成员有分歧时，有解决问题的良好意愿，能够做到求同存异，并且事后彼此之间不怀恨在心。家庭成员可以共同计划活动，彼此约定，分享行动的乐趣；若计划不能实现，也可以相互沟通，重新调整计划和约定。

（五）灵活的家庭规则

家庭生活有规则地运行，但富有弹性，规则会随孩子的成长或家庭结构的变化而做出调整。家庭内有一个共同分担家庭职责的体系。父母为了使孩子取得更多的生活经验和体会，能让孩子做力所能及的事情。孩子成长之后，双亲比较能体谅孩子的需要，允许孩子参加社交活动而晚归，但要求孩子回应长辈的担心。家庭中有明显的是非准则，成员各尽其责，荣辱与共。父母不在孩子面前争吵，一方在教育孩子时，另一方不在孩子面前护短、说情。

（六）明确的家庭分工

父母会意识到自己是整个家庭的领导者，领导的方式是充满关爱和愿意倾听的，而不是成为专断的控制者，争夺权力和证明你输我赢。父母有责任教导子女，对自己的权限、立场和底线要清楚掌握，并遵守与子女的约定，相互尊重，彼此信任。每个家庭成员都能清晰自己在家庭中担任的角色和承担的责任，合理分工，共同经营家庭。

（七）家庭与外界关系内外有别

家庭成员之间既有清晰的"你""我""他"，又有和谐的"我们"。界限是自由的、清楚的，家庭成员之间相互尊重各自的隐私，互不干涉。整个家庭和外界的关系是：家庭内外有别，但对外界的关系是开放的，可以接受新事物和新意见；一旦家庭内有严重问题不能解决，就会积极向外寻求解决方案，而不隐藏问题。

（八）每位家庭成员都有正向的自我价值

家庭成员感觉被关爱、被肯定和有价值，具有积极的、正向的自我价值感。每个家庭成员的自尊心、自我价值能得到尊重和满足，家庭成员具有相同的信仰和伦理道德观。

二、建立和谐家庭的艺术

（一）孝顺父母，接纳父母

孝顺父母是建立良好家庭关系的基础，有知识的大学生应该懂得做人的基本道理，就是孝顺父母永远不会过时。孝道是中国传统文化一贯倡导的基本家庭伦理观。儒家认为，"君子不可以不修身""修身不可以不事亲"，要将侍奉亲人作为修身的开始。大学生有一定的独立自主能力和经济能力，能够通过购买实际的物品来回报父母，但更重要的是心灵上的关心。远离家庭的大学生应该多回家看看、多打电话关心父母，了解父母的难题，在力所能及的方面主动帮助父母，例如，教会父母使用手机的先进功能。大学生已经不是以自我为中心的中学生，而是逐渐成熟的成年人了，应该主动了解父母，客观、全面认识父母的优点和缺点，学会欣赏父母的优点，接纳父母的缺点。

（二）重叙童年时的家庭故事

许多有抑郁情绪等心理障碍或心理疾病的青年常常在童年或者青少年时期，对父母产生过不满。或者说，在过去的心结没有消除之前，他们的心理发展变得顽固或僵化，甚至不能与父母建立和谐的关系。因此，妥善解决过去的心结是非常有必要的。那么，我们如何才能从难忘的记忆中解脱出来，让自己开朗一点、轻松一点呢？心理学的叙述疗法提供了一条转换心情的可行途径。这就是换个心态，重新将过去的故事叙述一遍，虽然组成故事的材料没变，但对意义的解释和故事带来的情绪很不一样。

重新叙述童年时的家庭故事不仅能够让我们解除过去的心结，在家庭聚会上如果家庭成员一起回忆以前的家庭快乐时光，也能够拉近彼此的心灵距离，营造和谐的家庭氛围，增加家庭成员之间的感情。

（三）主动沟通，换位思考

一般而言，父母与孩子的教育程度、家庭地位、年龄、人生阅历都有很大的不同，所以他们对很多事情都有不同的看法和理解。要化解双方的矛盾，就必须通过交流，消除歧见和误解，达成共识。老一辈的情感往往藏得更深，不轻易表达，而年轻一代的大学生，情感相对开放，也更容易表达。大学生在亲子沟通之间应该学会主动。例如，大学生主动把在学校里发生的事说给父母听，为他们分享自己在学校里的体会和收获；主动把自己的一些烦恼、不安与困惑说给他们听，以求得安慰和指点；主动把自己的挫折和失败说给他们听，听听他们的分析，帮助自己正确归因，增强克服困难、战胜挫折的信心和勇气；主动把自己对人生、对爱情的看法说给他们听，听听父母的点评，增进彼此之间的了解，争取相互之间的理解。

在人际沟通中，设身处地站在对方的立场上看问题，就会有更多的相互理解和共情，与父母沟通也是如此。一些大学生对庆祝自己的生日非常在意，对父母的生日、兴趣、爱好甚至工作与职业却一无所知。其实，孩子只有理解了父母的压力、困难、烦恼、愿望和身体条件，才能真正体会到他们的人生境遇，体会他们的情绪，才能真正地关怀和体谅他们。父母在工作上的压力很大，心情也很不好，有时候会带着这种情绪回到家里，甚至因为孩子的一些问题而生气。这个时候，如果孩子不去计较，试着从家长的角度去考虑他们的态度、情绪和需要，就会对他们有更多的理解和关怀。

（四）合适的情感表达方式

每个人的情感表达方式都不一样，也许父母让你觉得厌烦的唠叨就是他们表达爱的方式，但这种表达方式对于你来说是不合适的，反而会适得其反，所以学会用合适的方式表达情感，特别是爱的情感，对于营造和谐的家庭氛围非常重要。心理学家认为，合适的情感表达方式有以下几种。

1. 肯定家人

肯定家人的方式主要有以下几种。

（1）赞赏。父母也是希望得到孩子的肯定和赞美的，但赞赏要真心，要具体，不能敷衍，大家都是一家人，是不是真心很容易辨别出来。如果赞赏不是真诚的话，效果就会适得其反。

（2）鼓励。鼓励要有针对性。如果对方愿意去做的话，鼓励就是正面的、积极的。如果对方不乐意去做的话，鼓励就是一种强迫，效果自然不好。

（3）仁慈和爱。带着仁慈与爱去肯定家人才是有积极意义的。

2. 温情时刻

与家人在一起度过的温情时刻，可以是散步、聊天，一起活动等，甚至什么都不做，舒服地窝在沙发里。温情时刻的意义并非指我们必须用所有共处的时间凝视着对方，而是说，一家人彼此同心一起做些什么，并且给予对方全部的注意力。具体活动其实是次要的，重要的是在情感上与对方共度的注意力交集的时刻，而活动只是创造大家同在一起的感觉的工具。例如，当一位父亲教两岁的孩子踢足球时，重要的并不在于活动本身，而在于父亲和孩子间产生的那种情感。大学生与家人相处的时间比较少，多创造家庭中的温情时刻，可以让大学生与家庭的关系快速回暖。

3. 家庭礼物

礼物有昂贵的，也有便宜的，但对于接受礼物的家人而言，礼物的价钱并不重要，重要的是心意。大学生在父母生日或父亲节和母亲节这种特殊的节日里，在自己的经济能力范围之内购买适当的礼物送给父母，既能表达自己的孝心，也能让父母在属于自己的节日里开心。这既是一种肯定家人的行为，也是家庭中的温情时刻。

4. 服务行动

服务行动主要指为亲人做些事情，在对方需要帮忙的时候尽力地、主动地为对方提供帮助。例如，大学生在回家后要主动帮父母分担家务。共同完成一件事情，共同解决一个问题，都能增加家庭成员之间的共同经历，拉近彼此之间的距离。

5. 身体接触

身体接触是沟通情感的一种方式。在儿童发展方面，无数的研究得出这样的结论：有人拥抱、有人亲吻的婴儿，比那些长期没人理会、没能接受身体抚慰的婴儿，在情绪发展上更健康。亲人间的拥抱和爱抚是沟通情感的重要方式。在其他方面，适当的身体接触也能沟通情感。尽管我们长大了，不再像小时候那样跟父母撒娇，但在父母生日的时候拥抱一下，在父母累的时候帮他们按按肩等身体接触还是需要的，而且有重要的意义。

（五）学会做家庭关系中的"润滑剂"

孩子是父母爱情的结晶，也是父母关系的重要纽带和联结，孩子自然对家庭关系有着重要的影响。有先进知识和开放思想的大学生在家庭中有一定的认同度，要学会做家庭关系中的"润滑剂"，这要求我们学习合理的表达方式和沟通方法。例如，在前面对人际关系的学习中，我们学会了"我信息"和"非暴力沟通"等处理人际冲突的方法。当家庭成员发生冲突时，如父母吵架或奶奶和妈妈吵架，要站在中间立场，不对冲突双方的言行做评价，而是引导他们用合理的表达方式进行沟通。

心理视窗

PAC 理论

PAC 理论是由加拿大心理学家艾瑞克·伯恩于 1964 年在《人间游戏》一书中提出并创立的人格结构理论。PAC 理论认为，个体的个性是由三种不同的心理状态构成的，这就是"父母"（parent）、"成人"（adult）、"儿童"（child）状态。这三种状态在每个人身上都交互存在，也就是说，这三者是构成人类多重天性的三部分，而每种人格状态都有其特点。

"父母"状态以权威和优越感为标志，通常表现为统治、训斥、责骂等家长制作风。当一个人的人格结构中 P（父母）成分占优势时，这种人的行为表现为凭主观印象办事，独断专行，滥用权威。这种人讲起话来总是"你应该……""你不能……""你必须……"。

"成人"状态表现为注重事实根据和善于进行客观理智的分析。这种人能从过去存储的经验中，估计各种可能性，然后做出决策。当一个人的人格结构中 A（成人）成分占优势时，这种人的行为表现为待人接物冷静，慎思明断，尊重别人。这种人讲起话来总是"我个人的想法是……"。

"儿童"状态像婴幼儿的冲动，表现为服从和任人摆布，一会儿让人觉得可爱，一会儿乱发脾气。当一个人的人格结构中 C（儿童）成分占优势时，其行为表现为遇事畏缩，感情用事，喜怒无常，不加考虑。这种人讲起话来总是"我猜想……""我不知道……"。

根据 PAC 理论分析，人与人相互作用时的心理状态有时是平行的，如"父母—父母""成人—成人""儿童—儿童"。在这种情况下，对话会无限制地继续下去。如果遇到相互交叉作用，出现"父母—成人""父母—儿童""成人—儿童"，人际交流就会受到影响，信息沟通就会出现中断。最理想的相互作用模式是"成人—成人"。

家庭生命周期

生命周期的概念应用很广泛，主要是指人的生命周期，指个人的出生、成长、衰老和死亡的过程。同样，家庭也有生命周期。美国科学家格利克根据标志每一阶段起始与结束的人口事件，将家庭生命周期划分为形成、扩展、稳定、收缩、空巢与解体六个阶段，如表 9-1 所示。

表 9-1　家庭生命周期划

阶　　段	起　　始	结　　束
形成	结婚	第一个孩子出生
扩展	第一个孩子出生	最后一个孩子出生
稳定	最后一个孩子出生	第一个孩子离开父母
收缩	第一个孩子离开父母	最后一个孩子离开父母
空巢	最后一个孩子离开父母	配偶一方死亡
解体	配偶一方死亡	配偶另一方死亡

超限效应

美国著名作家马克·吐温有一次在教堂里听牧师演讲。最初，他觉得牧师讲得很让人感动，就准备捐款，并掏出自己所有的钱。过了十分钟，牧师还没有说完，他有些不耐烦了，决定只捐一些零钱。又过了十分钟，牧师还没有讲完，他于是决定一分钱也不捐。到牧师终于结束长篇演讲而开始募捐时，马克·吐温由于气愤，不仅未捐钱，相反还从盘子里偷了两元钱。这就是超限效应。超限效应是指刺激过多、过强或作用时间过久，从而引起心理极不耐烦或逆反的心理现象。现在，你知道为什么你会反感父母的唠叨了吧？

批评的三明治策略

三明治策略也叫汉堡包原则：上面的面包就是优点；中间的牛肉指的是做得不对的地方、需要改进的地方；下面的面包是鼓励、认可和对动机的激发。例如，面对母亲的唠叨时，你可以这么说："妈妈，谢谢提醒我穿衣服，我知道这是你对我的关心。但你提醒的次数有点多，我已经明确知道你的意思了，希望下次不要提醒这么多次了。"

踢猫效应

一位父亲在公司受到老板的批评，回到家就把沙发上跳来跳去的孩子臭骂了一顿。孩子心里窝火，狠狠去踹身边打滚的猫。猫逃到街上，正好一辆卡车开过来，司机赶紧避让，却把路边的孩子撞伤了。这就是心理学上著名的"踢猫效应"，描绘的是一种典型的坏情绪传染导致的恶性循环。踢猫效应是指对弱于自己或者等级低于自己的对象发泄不满情绪，由此产生的连锁反应。人的不满情绪和糟糕心情一般会沿着等级和强弱组成的社会关系链条依次传递，从金字塔尖一直扩散到底层，无处发泄的最弱小的那个元素则成为最终的受害者。

心理活动

活动一：亲情信息

请现在发一条"××，我爱你"的信息给你的家人或其他亲人，看看对方有什么反应？

活动二：亲情档案

根据对家庭成员的了解，完成表 9-2 所示的亲情档案，在组内分析自己的感受。

表 9-2　亲情档案

项　目	我的表现与观察
父母生日那天，我做了什么	
父母最喜欢吃的食物是什么	
父母的工作和岗位是什么	
父母最开心的时刻是什么时候	
父母最辛苦的事情是什么	
父母最牵挂的人是谁	
父母最操心的事情是什么	
父母最大的心愿是什么	
家庭目前最大的困难是什么	
兄弟姐妹最大的心愿是什么	
我最想对父母说的一句话	
我最想为父母做的一件事	
我为家里做的最值得骄傲的事是什么	
其他	

活动三：亲情故事

回忆并讲述一个家庭与自己童年的故事，与组员分享自己的体验与感想。

活动四：亲情传递

写出自己和父亲与母亲的相似点，与组员分享自己的体验与感想。

心理测试

家庭关怀度指数

表 9-3 为家庭关怀度指数问卷，1978 年由美国华盛顿大学的 Smilkstein 医师根据家庭功能的特征设计，是一种测评被试者对家庭功能满意程度的工具。该问卷具有简单、快捷，适应对象广的特点。

家庭关怀度指数问卷由以下五个维度组成。

（1）适应度，指家庭成员在遇到困难或危机时，能从家庭内外获得哪些资源，是否有助于解决问题。

（2）合作度，指家庭成员互相分担责任、解决问题和做决定的方式。

（3）成长度，指家庭成员在身心发展上得到其他成员的支持与引导的程度。

（4）情感度，指家庭成员之间存在的相互关心、爱护的情感程度。

（5）亲密度，指家庭成员在时间、空间、金钱等方面的共享程度。

表 9-3　家庭关怀度指数问卷

项　目	几乎很少（0分）	有时这样（1分）	经常这样（2分）
1. 当我遇到问题时，可以从家人得到满意的帮助			
2. 我很满意家人与我讨论各种事情及分担问题的方式			
3. 当我希望从事新的活动或有新的发展时，家人都能接受且给予支持			
4. 我很满意家人对我的情绪（喜、怒、哀、乐）表示关心和爱护的方式			
5. 我很满意家人与我共度时光的方式			

第十章　生涯规划与个人发展

教学目标

【认知】了解生涯规划的基本概念，以及生涯规划与个人发展的关系。
【情感】认识到生涯规划的重要性，从而认真对待生活、珍惜时间、珍爱生命。
【行为】掌握生涯规划的方法，在实践中妥善处理好各类角色，实现人生目标与个人价值。

心理案例

B 不知道自己是谁，不知道自己应该住在哪里，不知道自己应该吃什么，不知道自己的脚为什么那么大。B 看见鸟住在树上，就决定自己也住在树上。B 看见松鼠吃橡子，就决定自己也吃橡子，但不知道自己的脚为什么那么大。一天，D 慢慢地钻出灌木丛，在地洞旁转来转去，可是一只兔子也没见着。D 往上看，B 挥了挥手。"你好，"B 对 D 说，"你是一只獾吗？你是一头大象吗？你是一只鸭嘴兽吗？" D 越爬越近，她低声说："不，我的朋友，我是一只黄鼠狼。"B 问："你住在池塘里吗？你住在水坝上吗？你住在狗窝里吗？"D 爬得更近了，她一边说一边发出咝咝的声音："不，我的朋友，我住在树林里最阴暗的角落。""你吃白菜吗？你吃昆虫吗？你吃水果吗？" B 问。

D 爬到了 B 的身边，用刺耳的声音说："不，我的朋友，我吃兔子，像你一样的兔子！" B 非常吃惊，结结巴巴地说："我是……兔子？" D 点点头，舔了舔嘴巴，就朝 B 扑过去。B 想都没想，转过身，用他的超级大脚使劲一踢，把 D 踢得远远的。其他的兔子大喊："B，你是一个英雄！""真奇怪，我还以为我是一只兔子呢？" B 说。

每个人一生中都会有很多角色，如子女、学生、公民、工作者，这些角色构成了"我"。你是否认同自己现在的角色状态，你最想成为的角色是什么？成为这个角色，你需要做出哪些努力？每个角色之间是否会发生冲突？生涯规划可以帮助我们认清人生各阶段的重要角色，更好地帮助我们处理好各类角色之间的关系，从而实现人生目标与个人价值。

第一节　认识生涯规划

一、生涯规划的含义

认识生涯规划，我们需要先了解生涯的概念。目前比较权威的是美国职业心理学家舒伯提出的生涯概念，他认为生涯是生活中各种事件的演进方向和历程，它统合了人一生中的各种职业和生活角色，由此表现出个人独特的自我发展形态。除职业之外，生涯还包括任何与工作有关的角色，如学生、退休者、家庭和公民的角色。也就是说，生涯不仅指一个人一生的职业，还包括他面临的各种各样的社会角色。生涯注重的不仅是一个人的职业价值，还注重人作为"人"的生存和发展的价值，重视人的生命意义。[①]简单说，生涯是一个人从生到死各个阶段所成为的各类角色动态发展的过程与结果。

明白生涯的含义，生涯规划的含义就非常容易理解了。生涯规划是对人生各个阶段所成为的角色进行设计、修正、完满的过程。这个过程是动态发展变化的，通过动态调整，让所有的角色达到一种和谐统一的状态。需要注意的是，在个体获得独立前，生涯规划可能是由家人决定的，会受到一些影响，有的影响是积极的，有的影响是消极的，这就需要我们在进行生涯规划的时候除了考虑自己的意愿，还要考虑现实情况。实现生涯规划的过程，极有可能是在曲折中前进的过程。

二、舒伯的生涯规划理论

个体从生到死一生的发展要经历不同的阶段，在不同的阶段会面临不同的要求或任务，如升学、就业、恋爱、结婚等。处理好这些要求或任务会让我们更适应社会环境，虽然个体身心发展是有差异的，但个体的身心发展规律是有迹可循的。

美国职业心理学家舒伯基于发展心理学的基本理论，提出了生涯发展论。他认为，生涯就是终其一生，不同时期不同角色的组合；个体生涯的发展是由生命广度和生活空间交织而成的一个复杂过程；生涯规划就是在这个纵横交织的生涯发展框架中展开的，目的在于帮助个体成功地应对各阶段的发展任务；在应对过程中形成必备的身体、情感和认知特征，为下阶段更高一级的生涯规划做好准备，推动生涯的发展。[②]

（一）生命广度

生命广度是指个体从生到死的各个人生阶段及年龄。从个体一生的视角看，个体会经历成长、探索、建立、维持和衰退五个过程；从个体某个人生阶段的视角看，完成该阶段的要求或任务也会经历成长、探索、建立、维持和衰退五个过程。每个阶段对应相应的年龄，个体在每个发展阶段的实际年龄会因个体的发展程度、社会发展的变化等有所差异。

（二）生活空间

生活空间是指个体在人生各个阶段所成为的角色。例如，18岁的大学生，他的角色可能有子女、学生、公民、休闲者、工作者；45岁的成年人，他的角色可能有子女、配偶、父母、持家者、工作者、休闲者和公民等。个体在各个人生阶段成为什么角色主要与个体的需求有关。为了让各个角色彼此和谐统一，个体需要认清自己的需求，并在现实中找到实现路径。

舒伯为了更好地表达生涯发展各个阶段与角色间的关系，创造了生涯彩虹图，如图10-1所示。图的外圈代表生命广度，图的内圈代表生活空间；每种颜色代表一个角色，角色的数量及名称不是固定的，每个个体可以根据自己的角色实际情况及期待绘制专属生涯彩虹图；角色图形的长度表示角色持续的时间，角色图形的宽度表示角色所占的分量。从图10-1可以看出，绘制者有子女、学生、休闲者、公民、工作者、持家者6个角色，每个角色随着年龄

[①] 张洪烈. 舒伯生涯发展论的评析及应用[J]. 云南财经大学学报，2010, 26(4): 154-160.
[②] 张洪烈. 舒伯生涯发展论的评析及应用[J]. 云南财经大学学报，2010, 26(4): 154-160.

增长，在各个阶段所占的分量也随着发生变化。同学们可以尝试，绘制自己的生涯彩虹图。

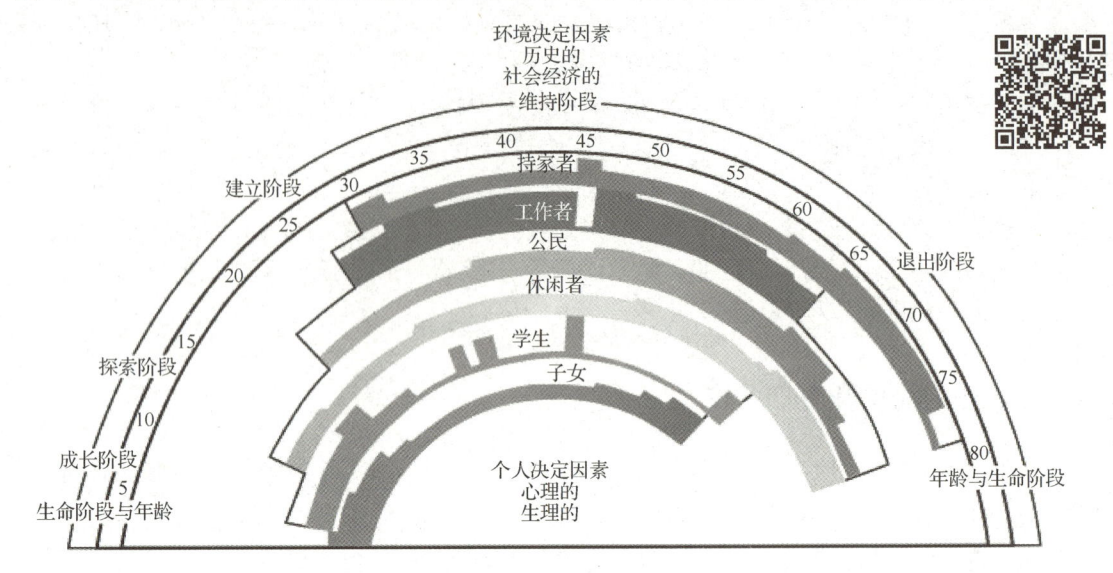

图 10-1　生涯彩虹图

心理活动

绘制自己的生涯彩虹图。

三、生涯规划的意义

生涯规划立足人的一生整个过程，关注的是生命整体的发展。生命的发展需要一个内在动力，人本主义心理学家马斯洛认为人的最高层次的需求是自我实现。生涯规划有助于个体开发自身潜能，充分发挥自身才能，实现个人理想与追求，最终人生获得圆满。

（一）生涯规划有助于个体实现生命价值

我们怎样度过一生，这个过程是自我实现的过程，也是实现生命价值的过程。这个过程需要个体立足全局，视野长远，从终点往前倒推，将生命价值融入生涯规划的每个阶段，最终实现生命价值。站在高处，不畏浮云遮望眼，我们更容易看清脚下的路，不会轻易被眼前的困难打倒。这不仅有利于我们的身心健康，还有利于我们及时调整自身状态，找到解决问题的路径。即使在某个阶段没有完成相应的任务，我们也有力量继续前行，在下一个阶段找到方法去完成。

（二）生涯规划有助于个体认清自我

每个人的生命都是独一无二的，生命是在一呼一吸间靠自己独立完成的。你想让生命呈现出什么样的状态，充满活力还是浑浑噩噩？你是否清楚地知道你是谁，你想成为谁，你能成为谁？回答这几个问题并不容易，你需要认清自我。这几个问题的答案没办法通过他人的回答获得，它需要你在生涯规划的过程中不断地去实践，在实践中动态调整，这样才能在某个阶段找到一个合适的答案，而找到答案的过程就是认清自我的过程。

（三）生涯规划有助于个体终身全面发展

社会发展的速度远远快于人类进化的速度，我们怎样更好地适应社会？随着社会的信息化程度越来越高，全面智能化的社会也许离我们不远了。目前有些重复性的、简单的工作已经可以交给机器人完成，如机器人售卖冰激凌；更智能的人工智能 ChatGPT 也面世了，它可以像人一样陪你聊天，回答你的问题，并修正自己的答案。当人类可以造"人"的时候，社会是怎样的，会发生怎样翻天覆地的变化，不变的又是什么？我们想要生活得更好，这是从人类诞生至今没有变过的。对于什么才是最好的生活，每个人的答案也许不一样，我们的角色可能发生变化，但没关系，生涯规划的过程本来就是一个动态调整的过程，它不是一成不变的。这种思维会让我们更好地适应社会的变化，而为了更好地应对各种变化，我们需要终身全面发展。当这个逻辑建立起来的时候，对于生涯规划的每个阶段，我们都会考虑到变化的因素，从而培养自己终身学习、全面发展的能力。

第二节　生涯规划与个体发展

生涯规划有助于大学生避免人生发展的盲目性、随机性，学会在准确分析和认知自我的前提下，找准、调整、摆正自己的人生位置，清醒把握生存环境，明确人生目标，挖掘和发挥自我潜能，在预期的发展中实现人生的价值与追求。[1]由此可见，生涯规划与个体的发展存在密不可分的关系。

一、生涯规划与自我认知

大学生生涯规划需要从了解和认识自我开始。大学生自我认识发展水平越高，对自我的了解越充分，生涯规划就越客观、准确、科学、合理，越符合自身特点、期望和要求，越能有效地实施并达到预期目标，同时促使个人潜能充分发挥，为自我实现奠定基础。[2]自我认知包含自我觉察和自我评价两个方面，善于觉察自己的情绪、思维等，客观的自我评价有利于制定合理的生涯规划，以及不断修正、完善生涯规划。制定生涯规划的过程也是个体认识自我、评价自我的过程。

人在一生中可以成为很多角色，什么角色是最重要的，每个人会有不同的答案。自我认知清晰、准确，可以让我们更从容地生活，我们会有选择地在某个阶段成为什么角色，而不是随波逐流。有的人渴望亲密关系，有的人非常看重事业，两种情况进入家庭的角色时间就会有差异。清晰、准确的自我认知可以让我们按照自己的想法规划各种角色出现的时间。例如，到了某个时间节点，发展理论或者社会环境要求我们成为什么角色，而我们对自己角色的规划时间节点并没有到来，即使外在环境给了我们一些压力，我们也能坚定地按照自己的时间前行。这是因为我们很清楚自己的需求与渴望，也对自己有非常客观的评价。

---

[1] 张春峰. 大学生生涯规划与心理健康教育的思考与启示[J]. 河南科技学院学报，2012(5): 118-121.
[2] 张春峰. 大学生生涯规划与心理健康教育的思考与启示[J]. 河南科技学院学报，2012(5): 118-121.

二、生涯规划与智能发展

智能是人以基本的认识能力为基础运用知识、经验和技能发现、认识、分析和解决问题的综合能力。智能的发展水平直接影响大学生生涯规划设计的水平、执行力度，乃至规划目标的实现。大学生生涯规划的影响因素有很多，除了自身的智能水平，还受到家庭、社会、自然环境等因素的影响。良好的智能水平有助于大学生客观地分析问题，根据问题的实际情况，大胆推理，小心求证，运用多种策略解决问题。在不同的人生阶段，人们面临不同的需求，解决问题的策略也不一样，生涯规划会推动个体不断思考，有效解决角色之间的冲突，从而提高智能水平。

大学生主要的角色是子女、学生，两者并不冲突。有的学生想要锻炼自己、丰富自己的大学生活，选择当学生干部或者参加社团机构，于是便有了工作者的角色；有的学生没有明确的学习目标、对所学专业不感兴趣，没有采用正确的方法去解决问题，缺乏内在的学习动机，选择游戏人生，于是便有了休闲者的角色。学生这个角色可以包含工作者、休闲者两个身份（为了避免混淆，被包含的角色表述时用身份代替）。为了方便讨论，我们将学生的主要任务学习赋予一个角色——学习者，所以学生这个角色包含学习者、工作者、休闲者三个身份。三个身份是独立又相互影响的，很容易产生矛盾。怎样在有限的时间里游刃有余地切换三个身份，并让三个身份在各自领域里达到理想状态，非常需要智慧。

心理视窗

智能的个体差异[①]

智能的个体差异可分为以下四种。

（1）智能发展水平的差异，表现为两头小、中间大的趋势，即正常智能者为大多数，超常的和低常的智能者为少数。

（2）认知风格的差异，即个体在对信息和经验进行加工的过程中表现出来的个体差异，它是一个人在感知、记忆和思维过程中经常采用的、受到偏爱的和习惯化的态度和风格。在众多的认知风格中，由美国心理学家威特金提出的场独立性和场依存性，是近年来被研究较多的。所谓"场"，是威特金采用的物理学概念，说的是个性。场独立性和场依存性是两个极端，分别表现出个体在其认知和行为中，注重主体性的倾向还是依赖外在的参照标志。

（3）学科能力构成上的差异，涉及学科能力本身组成的特殊因素、个体内在生理（神经）类型与学科能力的交叉，以及个体的学科兴趣。

（4）表现领域的差异，也就是说，智能的差异表现在学习与非学习领域，即学习上的差异；表现在表演与非表演领域，即在音乐、体育、美术等领域的差异；表现在学术与非学术领域，即在学术研究和管理、行政、服务、军事、宣传、商业等非学术研究领域的差异。

[①] 林崇德. 培养思维品质是发展智能的突破口[J]. 国家教育行政学院学报，2005(9): 21-26, 32.

多元智能[1]

加登纳在《智力结构》一书中提出了多元智能的概念。他最初列出了以下七种智能成分。
（1）语言智力，即有效地运用语词的能力。
（2）逻辑——数学智力，即有效地运用数字和合理推理的能力。
（3）知人的智力，即快速地领会并评价他人的心境、意图、动机和情感的能力。
（4）自知的能力，即了解自己，从而做出适应性行动的能力。
（5）音乐智力，即音乐知觉、辨别和判断音乐、转换音乐形式，以及音乐表达的能力。
（6）身体——运动智力，即运用全身表达思想和感情的能力，其中包括运用手敏捷地创造或者转换事物的能力。
（7）空间智力，即准确地知觉视觉空间世界的能力。

加登纳认为，人与人在智力方面有明显的差异，于是提出创办以个人为中心的学校，即每个人从多元智能中发展某一方面的智能。加登纳提出了因材施教的教育目的，并进行有关教学的实验尝试，在促进不同学生掌握不同智能上取得了成效。

成功智力[2]

斯滕伯格长期从事智能的理论与实践研究，提出了成功智力理论。他认为，人生的成功，主要不是靠智商，而是取决于成功智力。所谓成功智力，就是为了完成个人及群体或者文化的目标，从而去适应环境、改变环境和选择环境的能力。分析思维能力、创造思维能力和实践思维能力是成功智力的三种成分。

三、生涯规划与情绪调控

情绪调控是维持或改变一种情绪状态的过程，具有促进情绪的适应性的作用，而不是降低或抑制情绪。[3]良好的情绪调控能力可以让我们更冷静、客观地面对和处理各种问题。大学生的生活相对成年人的生活是简单的，但同样会遇到引发情绪失控的事，有的事在成年人看来只是一件小事，但对大学生而言是一件很大的事，如果不能及时调整情绪，就没办法冷静面对、客观分析并思考解决办法，任由消极情绪主导行为可能发生不可挽回的后果。生涯规划立足人的一生，它可以让学生从一生的长度去思考自己的生活，站在更高的角度，用更长远的眼光重新看待眼前的问题。这时候，有些事就并不重要了。当我们冷静下来时，更容易找到解决问题的办法。在这个过程中，随着遇到的挑战越来越多，我们的心态越来越平稳，解决问题的能力越来越强，情绪调控能力越来越强，于是形成了一个良性循环。

生涯规划有助于我们培养良好的情绪调控能力，而良好的情绪调控能力会让我们在各类角色之间游刃有余，更好地实现生涯规划。

---

[1] 林崇德. 培养思维品质是发展智能的突破口[J]. 国家教育行政学院学报，2005(9): 21-26, 32.
[2] 林崇德. 培养思维品质是发展智能的突破口[J]. 国家教育行政学院学报，2005(9): 21-26, 32.
[3] 张劲松. 儿童早期的自我调控发展[J]. 心理科学，2004(3): 687-690.

心理视窗

情绪影响加工策略

大量研究表明，情绪可以影响加工策略：积极情绪与启发式的加工策略相联系，而消极情绪与系统的精细加工相联系。目前已有几种理论对这种联系机制给出了解释。

（1）能力说以认知能力为基础，认为由于积极情绪激活了记忆中储存的大量的相互关联的信息，因此减少了个体对新信息进行系统加工的能力，使得处于积极情绪状态下的个体更多求助于需要较少认知资源的简单加工策略。

（2）动机说的实质是情绪维持理论，该理论假设消极情绪驱使人们进行控制加工，以改善当前的情绪状态，而积极情绪驱使人们进行简单的启发式加工，以避免付出认知努力，从而维持当前的愉快情绪。

（3）情绪、信息等价说假设情绪即信息，认为情绪感受将大量的对个体来讲无意识的、正在运行的评估过程以有意识的形式（情绪）反馈给个体。消极情绪是当前环境存在问题的信号，告知个体应采用精细、系统的加工策略；积极情绪是环境安全又良好的信号，个体可以采用启发式的简单加工策略。

（4）情绪、一般知识假说是对情绪、信息等价说的发展，认为对个体而言，不同程度地依赖一般知识结构（脚本、刻板印象、特征）具有高度适应意义。如果个体体验到一种积极情绪，这种情绪预示当前环境是良好的，那么根据经验依赖一般知识结构对信息进行加工是有效的；相反，如果个体体验到消极情绪，该种情绪预示环境中存在问题，此时还依赖一般知识就是适应不良的表现，应该注意和依赖更加具体的信息，以帮助个体解决环境中的问题。[1]

四、生涯规划与个体意志

生涯规划要求大学生"立志"，明确自己的人生目标与理想，这是大学生生涯规划的根基；它要求大学生"专志""笃志""持志"，能够以满腔的热情、顽强的意志，坚定不移地为实现规划目标而奋斗，这有助于大学生避免生活的散漫性，增强自我"协调和控制情绪"的能力，培养积极高尚的情感，努力磨炼自己的意志品质，主动自觉克服各种困难、干扰和诱惑，果断抉择，勇敢行动，坚持不懈地实现人生目标。[2]意志是人们自觉地确定目标，并克服困难去实现目标的心理过程。[3]意志的品质表现在心理活动的自觉性、果断性、坚持性、自制性四个方面：自觉性是指确定目标，认识行动目标的正确性并自觉地支配行动；果断性是指善明辨是非，适时采取决定和执行决定；坚持性是指充沛的精力、坚忍的毅力、良好的耐受性和胆量；自制性表现在控制情绪、约束言行两个方面。[4]生涯规划是一个长期的、需要不断优化调

---

[1] 庄锦英. 情绪影响认知加工策略内隐机制的实验研究[J]. 心理科学，2005(4): 852-854, 867.
[2] 张春峰. 大学生生涯规划与心理健康教育的思考与启示[J]. 河南科技学院学报，2012(5): 118-121.
[3] 张世富. 心理学[M]. 北京：人民教育出版社，1988.
[4] 张春峰. 大学生生涯规划与心理健康教育的思考与启示[J]. 河南科技学院学报，2012(5): 118-121.

整的过程，合理地处理各种复杂角色之间的关系，需要个体具备良好的意志，也只有具备良好的意志，生涯规划才有实现的可能。

五、生涯规划与自我实现

自我实现是人以最有效和最完整的方式表现自己的潜力、追求发挥自己全部能力、追求人生价值最大化的需要，自我实现的追求会源源不断地给个体的行为提供强大的动力，有力地推动个体调动全部生命潜能投入自己生涯规划的实现。生涯规划有助于学生明确自我实现的方向，在自己喜爱的事业与相关活动中充分发挥自己的聪明才智，有所作为，达到最佳人生状态。[①]自我实现是生涯规划的动力，生涯规划是自我实现的途径。

一生的长度是有限的，我们想做的事却很多。生涯规划的过程是一个取舍的过程，在这个过程中，我们坚定自己的追求，知晓自己的短板，看清自己最想成为的角色，激发自身的潜能，尽己所能地满足自己对角色的期待，在各种角色之间达到和谐统一的状态，并且随着生命历程的不断变化不断进行自我调整。

第三节　怎样做好生涯规划

生涯规划是对人生各个阶段所成为的角色进行设计、修正、完满的过程，这是一个动态的需要不断完善的过程。要做好生涯规划不是一件简单的事情，在做生涯规划之前，我们需要先对人生中可能存在的角色、每种角色的状态、自己有什么期待有一个大致的了解，进而选择榜样人物作为参照对象，做好自己的生涯规划。具体来说，做好生涯规划需要做好以下五件事。

一、坚定生涯规划的信念

信念本来是观念，当人们在意识到某种观念的极端重要性的基础上对它确信不疑，并自觉地维护它、捍卫它，甚至为了它的伟大、崇高、神圣而不惜牺牲自己的一切时，观念就成为信念。[②]只有坚定生涯规划的信念，高度认同生涯规划的重要性、必要性，我们才会产生源源不断的动力做好生涯规划，并在实践中不断修正、完善，最终实现生涯规划。

二、明确人生需求与追求

人生一场，什么是值得毕生追求的、什么是不可舍弃的、什么是可要可不要的、什么是自己最需要的、什么是对自己最重要的、什么是自己最想要的，每个人都会有自己的答案。想清楚这些问题，我们就可以进行生涯规划了。我们一生中会有很多角色，例如，公民，是每个人共同的角色。你想成为什么样的公民？你是否愿意为了国家的繁荣富强贡献自己的一切？你想为国家的繁荣富强做出多大的贡献？你能为国家的繁荣富强做出多大的贡献？想清楚这些问题，公民的角色在生命中所占的分量和时间就确定了。

[①] 张春峰. 大学生生涯规划与心理健康教育的思考与启示[J]. 河南科技学院学报，2012(5): 118-121.
[②] 江畅. 精神概念辨析[J]. 湖北大学学报（哲学社会科学版），2023, 50(1): 20-30, 174.

三、做好生涯规划需要具备的能力

做好生涯规划需要具备自我经营的能力、规划与行动的能力、利用时间的能力、交往和处世的能力、对周围环境主动适应的能力、创新的能力、必备的专业知识和能力。

（一）自我经营的能力

自我经营的能力是个体能根据自己的实际情况，在追求目标的过程中达到现实与理想之间最优解的能力，也是个体能突破客观条件限制，在困境中寻求突破，实现人生理想追求的能力。

（二）规划与行动的能力

规划与行动的能力是生涯规划的关键。如果没有规划与行动的能力，生涯规划无处落脚，所有的想法都无法实现。

（三）交往与处世的能力

交往与处世的能力是人满足社会性需求，获得良好人际关系的能力。

（四）对环境主动适应的能力

对环境主动适应的能力包含两个方面，一是主动适应环境，二是改造环境。

（五）创新的能力

创新的能力是在常规中发现一条新的道路、开辟新的航向的能力。

（六）必备的专业知识和能力

必备的专业知识和能力是我们安身立命的基础，是生涯规划得以实践的依托。

四、制定长期规划与短期目标

长期规划是对个体一生的角色进行规划。你期待生命中有几个角色？每个角色在生命中的大致时间分布、所占的分量是怎样的？你对每个角色的期待是怎样的？时间是固定的、有限的，可能不是所有的角色都能达到预期的状态，需要有所取舍。你需要在每个人生的重要阶段，按重要程度将各个角色进行排序，重新调整角色所占的分量及对角色的期待。

短期目标是相对长期规划而言的，解决实现长期规划需要做什么、怎么做的问题。在各个阶段的角色时长、所占分量、期待都确定的时候，我们只需要思考怎样达成各个角色期待，实现这个角色期待需要多长时间，需要培养什么能力、掌握什么技能、达成什么目标，具体怎么操作？最后将实现角色期待需要的时间、达成的目标，分布到每年、每月、每周、每天，短期目标就制定好了。

五、动态调整优化方案

随着时代的变迁，人的思想成长、人生境遇等发生变化，人的想法会发生变化。例如，大学一年级时，你不想考研，大学三年级时却立志考研；大学四年级时，你只想找一份工作，毕业五年后却立志创业；随着时间的发展，你的生涯规划相应地也会发生变化。当我们制定了明确的目标，坚定地执行时，也会发生无法达成目标的情况，这需要我们不断检查、思考改进、调整优化生涯规划。生涯规划中各个角色的数量及其在生命中所占的时长、分量，你对各个角色的期待，都是可以随着你的成长和阅历的增加发生变化的。

心理活动

制订生涯规划清单

生涯规划清单可以帮助我们更好地制订生涯规划，我们需要根据目前的实际情况、现在对未来的大致期望，来制订生涯规划清单。

（1）在你的生命中会存在几个角色，这几个角色的年龄分布大致是怎样的？
（2）将在同一个年龄段出现的几个角色按重要程度排序，将最重要的写在最前面。
（3）你对每个角色期待的状态分别是怎样的？
（4）通过努力，你能否实现所有的角色期待？你是否需要取舍？在调整后，你期待的每个角色状态、年龄分布、重要程度是否发生变化，是怎样的？
（5）要实现上面所写的内容，你现在需要做什么，怎么做？请制订一份短期目标方案。

心理视窗

孔子的生涯规划

著名学者曾仕强在百家讲坛《易经的奥秘》第8集《卦有何用》中提到《论语·为政》，有一句话描述了孔子人生的六个阶段，是他人生奋斗的总纲领。在人生的不同阶段，人要知道怎样调整自己。每个人的命运其实都是掌握在自己手中的。以下是部分内容。

"吾十有五而志于学，三十而立，四十而不惑，五十而知天命，六十而耳顺，七十而从心所欲，不逾矩。"

第一个阶段是15岁，决定学习的方向。为什么是15岁才志于学，15岁之前就不用学了吗？不是这样子的，一个人从小就要开始学习，可是你没有到15岁，最好不要立定你的志向，太早了。你看我们现在15岁正好是什么时候？初中毕业。初中毕业，你就开始要决定自己要学什么东西。15岁，人应该知道自己这一辈子要干什么，这是自己找出来的，不是别人逼出来的。15岁志于学，你知道自己这辈子是干什么的，你要往哪个方面去学习，不能再犹豫。

第二个阶段是"三十而立"，确定一生的原则。你看15岁，再摸索15年，再学习15年，你到了30岁的时候，才可以确定自己这一辈子的原则。在15岁的时候，你确定志向，然后朝这个方向去走15年，大概可以归纳出自己这辈子有几个原则。

第三个阶段是"四十而不惑",对人生目标不再动摇。你在 30 岁时确定了一生的原则,你要再过 10 年,根据你的原则去实践,然后去看成效怎么样,这时你才可以说:"好了,我大概这辈子就这么走了。"四十而不惑,并不是说到了 40 岁就什么都不疑惑了,没有这种人。那个"不惑",只是对自己原则的不惑,其他还是惑的。40 岁,一个人只对人生的目标、人生的方向、自己所要学的东西不惑。他勉强可以说:"在我要学的这个范围里面,我不再犹豫,我这一辈子就决定这样去走。"

第四个阶段是"五十而知天命",明白命运是自己造就的。一个人到了 50 岁,还不知道天命,那就是自己跟自己过不去。你今天为什么会这样,就是你从小到大,点点滴滴,累积起来的成果。一个人,每二十年会变一次,世代交替差不多也是二十年,每一个人要为自己负百分之百的责任。假定现在 30 岁,你就要为你将来 50 岁的时候负责任。一个人到了 50 岁的时候,就知道不怨天不尤人,一切都是自己造成的。

第五个阶段是"六十而耳顺"。为什么要耳顺呢?因为这个时候你会碰到很多人,对方根本不了解你,却在你面前指指点点。你听也不是,不听也不是,听了会发脾气,不听也会发脾气,那怎么办?耳顺,就是听了跟没有听一样。

第六个阶段是"七十而从心所欲,不逾矩"。不逾矩的意思是说从小到 70 岁,一个人规规矩矩,几乎已经变成自己的生活习惯,大概不会有太大的差错,就可以放心去做。

孔子的一生主要可以分成两个阶段,一个是 40 岁以前,一个是 50 岁以后,所以孔子说,一个人到了四五十岁的时候,还搞不清楚自己要干什么,这辈子大概也就完了。从 40 岁到 50 岁是人生最大的关键。50 岁以前,要尽人事,排除万难,不管人家告诉你以后会不会成功,你都应该全力去做;可是,到了 50 岁以后,你要知天命,没有的不要强求。

以上可以看成孔子的生涯规划,而他一生实践的结果,写在了《论语》开篇的《学而》中。

"学而时习之不亦说乎"与"十有五而志于学"是对照的。一边是人生的理想计划,另一边是实践的结果。那边说"十有五而志于学",这边告诉你实践的结果是什么。"学而时习之不亦说乎",学了后,赶快在生活中实践,养成习惯,你就很喜悦。

"三十而立"实践的结果是"有朋自远方来,不亦乐乎"。一个人到了 30 岁,跟所有人来往都有基本的原则,不会乱,人家就很乐意跟你来往。所以,你的朋友一有时间就会大老远地来看你。这个原则是什么?原则就是要将心比心,站在朋友的角度来想事情,他自然就来了。你只顾自己,他绝对不会来。

"四十而不惑"实践的结果是"人不知而不愠"。愠是什么,愠就是小小地生气。你可以想象,自己在这个行业,再优秀,再特别,别的人还是不认识你,那是很自然的事情。你叫自己不疑惑就好了,别人怎么想,别人怎么看你,不关你的事。

"五十而知天命"实践的结果是"发愤忘食"。人小的时候不能发愤忘食,发愤忘食是有条件的,就是你知道这辈子要做什么,这个时候就要全心全意去做,不能再计较了。明确一辈子的目标,就全心全意去做。

"六十而耳顺"实践的结果是"乐以忘忧"。乐以忘忧是什么意思?高兴到忘记忧愁?不是这样。乐以忘忧是说要把所有的忧愁都当作乐趣来看,这件事情对别人是忧愁,但对自己就是乐,因为这是自己要做的事情。所以,别人看你那么辛苦,那是他的事。一个人在工作当中还有忧,还有惧,还有虑,还有很多阻碍,就表示自己根本没有发愤忘食,没有全力以赴。你找到自己要做的事情,就会忘记辛苦,这只是初步而已;还会有很多人打击你,会有很多人在背后议论你,甚至公开向你挑战,想抓住你的把柄,无所谓,本来就是这样,这才叫作乐以忘忧。所有的事情发生在别人身上,他们会感到忧虑,但对自己而言,就是一种乐趣。接受挑战,如果有具体的目标,它本身就是一种乐趣。

"七十而从心所欲,不逾矩"实践的结果是"不知老之将至"。孔子从来不觉得自己年纪大了,因为他根本没有年纪大的观念。一个人,怎么做都很自在,没有苦恼,他会觉得自己老了吗?人要服老,不要认老,生理年龄是谁都逃不过的,但精神、心理的状态,每个人都不一样,孔子永远保持年轻,就是因为他有这样具体实践的结果。

心理活动

生涯幻游

【目的】
(1)明确自己对未来的角色期待。
(2)确认自己的人生规划。

【时间】20分钟。

【材料】1支笔、1张白纸。

【步骤】
(1)根据场地情况灵活分组。
(2)放松并闭上眼睛。
(3)跟着教师的指导语,进入自己"几年后的某一天",进行生涯幻游。成员可以自行选择希望进入的时间,如5年后、10年后、20年后。
(4)幻游结束,保持安静,用笔写下或者画下幻游时印象最深刻的角色状态或者内心的感受。

【分享】
(1)组内分享交流。幻游时印象最深刻的角色是什么?这个角色正处于什么状态中,是不是自己期待的,是否需要完善?其他成员给出建议,并在纸上写出来。
(2)组外分享交流。在组内选择一位代表,用自己写下或者画下的内容参与组外分享,描述自己被选择的理由并分享幻游时印象最深刻的角色状态及其他成员给出的建议。

【讨论】
(1)幻游进入"同一年"的成员,角色数量、状态是不是一样,存在或者不存在差异的原因是什么?
(2)当下与最期待的角色状态之间的差距是什么,如何缩小甚至消除差距?

【生涯幻游指导语】
一束柔软的白色的光从头顶进入你的身体,放松了每一根神经。光从额头到眼睛、嘴角、喉咙、心脏、手、脚,每一处都被温暖环绕,你感到无比放松、安心。光带你来到5年后或者10年后的某一天清晨,你在睡觉的房间里。房间是什么样子?房间里还有其他人吗?你跟谁住在一起?现在的你几岁了,头发是怎样的,皮肤是怎样的,身材是怎样的?今天的天气怎么样,是晴天还是阴天?你穿着什么衣服、什么鞋子?你要吃早餐了,在哪里吃,吃什么?有人和你一起吃早餐吗,你们聊些什么?吃完早餐,你要去做什么?送孩子去学校?学习?工作?休闲?你怎么去?你到达了目的地。这里的环境怎么样?周围人多吗?你需要做些什么？上午结束，需要吃中餐了，你打算在哪里吃，吃什么，跟谁一起吃？下午的安排跟上午一样吗？下午，你打算做些什么？晚上有什么安排吗？你回到住的地方。这个地方是你的家吗？它是什么样子？晚餐你是在哪里吃的，跟谁一起吃的，吃的什么？一天结束了，你感觉怎么样？很累，还是很愉快？睡觉前，你收到一条短信，你可以规划明天的生活，你会怎么安排？好的，幻游结束，请继续闭着眼睛，手掌相对，搓热后敷在眼睛上，眼睛先向左转3圈，再向右转3圈，随着手掌慢慢移开，慢慢睁开你的眼睛。

第十一章　心理疾病识别与预防

教学目标

【认知】了解常见的心理疾病症状和识别方法，掌握心理疾病防治的基本知识。
【情感】正确认识与看待心理疾病。
【行为】掌握预防心理疾病的方法，提高应对心理疾病的能力。

心理案例

"奇怪"的变化

A 同学从小就是"学霸"，上了大学之后依然如此。同宿舍的其他同学都很佩服他的自律，他总是规划好自己的所有时间，并且按照自己的规划去一点点做好。

但是，室友发现 A 同学最近发生了一些变化，他不再每天早早起床背单词，甚至有时候直接睡到中午，也不再按部就班地完成自己的学习计划，经常在宿舍一待就是一整天。A 同学也不知道自己究竟是怎么了，为什么变成了现在这个样子，自己也不知道怎么办才好。

A 同学在室友的劝说下去了学校心理咨询中心，心理咨询师了解了他的情况后怀疑他可能是得了抑郁症，于是将 A 同学转介去了精神专科医院。精神科医生将其诊断为中度抑郁，建议进行药物治疗，同时配合心理咨询。

第一节　心理疾病及预防途径

一、什么是心理疾病

心理疾病是指一个人在认知、情感、行为及个性等方面出现失调。大脑一般未见器质性损害，仅有高级神经机能活动失调，患者心理活动各方面协调性受到一定影响，与周围环境的关系也出现某种程度的失调。严重心理疾病指疾病症状严重，导致人的社会适应等功能严重损害，对自身健康状况或者客观现实不能完整认识，或者不能处理自身事务的心理疾病，主要包括精神分裂症、偏执性精神病、分裂情感障碍、双相情感障碍、癫痫所致心理疾病、精神发育迟滞。

二、关于心理疾病的错误观念

在现实生活中，很多人对于心理疾病没有正确的认识，甚至对于心理疾病存在很多错误观念，常见的有以下几种。

（一）"玻璃心"才会得心理疾病

心理疾病的发病原因很复杂，通常是多种因素共同作用的结果，而不是因为个人比较脆弱。

（二）心理疾病不需要治疗

实际上，很多心理疾病是需要服药并配合其他治疗才能缓解乃至痊愈的。

（三）自己觉得状态好了就可以停药

心理疾病患者不能擅自停药，需要遵医嘱服药并按时复查，在医生的帮助下调整治疗方案，从而巩固治疗，降低复发率。

（四）心理疾病不会痊愈

只要配合治疗，大部分心理疾病患者都能痊愈。

（五）得心理疾病会被人歧视

心理疾病与其他的疾病无异，并且随着时代的发展，人们对于心理疾病的了解逐步加深，对于心理疾病患者的接纳程度也越来越高。

三、心理咨询与心理治疗

（一）心理咨询

1. 心理咨询的含义

"心理咨询"一词，译自英文"counseling"，也有的译为"咨商"或"辅导"。心理咨询是一个过程，在这个过程中，由受过专业训练的咨询师，通过与来访者建立一种具有治疗功能的关系，协助来访者认识自己、接纳自己，进而欣赏自己，克服成长障碍，发展个人潜能。通俗地说，心理咨询是一个"助人自助"的过程。

2. 心理咨询的原则

心理咨询的原则即咨询师在工作中必须遵守的基本要求，它是咨询师在长期的咨询实践中不断认识并逐步积累的经验。

（1）保密原则。

保密原则是心理咨询中重要的原则。未经来访者同意，咨询师不能以任何方式向任何人或机构透露来访者一切咨询信息。保密是有限度的，当存在下列几种情况时，需要突破保密原则。

① 确信一名未成年人是性虐待或其他虐待行为的受害者。
② 来访者有自杀倾向，或经由一项测验显示来访者有高度危险时。
③ 当来访者有强烈伤害他人的倾向时。
④ 当法庭要求提供个案资料时。

（2）理解支持原则。

在心理咨询过程中，咨询师要保持价值中立，对来访者的心理与行为、观点与立场无条件接纳，不得以道德眼光批判来访者。咨询师要以来访者为中心，给予来访者充分的尊重，努力与来访者建立真诚、平等、信赖的关系。

（3）自愿原则。

心理咨询是建立在咨询师和来访者双方"知情同意"基础上的一种心理援助活动。来访者出于完全自愿是确立咨访关系的先决条件。咨询师不能以任何形式强迫来访者接受或继续心理咨询是咨询有效的必要条件。当来访者意识到自己的问题，有改变的愿望和动机并主动求助时，问题才有解决的可能。

（4）时间限定原则。

面谈咨询的时间一般控制在 50 分钟左右，咨询师事先与来访者讨论时间设置，可以让来访者更加清楚咨询的流程，有一定的安定感，也能够在咨询中更加有效地利用时间。

（5）感情限定原则。

咨询师与来访者除咨询关系之外，不应来往过密，否则会影响咨询效果，即影响来访者问题的解决。

（6）发展性原则。

咨询师要以发展变化的观点来看待来访者的问题，不仅要在对问题的分析和对本质的把握上善于用发展的眼光做动态考察，而且在对问题的解决和咨询结果的预测上也要具有发展的观点，要相信来访者能够发挥心智潜能，在咨询师的帮助下自己解决问题，摆脱困境。

（7）转介原则。

转介原则指咨询师在心理咨询过程中，遇到来访者要求咨询的内容与咨询师的知识技能不匹配，来访者的价值观与咨询师有明显分歧，来访者的人格与咨询师不协调，或来访者与咨询师有某种私人关系等因素，咨询师应在征求来访者意见的基础上，主动将来访者介绍给其他适宜的咨询师或心理治疗机构，以便对来访者进行进一步的帮助或治疗。

3. *心理咨询的类型*

（1）按照咨询的对象分类。

① 直接咨询。直接咨询指由咨询师对来访者本人直接进行的咨询。在直接咨询中，咨询师与来访者可以直接交流与建立咨访关系，解决来访者的问题，帮助来访者排解心理困扰。直接咨询是心理咨询中最常见的形式之一。

② 间接咨询。间接咨询指咨询师对当事人的亲属及其他人员所反映的当事人的心理问题进行的咨询。间接咨询的特点是在咨询师与当事人之间增加了一道中转媒介，当事人的心理问题依靠中转人向咨询师介绍，咨询师对当事人的处理意见也要由中转人付诸实施。因此，在间接咨询中，如何处理好咨询师与中转人的关系，使咨询师的意见为中转人领悟、接受并合理实施，是影响心理咨询效果的重要问题。

（2）按照咨询的途径分类。

① 门诊咨询。门诊咨询在我国是一种常见的心理咨询形式。在我国的各大城市，只要是三甲以上的综合医院或专科医院几乎都设有专门的心理门诊。通过门诊咨询，可以对来访者的病情做出准确的判断，以便制订合适的心理治疗计划。在门诊咨询中，咨询师掌握情况全面，能够更深入地为来访者提供有效的帮助。门诊咨询是一种首选的心理咨询方法。

② 电话咨询。电话咨询指咨询师利用电话方式对来访者给予忠告、劝慰或对来访者进行危机干预及指导的一种咨询形式。电话咨询具有方便、迅速、及时和保密的特点。这种咨询形式一般用于心理危机干预紧急情况的处理，故心理咨询热线被称为"生命线"。

③ 网络咨询。网络咨询指来访者通过互联网与咨询师交谈的咨询方式。网络具有极强的保密性、及时性特点。

（3）按照咨询对象的数量分类。

① 个体咨询。个体咨询指咨询师与来访者进行一对一的咨询活动。个体咨询具有保密性和针对性强的特点。个体咨询的优势是，来访者有尽情向咨询师倾诉的条件，咨询师可以直接对来访者进行观察与判断，且双方可以进行充分的讨论与磋商。个体咨询是心理咨询最常用的形式之一。

② 团体咨询。团体咨询又称集体咨询、小组咨询或群体咨询。团体咨询主要是针对团体的特点来进行心理咨询。团体咨询是高校心理咨询比较常用的一种咨询形式。大学生年纪相仿，心理问题比较相似，比较适合团体咨询的形式，且大学生在团体咨询中获得的经验更加容易迁移到日常生活中，更加有利于帮助大学生解决自身困扰，真正做出改变。

（4）按咨询的主要内容分类。

① 适应咨询。适应咨询的对象一般在学习、工作和生活中有一些烦恼，身心基本处于健康水平。适应咨询的目的是缓解心理困扰、减轻心理压力、提高适应能力。适应咨询适合帮助大学生快速适应校园生活、改善人际关系、调整考试心理等，让大学生逐步提高适应能力。

② 发展咨询。发展咨询的对象是身心较健康、基本适应环境、无明显心理冲突的人。发展咨询的目的是帮助大学生更加全面地认识自我，提升个人能力，开发个人潜能，拥有更加完善的人格，提高学习、工作和生活的质量。发展咨询面对的咨询问题有人际关系问题、学业问题、生涯规划问题等，在大学生心理咨询中十分常见。

③ 职业咨询。职业咨询是一种针对人力资源管理者和来访者的咨询。当今社会的职业高度分化，越来越多的人由于职业选择和工作适应产生了一些问题，所以职业咨询逐渐发展成为一项专业服务。职业咨询有两方面目的：一方面，心理咨询师帮助人力资源管理者挑选满足他们需要的专门职业人员；另一方面，咨询师帮助来访者进行职业决策，向他们推荐适合他们的工作，以及帮助来访者进行职业生涯设计和规划等，更好地实现人职匹配。

（二）心理治疗

心理治疗是应用心理学知识改变病人的认知、情绪、意志和行为，来达到消除症状、治疗疾病的一种治疗方法。它是在确立良好的心理治疗关系的基础上，由经过专门训练的施治者运用有关理论和技术，对求医者进行帮助，以消除或缓解求医者的心理问题或人格障碍，以促进其人格健全、协调发展的过程。

心理咨询与心理治疗的区别主要有以下三点。

（1）从工作对象看，心理咨询主要针对无心理异常的来访者，而心理治疗主要针对有心理障碍者。

（2）从工作内容看，心理咨询主要用于处理常人遇到的各种问题，如人际关系、情感、家庭、环境适应、职业选择、生涯规划等心理问题，而心理治疗的适应范围主要是某些神经症、人格及行为障碍等心理疾病。

（3）从工作时间看，心理咨询用时较短，咨询次数一般为一次到几次，而心理治疗费时较长，从几次到几十次不等，甚至经历数月才可完成。

心理咨询和心理治疗虽然有一些区别，但实际上两者采用的理论方法基本一致，工作对象有一定的相似度，工作目标通常一致或相似。另外，无论是心理咨询还是心理治疗，都需要在工作中与来访者建立良好的、相互信赖的关系，并以这种工作关系为基础，进行工作目标的制定和工作计划的实施。因此，在对心理咨询还是心理治疗的选择中，不能武断，应判断当事人的心理状态及问题的严重程度，选择更加适合当事人的方式。

第二节 大学生常见神经症及识别

心理疾病的表现复杂多样，其病因和发病机制也十分复杂，迄今尚未完全阐明。人们通常认为心理疾病的发病可能受到遗传因素、个体因素、家庭因素、环境因素等多种因素的影响。目前精神病学界主要以患者的症状和体征作为心理疾病的诊断依据，所以对心理疾病症状的识别非常重要。

一、神经症概述

神经症旧称神经官能症，是一组非器质性的大脑机能轻度失调的心理疾病，是大学生中最常见的心理疾病之一。大学生中较为常见的神经症有抑郁症、焦虑症、强迫症、恐怖症，以及躯体形式障碍。

二、神经症常见症的识别

（一）抑郁症

抑郁症是一种由社会心理因素所引起、以持久的抑郁情感为主要临床特征的神经症。

1. 抑郁症的核心症状表现

（1）持续性的情绪低落。

一方面，患者在无明显外界因素的作用下，负性情绪增强，这是抑郁症的背景症状，其情绪的基调是低沉的、灰暗的，即持续性地在一天中大多数时间里反复地表现为不愉快、悲伤、痛苦或沮丧，心情很坏，很沉重，好像一团乌云即将降临，自己已被痛苦压垮，毫无原因地流泪，这是抑郁症的第一个背景症状；另一方面，患者正性情绪丧失，这是抑郁症的第二个背景症状，即患者无法从生活中体验到乐趣，无论是吃了喜欢的食物、赢了喜欢的游戏，还是收到了很棒的礼物，都不能让其感到快乐，就像有一层隐形的罩子挡住了所有正性情绪。

（2）思维迟缓。

患者表现为思考困难，脑力劳动效率降低，常感到思维迟钝，记忆力减退，注意力涣散，难以胜任工作。

（3）活动减少。

患者表现为精神运动迟滞，精力减退，缺乏兴趣，无精打采，不修边幅，什么事都懒得做，走路缓慢，声音低微、缓慢，语量少等。严重者可能不吃不动，出现木僵状态。

2. 患有抑郁症个体出现的症状

（1）三无。三无即无助、无望、无价值。

① 无助：患者认为自己一事无成，什么事情都做不好，自己也不知道应该怎么办，别人也无法理解和帮助自己。

② 无望：在持续的无助感下，患者觉得生活没有希望，常常产生绝望感，对自己的前途抱有悲观的态度。

③ 无价值：患者极度悲观，认为自己什么用都没有，自己也没有任何价值，活着也没有意义，是无用的行尸走肉。

（2）三自。三自即自卑、自责、自杀。

① 自卑：患者对自己的评价总是消极的。将自己的缺点无限放大，看不到自己的优点，常常把自己说得一无是处，过分贬低自己，总是以消极的态度来看待自己的过去、现在和未来，表现出一种在认知上的不合逻辑性和不切实际性。

② 自责：一旦有挫折发生，患者就会把全部责任归咎于自己，出现无理由的自责和不适当的罪恶感；随着抑郁症症状的加重，有的患者会逐渐发展成自罪妄想，相信自己应该为世上的不公正和不平等现象负责，认为自己罪孽深重，应该为自己的"罪恶"而受到惩罚。

③ 自杀：自杀是抑郁症最危险的症状之一，患者由于持续性的情绪低落，对现在悲观，对未来绝望，找不到自己活着的价值和意义，产生"还不如死了"的想法，就可能反复出现自杀意念。

（3）躯体症状。这就是最容易造成误诊的症状，多数患者伴有睡眠障碍、食欲改变（减少或增加）、消化功能不良、体重减轻、口干、便秘、性欲减退及各种各样的躯体不适感，如心慌、胸闷、憋气、恶心等。患者往往就诊于综合医院的一般门诊，各项化验检查显示正常。

（4）心境有昼重夜轻的节律变化。清晨或上午陷入心境低潮，下午或傍晚渐见好转，能进行简短交谈和进餐。

（二）焦虑症

焦虑是一种内心紧张不安、预感到似乎将要发生某种不利情况而又难以应对的不愉快情绪。焦虑往往指向未来，在危险或不利情况到来之前发生。焦虑症患者通常表情紧张，面露愁容，身体姿势僵硬，不自然，常伴有震颤，存在不同程度的运动性不安，往往不能静坐，小动作较多。焦虑症是一种以焦虑情绪为主的神经症，分为广泛性焦虑障碍和惊恐障碍两种形式。

1. 广泛性焦虑障碍

广泛性焦虑障碍在美国心理学会的《精神障碍诊断与统计手册》第 4 版（DSM-IV）中被定义为，具有对一系列生活事件或活动感到过分的、难以控制的担忧，并伴以六种相关的负性或紧张症状中的至少三种。其基本特征是慢性、不可控的担忧。

广泛性焦虑障碍的主要症状为漂浮不定的焦虑。患者担忧的内容与现实生活似乎有联系，但其担忧的内容及严重程度与日常生活中的琐碎事务不相称。患者焦虑的内容并没有明确的中心主题，往往患者本人也不清楚自己在为什么事情而焦虑，在焦虑的同时往往伴有易激惹、注意易分散、害怕犯错误的情况。焦虑症患者在日常生活中会由于种种症状影响到自身的生活质量、工作与学习的效率，而当患者被生活质量下降、工作与学习效率降低困扰时，又会加重其焦虑，形成恶性循环。

2. 惊恐障碍

惊恐障碍是指以反复出现的惊恐发作为原发的和主要临床特征，并伴有持续担心再次发作或发生严重后果的一种焦虑障碍。

心理案例

在我突然感到我不能很舒畅地呼吸时，恐慌就开始发作了。随后，我开始感到眩晕、出汗，并注意到心跳加速。有时，我感到恶心或好像要窒息。我手指有些麻，脚有些刺痛感。我感到奇怪，好像我并不真的去"那里"，好像我和现实隔离了。我开始想，我将会失去控制或死去。这令我极度恐惧……尽管发作只持续了 5 分钟或 10 分钟，但感觉就像症状会永久存在，而且我永远恢复不过来。[①]

惊恐障碍的主要症状为惊恐发作，上述案例中的"我"经历的正是惊恐发作，是一种突然、短暂并且极度恐惧的状态。惊恐发作有时与某些特定的情境或事件有关，如体力劳累、情感创伤、空旷场所等；有时则没有明显的诱因，自发产生，如有的人在睡眠中也会惊恐发作。

患者在惊恐发作时，往往伴随一些躯体症状，如上述案例中的眩晕、出汗、心跳加速等，同时会产生灾难临头的想法，如案例中的"我开始想，我将会失去控制或死去"。当面临强烈的应激事件时，有的人可能经历惊恐发作，但偶然的惊恐发作通常不会对其生活造成影响。当惊恐发作反复出现，或者担心惊恐发作并干扰其正常生活的情况时，患者就有可能患了惊恐障碍。惊恐障碍大多数发病于成年早期，年龄范围为 15～40 岁，平均发病年龄为 25 岁。

（三）强迫症

强迫症是严重影响个体日常生活的一种心理障碍，主要临床特征为反复出现的强迫观念和强迫行为。强迫症的特点是个体明知没有必要，尽力抵抗也无法自控停止某些观念反复冒出和重复某些动作行为的冲动。当强迫观念或强迫行为反复发生，患者同时极力抵抗强迫观念或强迫行为的冲动时，患者会感到焦虑和痛苦。

强迫症状根据临床表现分为强迫观念和强迫行为两类。

1. 强迫观念

强迫观念是指反复进入患者意识领域的思想、表象或意向，包括强迫思维、强迫表象、强迫性恐惧及强迫意向。

（1）强迫思维是指一些字句、话语、观念或信念反复进入患者意识领域，干扰了正常思维过程，但又无法摆脱。强迫思维分为强迫性穷思竭虑、强迫怀疑、强迫联想和强迫性回忆四种表现形式。

[①] SILOVE D, MANICAVASAGAR V. Overcoming Panic[M]. London: Robinson Publishing Ltd, 1997.

（2）强迫表象是指反复呈现逼真、形象的内容。这些反复呈现的表象通常是患者厌恶的。

（3）强迫性恐惧是指患者对自己情绪的恐惧，害怕自己失去控制，害怕自己做出违反社会规范或伤天害理的事。

（4）强迫意向是指患者有一种将要行动起来的冲动感，但从来不会真正去行动。这类冲动往往是具有伤害性或非常不合常理的，如从高处跳下去、暴力毁坏物品、杀人、在大街上裸奔等。

2. 强迫行为

强迫行为是指反复出现的、刻板的仪式化动作，往往是为减轻强迫观念引起的焦虑而不由自主地采取的顺应行为。常见的形式有强迫洗涤、强迫检查、强迫询问、强迫计数、强迫整理、强迫仪式行为及强迫性迟缓。

无论是强迫观念还是强迫行为，都是患者完全能够觉察并且反复、持续出现的。另外，虽然强迫观念和强迫行为的冲动都起源于患者内心，但强迫症患者并非心甘情愿如此，而是长期处于与强迫观念和强迫行为冲动的抗争中。即使患者明明清楚地知道自身的症状表现是不必要且无意义的，并努力抵抗强迫观念和强迫行为的冲动，却依然难以控制和摆脱，这之间的矛盾使强迫症患者感到十分苦恼和焦虑。

在现实生活中，很多人都曾有过一些轻微的强迫观念或强迫行为，如总是忍不住去回想过往的一些成功或失败的经历，或总是忍不住要检查门是否关好。强迫症与这些轻微的强迫观念或强迫行为是有区别的，具体体现在强迫症的症状会更加持久、不合理性更强，以及会对日常生活产生明显的影响。

（四）恐怖症

恐怖症是一种以对某一特殊物体、活动或情境产生持续的和不合理的恐惧为特征的神经症性障碍，常伴有自主神经功能紊乱，患者常不得不回避某个害怕的对象或情境，如恐高症、动物恐怖症、见血恐怖症等。恐怖症患者害怕的对象或情境通常是外在的，尽管这些对象或情境并不存在实际的危险，患者依然会极力回避其害怕的对象或情境。

恐怖症与恐惧情绪有一定的区别，需要加以区分。恐惧情绪通常人人都会有，如害怕黑暗、害怕猛兽等。而恐怖症患者恐惧的对象或情境实际上是不存在危险的，这种恐惧是不必要的，患者自身也清楚自己的害怕是不合理的，但依然会产生相应的症状。

常见的恐怖症有广场恐怖症、社交恐怖症和特殊恐怖症。

1. 广场恐怖症

广场恐怖症是指对一些场所感到恐惧的心理疾病。患者可能害怕开放的空间、人群拥挤的场所或远离安全处所的地方。广场恐怖症患者存在焦虑症状，且焦虑是在特定情境中发生的，同时会回避该特定情境，如逃走或远离。

2. 社交恐怖症

社交恐怖症也称为社交焦虑障碍，是指对一种或多种人际处境存在持久的强烈恐惧和回避行为。社交恐怖症患者在与人交往过程中常常会感到紧张、心跳加快，并回避他人目光，避免与他人对视。社交恐怖症还会表现出心慌、震颤、出汗、恶心、尿急等自主神经功能症状。由于社交恐怖症患者害怕的情境通常不易回避，社交恐怖症对患者日常生活造成的影响几乎无法避免，往往会更加明显。

3. 特殊恐怖症

特殊恐怖症又称为单纯恐怖症，是指对存在或预期的某种特殊物体或情境的不合理焦虑。常见的恐惧对象有登高、黑暗、某些动物，以及某些特定疾病。患者在接触到恐惧的物体或处于恐惧的情境中时，通常会感到焦虑，有时会出现惊恐发作，可能伴有心跳加快、头晕、出汗等植物性神经症状。

（五）躯体形式障碍

躯体形式障碍是指心理冲突或心理障碍以身体障碍的形式表现出来，具体可表现为疼痛或突然丧失视力、听力，而实际上这些身体障碍并没有任何器质性的病变。需要注意的是，躯体形式障碍的患者并不是在有意识地装病，而是非常相信自己真的患了严重疾病，认为是医生还没有检查出来。躯体形式障碍包括疑病症、躯体化障碍、转换性障碍、疼痛障碍，以及身体畸形障碍。

1. 疑病症

疑病症患者通常存在对自己患有一种严重疾病的可能性的焦虑或恐惧。疑病症患者并不存在真正的生理疾病，但坚信自己已经患了一种严重疾病或即将患上一种严重疾病。患者往往过于关注自己的身体健康状况，可能很小的或很不明显的生理现象和感觉都会让患者认为是严重疾病的表现或征兆。由于对自己身体健康状况的担忧，在坚信自己已经或即将患严重疾病时，患者会经常去医院，频繁地要求医生为自己做各种身体检查。医生检查后发现并不存在器质性病变，患者不相信医生的检查结果，或仅仅安心几天后又到医院检查身体。

2. 躯体化障碍

躯体化障碍的主要特征为多种多样、反复出现、时常变化的躯体症状。常见的症状有异常皮肤感觉、胃肠道感觉，以及性与月经方面的异常。需要注意的是，躯体化障碍患者关注的是症状本身，而不像疑病症患者一样关注自认为的症状代表着什么严重疾病，躯体化障碍患者会以夸张的方式描述症状，而不是像疑病症患者一样讲究科学化。

3. 转换性障碍

转换性障碍较为少见，通常指身体机能发生障碍，但没有任何器质性病变，而是由心理社会因素引起的。

4. 疼痛障碍

疼痛障碍比较常见，主要特征是患者主诉的疼痛是真实的感受，无论这种疼痛是生理因素还是心理因素引起的，而心理因素在随后的维持疼痛中起了主要作用。

5. 身体畸形障碍

身体畸形障碍患者会沉湎于自己的外貌有一种想象出来的缺陷，如认为自己的头是方的、皮肤有让人无法接受的瑕疵等。

第三节　大学生常见精神病及识别

一、精神病概述

精神病，又称重性精神障碍，指人脑机能活动失调，致使患者在认知、情感、意志和行为等方面有明显障碍，歪曲反映现实，不能适应正常生活，丧失自知力，具有危害自身和社会行为的严重的心理障碍。

精神病是一种严重的心理疾病，多数患者表现为完全丧失自我辨别能力，不承认自己有病，更不愿意主动求医。精神病的产生往往是各种因素综合作用的结果，如各种躯体疾病、遗传因素、代谢因素、环境因素、社会心理因素、人格因素等。精神病是常见病，了解精神病的类型和表现，有利于早期预防和及时干预。

二、大学生常见精神病类型

（一）精神分裂症

精神分裂症是一组病因未明的常见精神疾病，多起病于青壮年，常有感知、思维、情感、行为等方面的障碍和精神活动的不协调，病程多迁延。精神分裂症的主要症状特征有思维障碍、知觉障碍、情感平淡、紧张症，以及自知力障碍。

1. 思维障碍

常见的思维障碍主要表现在思维形式、思维内容及思维体验上。

（1）思维形式障碍患者的思维与语言组织出现异常，以至于使人难以理解。其常见表现有思维散漫、思维破裂、语词新作、象征性思维和言语贫乏等。

（2）思维内容障碍主要为妄想，常见的有被害妄想、关系妄想、嫉妒妄想、影响妄想等。妄想是精神分裂症患者最常见的症状之一，但并不是只有精神分裂症患者才会有妄想，器质性心理疾病和情感性障碍的患者也可能存在妄想。

（3）思维体验障碍主要为异己体验，主要包括思维被插入感（认为自己大脑中某些想法不属于自己，是被别人放入的）、思维扩大（认为自己的思维即使不讲出来别人也能知道，并且被广播出来，人尽皆知）、妄想知觉（在知觉的同时突然产生妄想），以及思维云集（思潮不受患者意愿的支配，强制性地大量涌现在脑内）。

2. 知觉障碍

幻觉是最具代表性的知觉障碍，包括听幻觉、视幻觉、嗅幻觉、味幻觉、前庭性幻觉、内脏性幻觉、性幻觉，以及触幻觉等。最常见的幻觉是听幻觉，听幻觉主要包括评论性幻听、命令性幻听、争论性幻听，以及思维鸣响。

3. 情感平淡

情感平淡是指患者缺乏活动的兴趣和能量，在讨论感人的事件时缺乏情感反应。情感平淡的患者表现为难以接触和交流，实际上患者与人沟通的能力是正常的，但缺乏与人交流的动机。

4. 紧张症

紧张症是本能内驱力和运动技能方面出现障碍的一种精神分裂症症状，特征为不自主性，如木僵、自动症、作态、刻板症等。紧张症患者常有各种躯体异常表现，如低血压、肢端冰凉等。紧张症患者通常会伴有其他的精神分裂症症状，如妄想、幻觉等。

5. 自知力障碍

自知力障碍是指患者对其本身精神状态的认识存在异常，无法分辨自己的精神状态是否正常。是否具有完整的自知力是精神疾病病情是否好转的重要指标之一。

（二）躁狂抑郁症

躁狂抑郁症又称情感性障碍、情感性精神病，以患者显著而持久的情感高涨或低落为主要特征，有时两种状态交替进行，伴有相应的思维和行为等方面的改变，间歇期精神活动基本正常。该病在同一个患者身上只以单一的状态发作，即单一的躁狂状态或抑郁状态。如果大学生受到一些心理刺激，如惊吓、指责、压力等引起的过度焦虑等，就可能导致躁狂抑郁症。

躁狂抑郁症患者在发病时情绪高涨，思维活动加速，语言动作增加，严重时可有妄想，或者心情抑郁，思维缓慢，语言动作减少、迟缓，甚至出现木僵状态。

（三）偏执性精神病

偏执性精神病是以妄想为主的精神疾病的总称，包括偏执狂和偏执状态。该病的产生可能与患者人格缺陷及人格的不健全有关，并在社会心理因素的作用下逐渐发展起来。偏执性精神病的主要特点是患者持久地产生偏执妄想，行为和情感反应与妄想内容相一致，程度轻重不一。在不涉及妄想的情况下，患者可能不出现明显的精神异常。

第四节　大学生心理疾病的应对措施

一、正确认识与看待心理疾病

心理疾病与躯体疾病相同，都需要及时就医，只有尽快寻求帮助才能够通过治疗让症状得到缓解或痊愈。然而，在现实生活中，不像躯体疾病患者一样及时就医，心理疾病患者往往不愿意主动就医。有些心理疾病患者认为这并不是疾病，只是一时的异常，挺过去就好了，同时担心别人会嘲笑自己。而有些心理疾病患者，如精神分裂等，因缺乏自知力而不会主动就医。因此，需要做到早发现、早诊断、早治疗，避免患者病情严重才到医院就诊。

（一）提高大学生的心理健康维护意识

大学生应主动维护自身心理健康，有心理困惑时要及时求助，根据自身情况，选择寻求同学、父母、辅导员、心理咨询师或精神科医生的帮助。有心理问题或心理疾病并不可耻，及时求助才是对自己负责任的表现。

（二）宣传普及心理疾病相关知识

由于缺乏相应的心理疾病知识，社会上部分人群对心理疾病带有偏见，会给心理疾病患者贴上"疯子""神经病"等负面标签，存在歧视或嘲笑心理疾病患者的情况。当心理疾病患者认同这些带有偏见的看法时，就会因为疾病去自我污名化，从而产生羞耻感。因此，需要宣传普及心理疾病相关知识，提高人们对于心理疾病的认识，有助于心理疾病患者摆脱羞耻感。

（三）认真学习心理疾病识别相关知识

当发现自己或者周围同学出现异常情况时，如遇到挫折事件后持续较长时间头疼、头晕、失眠、记忆力减退、注意力不集中、食欲不振等表现，或突然性格大变，出现抑郁症、躁狂症、精神分裂等心理疾病的典型症状，应立即寻求辅导员的帮助，及时就诊。

二、积极预防心理疾病

对于大学生来说，无论是心理问题还是心理疾病，都重在预防，具体可以从以下几个方面来把握。

（一）积极关注自己的心理健康

大学生要积极关注自己的心理健康，努力适应大学校园新生活，同时做好学习计划与生涯规划；通过制定短期或长期的目标，让自己的大学生活有规划、有节奏、有方向；做好时间管理，在学好专业知识的同时，努力提高自己的综合素质水平。一个拥有积极健康的心理状态、较高的自我管理水平和能够适应时代的综合素养水平的大学生自然就拥有了预防心理疾病的基本心理素质。

（二）努力锻炼身体，增强身体素质

大学生要努力锻炼身体，增强自己的身体素质。个体的身体状态对心理状态有着不可忽视的影响。一个人拥有强健的体魄，就会提高自身的心理健康水平，同时有充足的体力与精力去应对一些突发事件，减轻突发事件对自身心理造成的不良影响。

（三）积极参与群体活动

大学生要积极参与宿舍、班级、校园的各种活动，在活动中收获知识，获得成长，还能够在活动中学习人际沟通技巧，提高人际交往能力，形成良好的人际关系，为自己建立一个合适的社会支持系统，能够让自己在面临挫折与困境的时候有足够的社会支持，不会陷入孤立无援的境况，从而帮助自身克服困难。

三、寻求合适资源

心理疾病患者可以向精神科医生求助，服用精神类药物，同时可以寻求心理咨询的支持。需要注意的是，精神科的心理治疗和心理咨询适用的范围和工作方式是不同的。心理咨询面向遇到心理困扰而非心理疾病的人群及各种类型的轻度心理障碍者，如神经症、人格障碍、适应障碍等。而精神科的心理治疗面向精神分裂症、双向情感障碍、重度抑郁等重症心理疾病患者，也包括某些病情较重的神经症及人格障碍患者。两者的服务对象有一定的交叉，但

存在明显的不同。选择适合自身情况的治疗方式，才能够最有效地帮助自己。

如何判断个人适用于心理治疗还是心理咨询呢？

如果怀疑自己或身边的人有严重的心理疾病，就去精神科做明确的诊断，如果被确诊为心理疾病，那么要由精神科医生来判断是否需要配合心理咨询。有些重症患者，心理咨询对他们的帮助是微乎其微的。而另一些患者，在药物治疗的同时配合心理咨询效果更佳。

如果不确定自己是否严重到要去精神科接受药物治疗，可以预约心理咨询师进行面询，通过初次评估，让心理咨询师帮助自己判断是否需要去精神科诊断和治疗。

四、保障生命安全

有些心理疾病会影响个人的正常生活，而有些心理疾病会威胁个人的生命安全，因此及时识别出潜在的危机至关重要。

在大学生常见的心理疾病中，抑郁症是目前最广为人知的一种。由于抑郁症导致的自杀意念与自杀行为近年来受到社会各界专家学者的关注，是非常需要我们关注的潜在危机之一。抑郁症患者处于抑郁状态时，会感受到严重的心情低落、思维迟缓和意志行动减退，严重时会出现自杀的想法。在生命历程中，每个人都会遇到一些当下自己难以应对以至于产生结束自己生命想法的情况，都会有某个瞬间想到死亡，但长期持有这种结束生命的想法时，就需要注意自己的状态。此时，你已经处于危险之中，需要及时求助，并保护好自己的生命安全。

除了伤害自己，一些心理疾病患者也可能伤害别人，如一些伴有精神病性症状的心理疾病的人，会因病产生幻觉，出现幻听和幻视，幻听和幻视的内容可能在敦促患者伤害自己或伤害他人。对于这种情况，早发现、早诊断、早治疗就可以避免自己与他人的生命财产受到侵害，保障自己和他人的生命安全。

五、重新适应，重返校园

某些心理疾病的症状会对个体的正常生活造成一定的影响，有时大学生患心理疾病不适合继续在学校学习，可能需要办理休学手续或住院治疗，在基本痊愈后重新回到校园学习。重返校园并不轻松，对于刚刚痊愈或正在痊愈中的大学生来说，这是一个新的适应过程，是社会功能逐渐恢复的过程。在这个适应过程中，大学生会遇到很多困难，如需要重新投入学习、适应一定的学业压力、适应与室友及周围同学的人际交往等。如果大学生存在适应不良的情况，就可能给其心理带来一定的压力，也可能影响到其康复。

在适应校园生活的过程中，有的大学生由于注意力和记忆力处于康复期，尚未恢复到正常水平，而导致在学业上遇到一些困难与挫折。有的大学生由于治疗与恢复期间基本没有经历压力，而导致回到校园后面对一定程度的学业压力感到迷茫和不知所措。有的大学生由于较长时间脱离复杂的人际交往和社会关系，从而在人际适应上存在一些困难。因此，患心理疾病的大学生在重返校园之前，需要做好生活发生一些变化的心理准备，同时针对自身的情况制订一些合适的计划，如学习计划、人际适应计划等，也可以利用学校的心理咨询资源，向心理咨询师寻求帮助，帮助自己在经历一段时间的过渡期后顺利适应校园生活，享受校园生活的精彩。

心理视窗

心理咨询可以治疗心理障碍吗？

《中华人民共和国精神卫生法》第二十三条规定，心理咨询人员不得从事心理治疗或者心理疾病的诊断、治疗，心理咨询人员发现接受咨询的人员可能患有心理疾病的，应当建议其到符合本法规定的医疗机构就诊；第二十九条规定，心理疾病的诊断应当由精神科执业医师做出。所以，心理咨询师不可以对心理疾病进行诊断和治疗，如果怀疑来访者有心理疾病，必须将其转介到有资质的医疗机构。

美丽心灵

电影《美丽心灵》的主人公原型是数学家小约翰·福布斯·纳什。英俊而又十分古怪的纳什早年就有惊人的数学发现，享有国际声誉。但是，纳什出众的直觉受到精神分裂症的困扰——原来纳什的挚友查尔斯、查尔斯可爱的小侄女和威廉·帕彻都是纳什的幻觉。妻子艾丽西亚坚定地支持他，纳什被她坚贞不渝的爱情和忠诚感动，决定同被认为只能好转、无法治愈的疾病做斗争。在病魔的重压之下，他仍然被令人兴奋的数学理论驱使，决心寻找让自己恢复常态的方法。通过意志的力量，他接纳自己的幻觉，与幻觉共存，一如既往地继续进行他的工作，并于1994年获得诺贝尔经济学奖。纳什在博弈论方面的工作颇具前瞻性，博弈论成为20世纪最具影响力的数学理论，他也成为一个不仅拥有美好情感，也拥有美丽心灵的人。

参 考 文 献

[1] 艾森克. 认知心理学[M]. 高定国, 何凌南, 译. 上海: 华东师范大学出版社, 2009.

[2] 陈翠. 大学生愤怒情绪特征与心理健康的关系及其干预研究[D]. 济南: 山东大学, 2010.

[3] 程庚金生, 罗江洪. 脑电生物反馈对青少年网络成瘾的干预效果[J]. 中国学校卫生, 2017, 38(11): 1648-1650.

[4] 陈侠, 黄希庭, 白纲. 关于网络成瘾的心理学研究[J]. 心理科学进展, 2003(3): 355-359.

[5] 陈小梅. 大学生心理健康教育[M]. 厦门: 厦门大学出版社, 2019.

[6] 程族桁, 王奕冉, 李功平. 催眠结合认知行为疗法对网络成瘾大学生网络偏差行为的干预效果[J]. 重庆医学, 2015, 44(27): 3874-3876.

[7] 丁俊兰. 大学生心理健康教育[M]. 北京: 科学出版社, 2016.

[8] 窦凯, 聂衍刚, 王玉洁, 等. 青少年情绪调节自我效能感与心理健康的关系[J]. 中国学校卫生, 2012, 33(10): 1195-1200.

[9] 窦凯, 聂衍刚, 王玉洁, 等. 青少年情绪调节自我效能感与主观幸福感: 情绪调节方式的中介作用[J]. 心理科学, 2013, 36(1): 139-144.

[10] 段鑫星, 赵玲, 李红娇. 大学生心理健康教育[M]. 北京: 科学出版社, 2018.

[11] 方晓义, 刘璐, 邓林园, 等. 青少年网络成瘾的预防与干预研究[J]. 心理发展与教育, 2015, 31(1): 100-107.

[12] 高宁悦. 大学生心理健康教育[M]. 长春: 东北师范大学出版社, 2019.

[13] 黄敏儿, 郭德俊. 大学生情绪调节方式与抑郁的研究[J]. 中国心理卫生杂志, 2001, 15(6): 438-441.

[14] 黄希庭, 郑涌. 大学生心理健康教育[M]. 上海: 华东师范大学出版社, 2020.

[15] 江畅. 精神概念辨析[J]. 湖北大学学报（哲学社会科学版）, 2023, 50(1): 20-30, 174.

[16] 林崇德. 培养思维品质是发展智能的突破口[J]. 国家教育行政学院学报, 2005(9): 21-26, 32.

[17] 雷雳. 青少年网络心理解析[M]. 北京: 开明出版社, 2012.

[18] 雷雳. 青少年"网络成瘾"干预的实证基础[J]. 心理科学进展, 2012, 20(6): 791-797.

[19] 李婧洁, 聂衍刚, 张卫. 媒体与青少年暴力[J]. 华南师范大学学报（社会科学版）, 2004, (5): 110-118.

[20] 拉瑟斯, 内维德, 菲希纳-拉瑟斯. 性与生活: 走进人类性科学[M]. 甄宏丽, 译. 北京: 中国轻工业出版社, 2007.

[21] 刘学兰, 李丽珍, 黄雪梅. 家庭治疗在青少年网络成瘾干预中的应用[J]. 华南师范大学学报（社会科学版）, 2011(3): 71-76, 160.

[22] 刘映海, 石岩. 网络成瘾青少年体育干预个案研究[J]. 体育与科学, 2014, 35(3): 68-73, 87.

[23] 卢德岩. 满足心理需要，干预网络成瘾[J]. 人民教育，2021(12): 16.

[24] 美国精神医学学会. 精神障碍诊断与统计手册（第5版）[M]. 张道龙，译. 北京：北京大学出版社.

[25] 邱鸿钟. 大学生心理健康教育[M]. 广州：广东高等教育出版社，2022.

[26] 钱铭怡. 变态心理学[M]. 北京：北京大学出版社，2006.

[27] 邱依雯，娄熠雪，雷怡. 青少年抑郁：基于社会支持的视角[J]. 心理发展与教育，2021(2): 288-297.

[28] 邵云云，许晟，陈佳. 青少年网络成瘾成因结局及干预效果[J]. 中国学校卫生，2020, 41(2): 316-320.

[29] 孙时进，邓士昌. 青少年的网络欺凌：成因，危害及防治对策[J]. 现代传播：中国传媒大学学报，2016(2): 144-148.

[30] 申武丹，李宏翰，巫春英. 影响大学生人际关系的因素分析[J]. 精神医学杂志，2007(1): 30-34.

[31] 唐海波，邝春霞. 焦虑理论研究综述[J]. 中国临床心理学杂志，2009(2): 176-177, 199.

[32] 汤珺，王晶，向东方，等. 替代递减疗法在青少年网络成瘾干预中的应用效果[J]. 中国学校卫生，2017, 38(2): 228-230.

[33] 王玉洁，窦凯，刘毅. 青少年情绪调节自我效能感量表的修订[J]. 广州大学学报（社会科学版），2013, 12(1): 41-46.

[34] 王玉香，王彦颖. 青少年网络欺凌的特征及归因[J]. 中国青年社会科学，2021, 40(2): 70-78.

[35] 夏翠翠. 大学生心理健康教育[M]. 北京：人民邮电出版社，2019.

[36] 徐华春，黄希庭，柳春香，等. 抑郁的人格易感性：概念，理论与发展[J]. 心理科学进展，2009(2): 370-376.

[37] 余俊渠. 大学生微博（微信）传谣信谣治理实证研究——以广东省高校为例[J]. 佛山科学技术学院学报（社会科学版），2016, 34(2): 86-96.

[38] 余俊渠. 自媒体视阈下大学生信谣传谣的原因及治理对策[J]. 学校党建与思想教育，2017(6): 55-57.

[39] 美国精神病学会. DSM-Ⅳ精神障碍诊断统计手册第4版诊断标准[J]. 上海精神医学，1944，新6卷（增刊）：1-76.

[40] 杨雪花，郑爱明. 自我探索与成长——大学生心理健康教育[M]. 成都：电子科技大学出版社，2021.

[41] 张春峰. 大学生生涯规划与心理健康教育的思考与启示[J]. 河南科技学院学报，2012(5): 118-121.

[42] 张洪烈. 舒伯生涯发展论的评析及应用[J]. 云南财经大学学报，2010, 26(4): 154-160.

[43] 张海鹰. 大学生心理健康教育[M]. 北京：人民邮电出版社，2019.

[44] 张劲松. 儿童早期的自我调控发展[J]. 心理科学，2004(3): 687-690.

[45] 庄锦英. 情绪影响认知加工策略内隐机制的实验研究[J]. 心理科学，2005(4): 852-854, 867.

[46] 张世富. 心理学[M]. 北京：人民教育出版社，1988.

[47] 周书环. 媒介接触风险和网络素养对青少年网络欺凌状况的影响研究[J]. 新闻记

者，2020(3): 58-70.

[48] 张卫, 王华华, 喻承甫. 网络受欺凌与青少年非自杀性自伤：抑郁, 亲子沟通的作用[J]. 中国青年社会科学, 2021, 40(5): 88-96.

[49] 郑显亮, 顾海根. 网络成瘾干预研究概述[J]. 中国临床心理学杂志, 2009, 17(6): 783-784, 769.

[50] 张英莉. 大学生心理健康教育[M]. 北京：北京理工大学出版社，2019.

[51] 张作记. 行为医学量表手册[M]. 北京：中华医学电子音像出版社，2005.

[52] BARLETT C P, HELMSTETTER K, GENTILE D A. The development of a new cyberbullying attitude measure[J]. Computers in Human Behavior, 2016, 64: 906-913.

[53] BARLETT C P. From theory to practice: Cyberbullying theory and its application to intervention[J]. Computers in Human Behavior, 2017, 72: 269-275.

[54] BARLETT C P, MADISON C S, HEATH J B, et al. Please browse responsibly: A correlational examination of technology access and time spent online in the Barlett Gentile Cyberbullying Model[J]. Computers in Human Behavior, 2019, 92: 250-255.

[55] CAPRARA G V, DI GIUNTA L, EISENBERG N, et al. Assessing regulatory emotional self-efficacy in three countries [J]. Psychological Assessment, 2008, 20(3): 227-237.

[56] DAVIS R A. A cognitive-behavioral model of pathological Internet use[J]. Computers in Human Behavior, 2001, 17(2): 187-195.

[57] KUSS D J, GRIFFITHS M D, KARILA L, et al. Internet addiction: A systematic review of epidemiological research for the last decade[J]. Current Pharmaceutical Design, 2014, 20(25): 4026-4052.

[58] PETRY N M, REHBEIN F, GENTILE D A, et al. An international consensus for assessing internet gaming disorder using the new DSM-5 approach[J]. Addiction, 2014, 109(9): 1399-1406.

[59] SILOVE D, MANICAVASAGAR V. Overcoming Panic[M]. London: Robinson Publishing Ltd, 1997.

[60] WONG R Y M, CHEUNG C M, XIAO B. Does gender matter in cyberbullying perpetration? An empirical investigation[J]. Computers in Human Behavior, 2017, 79: 247-257.

后　　记

祝贺你，亲爱的大学生朋友，当你背上行囊，踏入象牙塔的那一刻，你的人生将掀开新的篇章。感谢你选择了这份礼物，让我们相遇在这本书中。希望阅读本书的你学会爱自己、爱他人，不断激发青春活力，成为更好的自己。

在大学这个重要的人生阶段，每个人都可能遇到自我认知、学习、恋爱、人际、情绪管理、择业等方面的课题。我们在长期的心理育人工作中，深深地体会到大学生对心理健康知识的热爱。有些同学在成长过程中会遇到问题和困扰，他们可能彷徨失落，也可能恐惧不安。因此，我们希望把心理健康教育工作中的体会和做法总结出来，希望本书成为大学生遇到困难和问题时的好帮手，让大家学会心理调适的方法，希望大家在人生道路上走得更好、更稳、更健康。

本书在编写过程中尝试在每个章节中加入案例导读、体验式活动、心理小测验等栏目，从大学生的兴趣出发，呈现常见的心理问题及行为表现，以指导大学生运用心理健康知识解决日常生活中的实际问题，做到理论联系实际。本书的编写凝聚了在心理健康教育领域深耕几十年的教师的实践经验和教学成果，内容深入浅出，具有较强的操作性和趣味性。

在此，我们首先要感谢我校心理健康教育与咨询中心三十年来各位专兼职教师在心理健康教育工作中的努力、坚持和奉献，本书是各位老师心理育人经验的总结和辛勤付出的结晶。

我们要特别感谢为本书付出辛勤劳动的各位老师。在编写本书的过程中，编写者本着负责任的态度，经过多次讨论和修正，终于完成本书的编写工作。本书共 11 章，主要编写分工为：第一章由余俊渠负责编写，第八章由邓彩霞负责编写，第三章由严家怡负责编写，第四章和第九章由吕欢负责编写，第六章和第十一章由国琳琳负责编写，第二章和第七章由吴燕负责编写，第十章由刘丹负责编写，第五章由邓彩霞和吴燕共同编写。

感谢出版社的编辑，他们认真、严谨的态度，以及耐心的督促使得我们顺利完成了书稿的编写和修改的工作，我们在此向在本书的审稿、校对、印刷中付出心血与劳动的朋友表示诚挚的感激。另外，对所有支持、关心和积极参与教材编审的领导和老师表示诚挚的谢意！

余俊渠
2023 年 5 月